esearch on News Reports of Chinese Brands

中国品牌的新闻报道研究

彭丽霞◎著

经济管理出版社
ECONOMY & MANAGEMENT PUBLISHING HOUSE

图书在版编目（CIP）数据

中国品牌的新闻报道研究/彭丽霞著. —北京：经济管理出版社，2022.12
ISBN 978-7-5096-8916-5

Ⅰ.①中… Ⅱ.①彭… Ⅲ.①品牌—新闻报道—研究 Ⅳ.①F273.2

中国版本图书馆 CIP 数据核字(2022)第 250466 号

组稿编辑：何　蒂
责任编辑：杜　菲
责任印制：许　艳
责任校对：陈　颖

出版发行：经济管理出版社
（北京市海淀区北蜂窝 8 号中雅大厦 A 座 11 层　100038）
网　　址：www.E-mp.com.cn
电　　话：（010）51915602
印　　刷：北京虎彩文化传播有限公司
经　　销：新华书店
开　　本：720mm×1000mm/16
印　　张：15.5
字　　数：295 千字
版　　次：2022 年 12 月第 1 版　　2022 年 12 月第 1 次印刷
书　　号：ISBN 978-7-5096-8916-5
定　　价：78.00 元

序

在大数据时代，做大数据的研究，天经地义，符合潮流，符合趋势。

然而，大数据时代的数据，像浩瀚的大海，其中有经济价值的宝藏隐藏或散落在大海的哪些地方呢？想找到它们并将它们捞出来，谈何容易。

互联网中，有关品牌的新闻报道及其转载，也构成庞大的数据。然而，这些报道，不管是源自品牌商主动发起的还是被动发起的，通常关注的是品牌的哪些方面，有什么特征呢？

在对舆情十分敏感的今天，人们很容易主观地认为，各种各样的报道，无论是关于品牌哪个方面的报道，也无论报道是正面、中性还是负面的，肯定都会对品牌、品牌资产产生或多或少的影响，但事实是怎样的呢？

彭丽霞同志在博士研究期间，对这些问题展开了积极而有益的探索，并在回答这些问题的过程中完成了其博士论文。获得博士学位之后，在教学和科研过程中，彭丽霞同志在其博士论文基础上，经过进一步丰富和完善，形成此专著。

品牌的媒体关系十分重要，大多数企业都会有专职的人员来处理。此时，如果读者读到此书，相信会对如何处理好媒体关系以便更好地提升品牌资产或减少品牌资产损失更有把握。

对于普通的读者而言，此书有助于大家了解网络新闻报道中的中国品牌是怎样的，以及如何利用网络大数据进行研究。

黄合水 教授、博导
厦门大学新闻传播学院
2022 年 10 月

前　言

品牌作为企业最重要的无形资产之一，是竞争激烈的市场中影响消费者购买决策的重要因素之一。加强品牌建设既是推动我国经济高质量发展的重要力量，也是顺应人民美好生活需要的客观要求。新闻报道作为品牌传播的主要方式之一，既能够为企业宣传品牌优势，又能通过负面监督使品牌陷入危机，对于公众形成关于品牌的认知和态度发挥着重要作用。本书的研究目的之一，即挖掘中国品牌新闻报道的特征、议题。看品牌相关的新闻是消费者与品牌之间互动的过程，也是品牌行为、媒介现实到消费者思维之间的信息互动过程。新闻报道对品牌行为的再现建构了品牌意识、品牌联想等消费者层面的品牌资产，并影响到市场表现、财务价值等企业层面的品牌资产，进而构建了完整的品牌价值链。本书的研究目的之二，即从品牌资产视角分析中国品牌新闻报道的内容，量化新闻报道与品牌资产之间的关系，试图从消费者如何理解新闻报道中的品牌行为角度解释这些关系背后的原因。可见，对品牌的新闻报道展开研究不仅有助于企业发展制订品牌经营计划和维护媒体关系，而且从品牌资产视角展开的相关研究能够丰富品牌资产和传播效果的相关理论。

本书以《中国500最具价值品牌》中的45个品牌为样本，下载其2018年百度新闻标题97285条，通过词频分析法组成一个包含6307个高频词的基本语料库为研究资料，来分析品牌新闻报道的主要特征和正负情感。统计品牌新闻中出现频次最高的20个关键词发现，新闻报道重点突出了中国品牌的四方面特征，分别是：①多元投资、业绩增长的品牌经营；②立足中国、走向国际的品牌竞争；③全面战略、携手共进的品牌合作；④技术赋能、创新发展的品牌布局。统计品牌新闻中出现频次最高的正、负面关键词各20个，以揭示品牌新闻中情感倾向的呈现方式。正面词语体现了新闻报道对于品牌宣传的重要作用，而负面词语则是新闻报道舆论监督属性的体现，新闻宣传与监督的辩证统一关系在品牌新闻报道中有明显的体现。

对每个品牌样本进行语义网络分析并结合扎根理论的编码方法，形成一个包含九个一级议题、26个二级议题的品牌新闻报道议题框架，分别为生产管理（生产系统、技术创新），产品信息（产品功能、产品价格），活动营销（新品发布、参加展会、品牌赞助、社会公益、其他营销活动），人力资源（新人招聘、人事变动、领导动态、员工管理），资本运营（兼并收购、投资融资），组织合作（品牌联盟、产业合作、政府合作），市场竞争（市场拓展、市场环境、竞品对比），股市行情（基本股情、股市波动），品牌发展（品牌业绩、品牌荣誉、品牌规划），这一框架扩展和细化了前人的研究成果，议题框架的提取还体现了品牌新闻价值的实用性取向。通过议题比例的算法来分析媒体对品牌新闻生产的倾向发现，活动营销（20.30%）和品牌发展（16.51%）的报道比例分别位列第一和第二。

基于品牌资产视角来分析品牌新闻报道议题的呈现，将品牌资产的影响因素归纳为品牌基本要素、营销计划、次级联想和消费者相关因素四大类，再检验与品牌资产密切相关的这些因素是否成为品牌新闻报道的突出内容。检验发现，生产管理、产品信息、活动营销、人力资源、资本运营、组织合作六个一级议题能够对应于已有研究的品牌资产影响因素，它们对品牌资产具有理论上的影响作用；另外，三个一级议题（市场竞争、股市行情和品牌发展）还未有相关的品牌资产影响因素研究，但成为品牌新闻报道的突出内容也符合实际情况。

通过构建报道情感指数和议题情感指数来量化报道情感和报道内容，从新闻报道的报道量、报道情感、报道内容三方面分别与品牌资产进行回归分析发现：①报道量与品牌资产呈显著正相关关系；②正面报道与品牌资产呈显著正相关关系，中性报道与品牌资产呈显著负相关关系，负面报道与品牌资产的关系不显著；③生产管理、产品信息、活动营销、人力资源、品牌发展五个议题与品牌资产呈显著正相关关系，资本运营、组织合作、市场竞争三个议题与品牌资产呈显著负相关关系，股市行情与品牌资产的关系不显著。这一结果可以看作是运用网络新闻数据为品牌价值链理论提供了更广泛意义上的支持。

同时，本书将产品类别这一变量纳入品牌的新闻报道研究，以《中国500最具价值品牌》中的30个快消品品牌、30个耐用品品牌、30个服务品牌和27个工业品品牌为样本，下载其2018年百度新闻标题177130条，继续沿用上文的样本处理和数据分析方法，对四类品牌的议题比例进行描述分析和差异分析，并继续从报道量、报道情感、报道内容三方面来比较四类品牌的新闻报道与品牌资产的关系。对议题比例的分析发现，四类品牌在品牌发展、活动营销的报道较多，而在具有其自身产品类型特点的议题方面一般被报道较多，如快消品品牌的市场竞争议题、耐用品品牌的产品信息议题、服务品牌的生产管理议题、工业品品牌的股市行情议题都是四类品牌被报道较多的独特议题。

基于产品类别的回归分析发现：①快消品品牌：报道量与品牌资产显著正相关；中性报道与品牌资产显著正相关；组织合作（产业合作）与品牌资产显著正相关。②耐用品品牌：报道量与品牌资产显著正相关；三类报道情感与品牌资产的关系均不显著；生产管理、人力资源（员工管理）、组织合作（产业合作）、品牌发展（品牌荣誉、品牌规划）、竞品对比与品牌资产显著正相关，市场竞争（市场环境、市场拓展）、人事变动与品牌资产显著负相关。③服务品牌：报道量与品牌资产显著正相关；正面报道与品牌资产显著正相关；活动营销（社会公益、其他营销活动）与品牌资产显著正相关。④工业品品牌：报道量、报道情感、报道内容三方面与品牌资产的关系都不显著。

本书对以上研究结果进行综合讨论认为，企业和媒体在市场规则的运行过程中都应该认识到只有有效的新闻传播才能够助力品牌发展。另外，具有新闻价值且与消费者利益较相关的报道内容更有利于品牌资产，日常的新闻通稿对提升品牌资产的作用见效甚微，而过量的广告软文、产品促销链接等介入到报道中可能会增加消费者的广告侵入感而有损品牌资产。

目　录

第一章　绪　论

一、研究背景

（一）品牌建设对中国经济发展的重要意义

美国营销学家 Larry Light 说过“未来的营销是品牌的战争——品牌互争短长的竞争，拥有市场将比拥有工厂更为重要，而拥有市场的唯一途径就是拥有强势的品牌”（张黎明和陈雪阳，2017）。品牌享有知识产权，是用来区分竞争对手、标志质量和象征身份的符号。产品设计及生产工艺极易被模仿，但以品牌为基础的营销活动及使用经验在消费者记忆中却难以复制。随着市场竞争的日益激烈，品牌作为企业最重要的无形资产之一，成为影响消费者购买决策的重要因素。因此，品牌代表了一份价值连城的合法财产，树立品牌、管理品牌并最大化品牌资产是企业提升竞争力、确保竞争优势的重要手段。

当前，我国企业的品牌意识不断增强，品牌发展的环境日益优化，越来越多的中国品牌走出国门、走向世界。但总体来说，与欧美国家的国际品牌相比，我国自主品牌尤其是高端品牌较少，品牌竞争力仍然较弱。在全球最大的品牌咨询机构 Interbrand 每年发布的《全球最佳品牌 100 强》中，只有华为和联想两个品牌曾入选榜单。华为从 2014 年到 2019 年连续六年入选，而联想则在 2015 年入选到 2018 年跌出榜单。同样，由世界品牌实验室编制的《2019 年世界品牌 500 强》中只有 40 个中国品牌入选，美国则占据 208 个。相对于近 14 亿人口规模和世界第二大经济体量来看，中国品牌显然还处在“第三世界”，中国品牌的国际化之路任重而道远。

我国经济正处于转型升级的关键阶段，品牌发展落后于经济发展的问题较为严重，因此，党和政府做出的一系列指示为中国品牌建设指明了方向。2014 年，习近平总书记提出“推动中国制造向中国创造转变、中国速度向中国质量转变、中国产品向中国品牌转变”的“三个转变”重要指示；2016 年，发布《国务院办公厅关于发挥品牌引领作用 推动供需结构升级的意见》，指出“品牌是企业乃至国家竞争力的综合体现”；2017 年，国务院将每年的 5 月 10 日设立为“中国品牌日”；2018 年，习近平总书记在四川天府新区考察时再次强调“三个转变”。这些重要论断和系列举措既阐明了新时代我国经济发展亟待解决的主要问题，也指出了品牌建设在我国经济发展中的重要地位。加强品牌建设是推动我国经济高质量发展的重要力量，也是顺应人民美好生活需要的客观要求。

（二）新闻报道是品牌行为传播的扩音器

近年来，新闻媒体借助互联网的发展迅速崛起，新闻报道对社会和经济生活越发具有影响力，对企业或品牌的发展起到或助力或阻力的作用。1985 年的张瑞敏砸冰箱事件，砸出了海尔重视产品质量的品牌形象，成为了营销管理书籍中故事营销的经典案例（温韬，2012）；1997 年 IBM 的深蓝计算机在国际象棋比赛中首次赢得世界冠军、2016 年的谷歌阿尔法狗与李世石的围棋大战，不仅为 IBM 和谷歌获得了大量的免费宣传，也成为企业创新的成功案例（冯叔君，2018）。相反，2008 年的“三鹿奶粉”因为三聚氰胺事件退出市场，并波及整个乳制品行业（杜晓，2008）；2016 年的三星手机“电池门”事件后，其在中国的市场份额持续下跌（陶力，2016）；2018 年的疫苗事件又让大众关注到长生生物等疫苗企业（王俊仙，2018）。可以发现，新闻媒体基于品牌行为事实的报道，使更多的消费者或其他利益相关者了解到品牌相关行为，扩大事件本身的影响力，这既能为企业宣传品牌优势，为品牌获得良好的受众反馈；也能行使媒体监督权曝光品牌的不当行为，使品牌陷入危机之中。

新闻报道与品牌传播之间有着天然的密切关系。一方面，“以经济建设为中心”的基本路线决定了我国新闻报道具有为国家经济发展服务的价值取向；企业作为国民经济的主要组成部分，是经济新闻的重要报道对象；销售业绩、技术进步、新品上市、企业领导事迹等与品牌有关的事件都是经济新闻的素材来源。另一方面，新闻报道是消费者了解品牌行为或动态的主要渠道，而网络的交互性使广大网民与新闻传播得以紧密联系，让原本仅供阅读的新闻事件成为网民在互联网上讨论甚至参与的媒体事件，这进一步促进了品牌信息的网络传播。比起商业性质明显的广告，新闻在品牌传播过程中有明显的优势，来源可信性、信息处理、信息评估等模型都为这种优势提供了理论解释（Eisend 和 Kuster，2011）。可以说，新闻报道因其及时性、隐匿性、高性价比和信息完整性等特点，发挥着将企业或品牌行为告知大众的扩音器作用，是品牌传播的高级方式，也是更高境界的广告（毛章清和张至谦，2015）。

（三）网络数据在品牌研究中的使用价值

互联网时代的数据呈指数化增长，数字化资源越来越多，人文社科相关研究逐渐迈入了“网络数据”时代。对网络数据的分析是内容分析法的一种方式，传统的内容分析法常常通过抽样的方式将数据量缩小为人工可分析的体量，而计算机辅助软件等工具能够帮助研究者对网络数据的全样本进行分析。正如《大数据时代：生活、工作与思维的大变革》一书中提道：“社会需要放弃它对因果关系的渴求，而仅需关注相关关系。也就是说，只需要知道是什么，而不需要知道为什么。”（舍恩伯格和库克耶，2013）网络数据甚至大数据的应用为人类探索世界的方式带来巨大变革，结合信息技术、挖掘分析等方法展开研究成为人文社科研究的一种新范式，这种新范式将带来学术思维和理念的变化。

所有的品牌接触点（Brand Touch Point）都是品牌研究的数据来源，这些接触点包括消费者与品牌之间在购买之前、期间或之后的任何接触。消费者在报纸上看到品牌的新闻或广告就是一个传统的线下接触点，而互联网环境的品牌接触点非常多，如新闻媒体、社交媒体等都是消费者获取品牌相关信息的可能渠道。目前，对于如何将各类接触点的数据更好地应用于品牌研究还存在一些难题：一是研究者较难获取到一些非完全开放的数据资源；二是目前的方法还不足以从大规模的非结构化数据中提取；三是研究者需要具备一定的洞察力才能理清数据背后的逻辑关系。尽管存在这些难题，学者们仍在努力寻找将相关数据转化为品牌洞见的方法，如有研究采用文本挖掘的方式提取 Twitter 上与品牌有关的内容（Liu 等，2017）。自然语言处理的系列方法为研究非结构化文本提供了许多帮助，使采用网络新闻数据开展品牌相关研究成为可能。

二、研究目的

在新闻媒体发达的今天，人们同时生活在客观现实、媒介现实和受众现实三种不同的现实中，这三种现实之间的转换和互动是传播学研究的核心问题。对应于本书，这三种现实就是品牌行为、媒介现实和消费者思维[①]。首先，品牌行为

① 消费者思维，或称受众思维，品牌新闻报道的受众除普通消费者外，还有许多利益相关者如合作伙伴、政府人员、企业员工等，为行文方便，之后便统一用“消费者”表示。另外，这层消费者思维包括消费者对品牌的意识、联想、态度、忠诚、参与等。

是品牌在经营过程中真实发生的事件，它能在一定范围内影响特定的人群（如知晓或参与这些品牌行为的人），这些品牌行为是新闻报道的对象和来源。其次，由媒体所呈现的事件情景构成了关于品牌的媒介现实，媒介现实以品牌行为为报道对象，尽管它也反映传播者（媒体）对品牌行为的主观认识，或因为种种原因没有完全做到客观呈现，但其总是存在着“客观”内核并以不同形式表现出来。最后，消费者通过媒体获得对品牌的思维，当然这种思维也可以通过其他方式获得，如个人经验、口碑传播等，但新闻媒体作为品牌的主要传播路径之一，其传播的符号化报道内容成为消费者认为的品牌行为事实。本书的研究目的之一，即通过词频分析、语义网络分析及人工阅读等方法挖掘中国品牌新闻报道的特征、议题。

品牌建设的本质是将普通品牌打造成为具有高市场份额的知名品牌，同时也是一个在消费者群体中累积品牌资产的过程。如何创建、积累和维护品牌资产一直是企业关心的重要问题，也是品牌领域的研究重点。现有文献对品牌资产影响因素的研究非常丰富，如产品（Van Riel 等，2015）、营销组合（Kim 和 Hyun，2011）、企业社会责任（Hur 等，2014）、员工（Tavassoli 等，2014）、服务质量（Jamal 和 Anastasiadou，2009）等品牌行为都是学者们的研究变量。事实上，品牌所有的相关行为都可能影响品牌资产，而新闻报道作为品牌行为传播的扩音器，通过扩大这些品牌行为的影响力进而对品牌资产产生二次影响。看品牌相关的新闻是消费者与品牌之间互动的过程，是品牌行为、媒介现实到消费者思维之间的信息互动过程。新闻报道对品牌行为的再现建构了消费者的品牌认知，并影响消费者的品牌联想和品牌态度等品牌资产维度。消费者从新闻报道中看到的这些逼真的“拟态现实”，一方面能够依据个人经验和知识将一部分“客观”内核逐渐内化为对品牌的认知，另一方面则可能对被包装的品牌行为产生其他理解。本书的研究目的之二，即从品牌资产视角分析中国品牌新闻报道的内容，量化新闻报道与品牌资产之间的关系，试图从消费者如何理解新闻报道中的品牌行为这个角度来解释这些关系背后的原因。

三、研究意义

（一）理论意义

①拟态环境、议程设置、框架等传播学理论揭示了新闻媒体具有影响人们认

识世界的作用，本书围绕品牌的新闻报道来重点分析媒介现实，延续传播学研究的一贯范式。②品牌资产是品牌研究领域的重要概念，本书以新闻报道为窗口研究品牌行为通过新闻传播后对品牌资产产生的影响，拓宽品牌资产影响因素的研究范畴，通过将品牌资产作为新闻报道的效果变量而丰富了传播效果理论。③从大规模的非结构化数据中提取，并转化为对品牌有利的研究成果，为开展品牌相关的网络文本数据研究进行了一些思路和方法上的有益探索。

（二）实践意义

①我国经济发展正处在转变方式、优化结构、转换动力的攻关期，加强品牌建设是助力经济发展深度转型、缓解经济下行压力的有效手段。本书为企业了解自身的品牌行为如何呈现为媒介现实，且如何影响品牌资产提供了参考答案，对企业发展需要制订适当品牌经营计划和维护媒体关系有所帮助。②在品牌资产的视角下观察和分析中国品牌的新闻报道现状和传播效果，为媒体进行有效的新闻传播活动从而助力中国经济发展转型建立更为清晰稳定的理论基础和现实思路。

第二章　品牌新闻报道的特征和议题

一、研究基础与问题

（一）品牌新闻报道的相关综述

目前对企业或品牌的报道内容展开研究的文献较少，对品牌新闻报道内容进行议题分析的论文更是凤毛麟角。我国大多数品牌均为企业品牌（Corporate Brand），[①] 即品牌名称与企业名称相同，因此本部分综述包括与企业有关的新闻报道研究。具体分为国内关于品牌报道的相关研究及国外关于宣传的相关研究两个部分。

1. 国内关于品牌报道的相关研究

新闻报道作为品牌传播的重要方式之一，在品牌营销计划和决策过程中起的作用越来越大，因此通过新闻报道来了解品牌的发展现状成为学者们的主要研究方向。黄合水（2014）以品牌的负面报道比重来定义品牌健康度，通过监测 36 家权威媒体对中国品牌进行诊断，将中国品牌的病因分为核心因素（生产、产品、服务、传播、诚信）、外延因素（人事、资本、合作、竞争）和综合因素（业绩、股情）三个部分 11 个方面。2013～2015 年中国品牌的总体健康指数从 88.2 降到 63.4，又升到 77.1，其中关于诚信问题的负面报道一直是比重最大的，这也是导致我国品牌不健康的主因；另外，关于产品质量、股情、业绩等方面的

① 在 2019 年中国品牌 500 强中，410 个品牌为企业品牌，占比 82%。黄胜兵，卢泰宏．品牌的阴阳二重性——品牌形象的市场研究方法［J］．南开管理评论，2000（2）：27-30. 这篇文献中也有介绍中国品牌大多为企业品牌的原因：企业品牌更为可靠、历史和传统驱动、企业品牌更适合产品更换等原因。

负面报道对品牌健康的影响也较大（黄合水，2017）。张悦（2018）研究品牌负面报道中的贴标签现象，发现了7种常见的品牌报道标签化方式，分别为“门”“事件”“危机”“风波”“风暴”“案”和“大战”，指出被贴标签后的新闻事件报道量更大、报道周期更长。钱明辉等（2017）以新闻文本为研究对象来建构品牌发展指数，先确定中华老字号品牌评价的基本指标，然后采用新闻文本中相应关键词的频次来测量每个指标，如将品牌文化量化为新闻文本中“文化、精神、核心价值观、信念、理想”等关键词的频次，最后对各指标进行因子分析和信效度检验，得到品牌发展指数的评价系统。该研究认为品牌新闻文本能够体现品牌的精神、个性、规划、国际化、渠道、推广、创新等，但这一分类法并不是基于品牌新闻报道内容进行的，而是先基于品牌评价指标的确立，再借助新闻文本进行测量。

可见，基于品牌报道的研究一般是以企业或品牌新闻为研究对象，并使用内容分析法来回答研究问题。如今大数据应用崛起，学界也在探索如何将各类品牌有关的大数据应用于研究，如王树义等（2018）以新闻文本为研究对象，结合情感分析和主题建模等自然语言处理方法提升企业新闻文本主题挖掘的有效性；并以ofo和摩拜的正负面报道主题为例，挖掘出这两家竞争企业各自的正负面报道内容，如ofo的正面报道包括智能绿色、押金支付、定位系统和公司合作等主题。但该研究的目的在于建构方法以提高主题挖掘的有效性，共享单车只是研究所举的例子，并没有扩展至整个品牌新闻报道。目前这方面的研究仍然较少，需要进一步合理、有效地使用品牌新闻这一重要来源资料。

以上关于品牌新闻报道的研究成果对本书具有借鉴意义，尤其是黄合水（2014）对品牌负面报道的议题分类，虽未能扩展至所有品牌新闻报道内容的分类，但其三个部分11个方面的划分方式具有重要的参考价值。本章主要的研究问题如下：

Q1：整体而言，品牌新闻报道具有哪些特征？

Q2：品牌新闻报道如何呈现情感倾向？

Q3：品牌新闻报道的主要议题有哪些？

Q4：媒体对品牌新闻报道侧重于哪些议题？

2. 国外关于宣传的相关研究

在Web of Science数据库中，以品牌（Brand）与报道（News、Coverage、Report等）为主题共同搜索，笔者并未发现相关研究，但却有关于宣传（Publicity）的一些研究，其概念与报道相似。在英文论文中，宣传被定义为媒体有编辑空间的传播物，且无法识别其中的赞助商，这个定义主要是相对于广告而言的（Eisend和Kuster，2011）。关于宣传的研究分两方面阐述：一是宣传与广告的比较优势；二是负面宣传对品牌的影响。

一方面，大多数研究认为宣传在品牌传播方面比广告更具优势。Eisend 和 Kuster（2011）通过元分析证明宣传比广告的传播效果更好，并给出了三种模型进行解释。首先，来源可信度模型（Source Credibility Model）认为，非商业来源的宣传比商业来源的广告更为可信，并使消费者产生更多的态度变化。其次，信息处理模型（Information Processing Model）认为，宣传比广告更能体现出信息的重要性，这使得消费者对宣传信息和提及的产品都有更正面的态度。最后，信息评估模型（Information Evaluation Model）认为，正面宣传引起的信息处理过程胜过广告，但负面宣传也可能带来更大的副作用，因此需要妥善应对负面宣传。Cole 和 Greer（2013）通过实验证明，比起倾向于广告的商业框架，被试对编辑框架的信任度和态度都更好。Spotts 等（2015）基于"营销—生产力"测量链思想，评估报纸和杂志上的宣传和广告这两种营销方式对消费者、市场、财务和企业层面的影响，指出尽管广告和宣传在不同的指标上各有优势，但总体而言，宣传比广告的效果更好。当然，宣传并不总是比广告好，在一项关于企业社会责任传播的研究中，对于本身就具有良好声誉的品牌来说，宣传比广告产生更积极的品牌评价；对于较低声誉的品牌则会产生相反的效果，这其中说服性知识、赞助态度、匹配度等起着中介作用（Skard 和 Helge，2014）。

另一方面，由信息评估模型可知，消费者往往对负面宣传的反应较大，进而对品牌带来严重的负面影响。学者们主要从负面宣传的类型、消费者特质等因素展开研究，并试图找出减轻负面效果的对策。在负面宣传的类型层面，Liu 等（2018）研究与业绩相关的（Performance-Related）和与价值观相关的（Values-Related）的两种负面宣传，指出与价值观相关的负面宣传具有更强的诊断性，引发消费者更强烈的轻视情绪，也就导致更强的负面效果；并指出采用改错纠正措施在减轻负面效果方面较有效，且在与业绩相关的负面事件中效果更好。Woo 等（2020）研究与产品相关的（Product-Related）和与个人相关的（Personnel-Related）两种负面宣传，结果指出，当负面宣传涉及产品相关问题时，品牌的各种恢复措施都不能有效降低消费者的退出意愿。而对于与个人相关的问题，功能和信息恢复策略在降低消费者的退出意愿方面有一定作用，情感、功能和信息恢复策略对品牌资产的大多数维度（品牌判断、品牌感受和品牌共鸣）有积极的影响。在消费者特质层面，整体型思考者（Holistic Thinkers）比分析型思考者（Analytic Thinkers）更不容易受到负面宣传信息的影响，因为整体型思考者倾向于考虑情境因素（Contextual Factors），而分析型思考者则不太考虑此因素（Monga 和 John，2008）。Yu 等（2018）基于文化内化的视角指出，中国消费者具有较高的集体主义倾向和不确定性规避水平，因此在面对负面宣传时，更可能搜索更多信息并传播负面口碑，而且进一步的搜索行为与品牌态度、购买意愿呈显著正相关。此外，当品牌遭遇负面宣传时，营销人员应在考虑负面宣传类型和消费者特质等因素的同时，综合考虑消费者在面对负面宣传时改变品牌评价过程中的重要调节变量，如先前品牌态度的确定性（Pullig 等，2006）、品牌承诺（Ahluwalia 等，2000）等因素，从而制定应对策略。

当然，国外研究中的宣传是否就等于本书中的报道还有待商榷。在有的研究中，负面宣传除了包括负面报道，还包括由此引起的负面口碑（Menon 等，1999）。但不可否认的是，宣传中的主要成分是指新闻报道，而宣传相关的研究成果理应能够推及新闻报道领域。

（二）议题框架的分析方法

本书采用议题框架的分析方式对品牌的报道内容进行分析和量化。报道框架（News Frames）指新闻文本中呈现的基本意义架构，这种意义架构可能通过选择和突出某些信息来体现（Gitlin，1980；Entman，1993）。新闻文本呈现的报道框架折射出新闻工作者在新闻价值判断和制作新闻过程中的准则体系（郭庆光，2011）。框架分析（Frame Analysis）常用于传播内容的研究，用来辨析新闻媒体对某类事件或某个特定对象使用了什么框架为公众建构现实。Entman（1991）将框架简化为选择（Selection）和突出（Salience）两个环节，认为报道框架即选择一些事实，并在新闻文本中突出体现。

框架一直被认为是一个非常抽象的概念，甚至难以捉摸和测量（Maher，2001），在内容分析中也难以识别和编码（Gorp，2005）。但随着框架研究的深入，学界涌现出大量的框架分析方面的文献，学者们都试图按照自己的理解和方法提炼出其研究对象的报道框架。Matthes 和 Kohring（2008）将框架分析方法分为阐释学方法（Hermeneutic Approach）、语言学方法（Linguistic Approach）、演绎分析法（Deductive Approach）、人工整体分析法（Manual Holistic Approach）和计算机辅助分析法（Computer-Assisted Approach），并强调这五种方法并不相互排斥。Entman 等（2009）将框架分析方法分为定性分析法（Qualitative Approach）（包括阐释学方法和语言学方法）、人工整体分析法（包括归纳法和演绎法）、人工聚类分析法（Manual-Clustering Approach）和计算机辅助分析法。这两种分类法大体相同，都包括阐释学方法、语言学方法、计算机辅助分析法；Matthes 和 Kohring 所提的人工整体分析法与 Entman 等人工整体分析法中的归纳法较为接近，主要是指研究者自行构建框架，并给予操作性定义，然后进行后续的编码分析；Matthes 和 Kohring 的演绎分析法与 Entman 等人工整体分析法中的演绎法相同。

本书借鉴前人的分类方法，并查阅框架分析的大量文献，用五种方法来阐述如何测量报道框架这一抽象变量：①定性分析法（包括阐释学方法和语言学方法）；②演绎分析法；③人工整体分析法；④元素分析法；⑤计算机辅助分析法。在这一分类方法中，定性分析法和计算机辅助分析法与以上两类分法相同，人工整体分析法、演绎分析法与 Matthes 和 Kohring 相同；需要说明的是，新提的一种元素分析法将在下文阐述；另外，Entman 等提到的人工聚类分析法当前使用较少，本书将其作为元素分析法的一种升级版来介绍，而未予以单独分类。

1. 定性分析法

（1）阐释学方法。该方法通过定性解读以阐释文本中可能存在的框架，并将框架与更广泛的社会、政治、经济、文化背景联系进行新闻媒体建构现实的解释。

阐释学方法对研究者的理论知识要求较高，通过联合社会背景详细讨论每种框架以揭示出独特的研究发现，有益于知识的积累；但是该方法的稳定性和可重复性有限，这主要是因为其框架提取过程较为模糊，一般以“来自分析”“通过分析发现”这样的字眼来表达框架提取过程。例如，Meyer（1995）直接列出政治话语的公共安全、冷战和有管理的竞争三个主要框架；林晖（2007）根据我国媒体的结构和分类，以及日常编辑方针和新闻选择标准等，将企业报道分为政策叙事、商业叙事、戏剧叙事、民族主义叙事、全球化叙事、大众叙事六种框架；万新娜（2014）对样本仔细阅读后通过统计归类，将新疆的议题框架分为发展框架、稳定框架、援疆框架、灾害框架和资源框架。

（2）语言学方法。该方法通过分析新闻文本中特定的词语和句子的选择、位置、结构来确定框架，其主要思想是新闻文本通过特定词语来建构框架。其与阐释学方法的不同之处在于，研究者在使用语言学方法前清楚地确定了表示一个框架的语言元素。目前最常使用的分析方法来自 Gamson 和 Modigliani（1989）、Pan 和 Kosicki（1993）。Gamson 和 Modigliani（1989）将媒体话语分析分为框架装置（Framing Devices）和推理装置（Reasoning Devices），前者包括隐喻（Metaphors）、范例（Exemplars）、短句（Catchphrases）、描述（Depictions）和视觉影像（Visual Images）五个元素，后者包括根源（Causes）、结果（Consequences）和体现的原则（Appeals to Principles or Moral Claims）三个元素，这八个元素构成了框架分析的“诠释包裹”（Interpretive Packages）研究路径。陈阳（2008）采用 Gamson 和 Modiglinai 框架分析方法，以结构框架、隐喻、警句、口号、描述和诉求对象等分析《人民日报》中的雷锋形象。叶柳和杨击（2012）通过对新闻报道的修辞和叙事分析，以 Gamson 和 Modiglinai 的诠释包裹取向分析“胡润百富榜”的相关报道话语，发现媒体建构了一个辩证矛盾的富豪形象，即“原罪”

未脱的财富英雄，并通过推理装置阐释其背后的深层次原因。杨击和吴桐（2013）总结宝马撞人案中的四种报道框架，并分析每种框架的五种框架装置。Quinsaat（2014）也是通过框架设置的视角分析移民报道中的框架竞争与话语霸权。Joris 等（2018）提取欧元危机中的五个主导框架，并以隐喻的方式阐释语言修辞结构从而考察每个框架的核心内涵。

Pan 和 Kosicki（1993）将框架分析视为一种研究新闻话语的建构主义方法，并将新闻文本概念化为可操作的维度：如句法结构（Syntactic Structures）、脚本结构（Script Structures）、主题结构（Thematic Structures）和修辞结构（Rhetorical Structures）。句法结构指词语或短语的排列模式，即写作方法；脚本结构指事件的新闻价值以及向受众传播新闻和事件的意图；主题结构和修辞结构分别指新闻的主题和修辞手法；这些操作维度为后来的研究者提供了新闻话语进行框架分析的步骤。Vincze（2014）使用 Pan 和 Kosicki 的四个结构维度分析经济危机框架，为新闻文本构建数据矩阵，对经济危机报道的各个表达元素展开全面分析。可以发现，语言学取向的框架分析法工作量较大，以至于较难扩展至大样本的标准化分析，而且从众多交织的特征中提取出一个特定框架仍然有一定难度。

2. *演绎分析法*

归纳式的框架分析法需要以开放的视角分析新闻故事，试图揭示可能的框架矩阵，往往属于劳动密集型，适用于小样本且难以复制。但演绎分析法涉及预先定义某些框架作为内容分析变量，以验证这些框架在新闻中出现的程度；这种方法可以很容易地复制、处理大样本，并且能较容易地检测出媒体之间（如电视与新闻）和媒体内部（如党报党刊和商业性报纸）的框架差异。目前较常使用的演绎式框架分析法来自 Iyengar（1987）、Entman（1993）、Semetko 和 Valkenburg（2000）等的文献。

Iyengar（1987）提出主题性框架（Thematic Frame）和情境性框架（Episodic Frame），主题性框架较为抽象和客观，情境性框架主要围绕具体事件展开叙述，后来研究者将这一分法用于宏观性问题的框架分析。Entman（1993）提出框架的四种主要功能为问题定义、因果解释、道德判断和对策建议，这成为后来学者将其演绎为报道框架的依据。尹连根（2010）使用这四大框架分析邓玉娇案的网上公共舆论如何影响网下新闻报道；王国华等（2016）对“上海女孩逃离江西农村”事件进行框架分析；这两项研究都将四大框架再细分为不同的子维度。另外，研究者也会基于 Entman 的四大框架结合自身研究需求而发展出新框架，如曾繁旭等（2013）对 PM2.5 问题的框架分析主要包括事实界定、科普说明、因果解释、道德判断和对策建议五个框架；周世禄和王文博（2013）对西门子冰箱门事件的框架分析分为事件进展、是非判断、道德判断、对策建议、西门子危机公关和罗永浩回应六个框架。

Semetko 和 Valkenburg（2000）对前人研究总结后，提出了新闻报道的五大框架，分别是人情味（Human Interest）、冲突（Conflict）、道德（Morality）、责任归因（Attribution of Responsibility）和经济后果（Economic Consequences），并通过 20 道题的量表来识别报道中是否存在这些框架，如编码员通过回答 3 个是否题来判断该报道中是否含有经济后果框架，分别是“是否提及现在或将来的财务损失或收益”“是否提及所涉及的费用/程度”“是否涉及追求或不追求一项行动方针的经济后果”。他们还指出尽管简单的是否二分类方式可能导致测量误差较大、变量相关性减弱，但这正好有助于发现清晰的因子结构。五大框架为后来的研究者提供了简便的方法来编码报道框架，成为后续研究中最常用的演绎分析法，对很多议题都有较强的适用性，如西班牙媒体上拉丁美洲国家的呈现（Igartua 等，2005）、伊拉克战争的国内与国际框架比较（Dimitrova 等，2005）、智利媒体的政治报道框架（Elena 和 William，2017）、印第安纳州新闻媒体对缅甸难民的报道（Ehmer 和 Kothari，2018）等。国内学者也使用五大框架获得较多成果，如王秀丽等（2011）用五大框架的编码方法对《新闻调查》节目进行分析，指出报道框架的呈现度随新闻主题不同而不同，并且人情味框架呈现度与中国的社会经济、媒体发展指标呈显著正相关。张扬（2014）使用五大框架比较京沪穗三地的雾霾报道差异，指出三地的冲突框架使用率最高，另外《北京晚报》注重人情味框架，《新民晚报》注重责任归因框架，而《羊城晚报》注重经济后果框架。柳旭东和窦俊娥（2015）分别以 Iyengar（1987）的主题性框架和情境性框架以及五大框架为《新闻联播》中食品安全相关报道进行编码归类，并将框架与事件来源、消息来源、新闻语气等做交叉分析。

可以发现，演绎分析法存在一定的局限性，就是它要求研究者需要对新闻中可能出现的框架具有预设能力。该方法较适合已经建立框架的研究问题，因为它识别新框架的不灵活性，使其很难保证在分析一个不断发展的问题时不会遗漏其他重要框架。

3. 人工整体分析法

人工整体分析法的研究范式接近于归纳与演绎的结合，即先通过研究者的定性分析生成研究所需的报道框架，给予操作定义和编码方案，再通过定量分析识别出研究样本中的框架程度。多数研究者认为，对于特定议题应该根据具体情况提炼更加清晰明确的框架，如 Rae 和 Scott（2018）、Wang（2019）在关于精神疾病的报道框架研究中都使用了病耻感和反病耻感为框架展开分析；其他特定框架还有健康新闻的获得框架和失去框架（Lee 等，2013）、“坏新闻”报道的责备框架和解释框架（Shahin，2016）等。该方法不同于阐释学方法的地方在于其论述重点不在于详细分析框架的具体呈现和文化背景，而在于不同框架的定量比较。从阐释学方法的讨论中可以看出，该方法的可靠性和有效性在很大程度上取决于提取框架的透明性，如果不指明框架发现的识别标准，那么这种评估也会陷入方法论的黑箱。事实上，许多研究依然存在框架提取过程不透明的问题，如 Simon 和 Xenos（2000）、Mercado 和 Crespo（2019）在方法描述阶段表示，研究通过定性分析的方法生成所需框架；蔡骐和吴梦（2019）通过阅读所有样本将精准扶贫报道框架分为意义阐释、情感传递、理想激励、应对策略。当然，该方法也具有同演绎法一样的局限性，那就是限制了识别新框架的灵活性，多数研究在编码方案中加入一个其他框架来归类那些不能被编码的新框架。

在人工整体分析法的研究中，部分研究的框架提取离不开报道主题的归纳，如李海波和郭建斌（2013）在对“老人摔倒”相关报道的框架分析中，将框架定义为新闻文本所呈现的某种模式化的表达方式，于是先编码出 11 个报道角度，再对这些角度进行分析，合并成 4 个报道框架；甚至有的研究直接用“主题框架”的概念，似乎暗含着既是报道主题又是报道框架的含义（王宇，2012）。关于报道框架与报道主题的区分，在多议题研究中，每个主题都可以识别出不同的框架，每种框架也可能涵盖不同的主题；但在特定议题的报道中，为克服框架与主题的界限模糊性，则需要研究者在表述方式上做到清晰、明了。

4. 元素分析法

元素分析法是指将新闻报道拆分成不同的元素来单独进行分析，无论是从不同层次来细化框架，还是从不同的结构以拆分报道，该方法都在框架分析前先界定清楚研究中所涉及的具体元素。臧国仁（1999）认为框架至少包含高、中、低三个层次，高层指事件的抽象意义或主题，通常较难识别；中层指主要事件、历史、归因、影响、评论、描述、观点等部分；低层指框架的表现形式，包括语言、符号等，也即字、词、句以及由这些语言形成的修辞或比喻。陈阳（2007）将臧国仁的框架三层次转化为宏观、中观和微观三层次，宏观层面回答“这是什么”，即主题；中观层面指主要事件的内容、进程、结果、影响、评价和态度等；微观层面指报道的语言和修辞。

Tankard 等（1991）试图制定一套框架机制和表格，以测量框架及其特性。十年后，他提出了 11 个指标构成的“框架清单”（List of Frames）：新闻标题（主标题、副标题）、新闻图片、图片说明、新闻导语、消息来源、引语选择、引语强调、文章标识、数据和图表、文章结论（Tankard，2011）。后来许多学者借鉴这一清单，从构成角度量化所研究问题的报道框架，如张咏华和殷玉倩（2006）将报道框架拆分为常规议题分析（包括报道总量、报道类型、常规议题）和报道方式分析（包括平衡手法、新闻源的使用和交代、客观报道手法）；操慧和王晓冉

(2014) 从报道信源、报道议题、报道体裁等分析党报党代会的报道框架；余霞和赵斓 (2018) 则从报道时间、报道数量、体裁、消息来源、报道主题、报道立场六个元素来分析争议性科技议题的报道框架。

元素分析法的优点是对一个研究问题的报道框架展开了系统而全面的分析，但是众多元素罗列在一篇论文中，难以总结出特定的一个或几个框架。Matthes 和 Kohring (2008) 基于框架是框架元素的聚类思想，提出了先人工编码各个框架元素再通过聚类分析提取框架的方法。Entman 等 (2009) 称之为人工聚类分析法，这个方法的优点不仅在于它最后会归类为特定的几个框架；重要的是，它比直接编码抽象框架更加可靠，因为编码员在框架元素的编码过程中并未带入框架思想，也不知道会提取出何种框架。Matthes 和 Kohring (2008) 以《纽约时报》的生物技术新闻为例，以文章为单位，将需要编码的框架元素确定为主题类型、参与方、收益类型、风险类型和正负评价等，然后对编码结果进行聚类分析，将文章分组到特定集群中，再将这些集群解释为不同的报道框架；研究结果表明，1992~1996 年的生物技术新闻包括经济前景、基因识别、研究收益三个框架，而 1997~2001 年则除了前三个框架外，还出现了生物医学前景、生物医学研究和农业食品的利弊三个新框架。可以发现，该方法的缺点是如何确定应该纳入分析的框架元素并无标准；而且从人工编码、聚类提取再到定性分析和阐释的系列操作步骤，工作量的巨大和复杂使该方法难以应用于大量文本研究中。

5. 计算机辅助分析法

计算机辅助分析法的思想基础是媒体通过选择和突出某些特征，而忽略其他特征来实现框架，这在文本上体现为某些关键词的存在或缺失 (Entman, 1991)。新闻文本可以通过重复信息或将信息置于文本内容关键位置使信息更加突出，因此可以通过探测文本中始终出现的特定词语等方式能够识别框架 (Entman, 1993；Barnett 和 Woelfel, 1988)。学者们以语言学的认知范式和语义传统为基础，认为词语是按照不同层次存储于人们大脑中，词语之间的关系模型具有研究意义 (Collins 和 Quillian, 1972)；而且考虑到语言在日常生活概念化中起着至关重要的作用，因此，对社会再生产的研究最好在语言层面进行 (Giddens, 1976)。计算机辅助分析法主要有两种方式：一种是基于归纳思想的词典方法 (Dictionary-Based Approaches)；另一种是基于演绎思想的句法方法 (Syntactical Approaches)。

Miller (1997) 提出的框架映射方法 (Frame Mapping) 是一种典型的词典方法，该方法与情报学科常用的共词分析法很相似，即提取报道中的高频词，并基于高频词之间的共现关系构建矩阵，然后借助统计软件的聚类分析形成框架图；他以湿地话题为例，借助 VBPro 程序使用框架映射方法提取出几个框架，其中一个命名为自然资源保护的框架由野生动物、保护、濒危物种和栖息地等词聚类而成。后来，Miller 等（1998）使用框架映射方法比较总统候选人的新闻发布会呈现的框架和新闻报道框架的区别。

之后更多的研究采用语义网络分析法提取报道框架，语义网络分析法在发现潜在的报道框架（Hellstern 等，2010）、比较不同媒体的报道框架（Tian 和 Stewart，2005；Jiang 等，2016）方面具有更多优势，其比框架映射方法中所采用的共词聚类分析的操作便利性和聚类效果更好。首先，共词聚类分析的步骤较多，需要将制作完成的共词矩阵制成余弦矩阵再导入统计软件进行聚类分析，较复杂的运算过程容易产生错误或误差。其次，统计软件对超过 100 个变量的聚类分析的适用性并不好，一是容易将一些高频词单独聚为一类，二是变量导致聚类组别多而不易命名，在 Miller 的研究中这些问题也很明显；但语义网络分析主要基于高频词共现的频率即线的权重为划分标准，所以能够更好地将经常共现的词聚在一类中。尽管如此，语义网络和共词聚类的思想基础是相似的，都是基于词共现的框架提取方法；只是它们的适用范围不同，共词聚类分析更适用于小样本或者高频词数较少的情况，而语义网络分析被学者们用于许多文本大数据的研究情境中。

褚建勋等（2016）、纪娇娇和褚建勋（2017）以微信公众号中的转基因新闻大数据为研究对象，通过语义网络分析法提取报道框架，并构建词袋模型来识别框架偏向性，最后以此算法为基础进行媒体之间的横向框架比较以及媒体内部的纵向框架比较。潘霁（2018）以五年 662 个国际新闻媒体中标题含“Macau”或“澳门”的 42099 篇报道为全样本大数据，通过语义网络分析法识别和比较中英文媒体在建构澳门城市形象时所遵循的框架。当然，计算机辅助分析中的词典方法还有许多其他的操作方式，但其基本思想是相同的，都是基于词与词之间的语义关系，形成表示框架的词簇（Cluster of Words），然后基于研究问题提炼出框架。文档主题生成模型（Latent Dirichlet Allocation，LDA）是一种新的词典方法，如金苗等（2019）通过对国际主流媒体的数据挖掘，以五年七个西方国家对“一带一路”倡议的报道为研究对象，采用 LDA 主题模型提取西方媒体的报道框架，总结为国际秩序、基建战略、意识形态、市场经贸、地缘联盟、本土利益六个框架，并给出每种框架的权重。

句法方法的操作步骤接近于演绎法，先拟定需要编码的框架，再指定框架中具体包含哪些关键词。这种指定关键词的方式比较灵活，其句法命令由研究者判断和试验，如程序可设定为只要包含下列任一关键词则识别为某框架，或设定为组合形式（当 A 词和 B 词共同出现在一段中）则识别为某框架。Jasperson 等（1998）用句法方法研究联邦财政赤字的报道框架，先拟定了四个框架，并为每个框架设定一些词语，如当识别到所研究段落中包含“斗争”“辩论”“作战”“冲突”等相关词语，则标记这段为斗争框架。Shah 等（2002）继续用此方法研究克林顿丑闻后仍获得公众支持的原因，他们借助 Catpac 程序设置一系列语法关系识别段落中的框架，如当一定距离内“克林顿”与“成功”共同出现时则标记为这段是对克林顿有利的，当“克林顿”与“攻击”等词语共现时则标记为是对克林顿不利的。这一方法的关键在于，句法命令必须是由研究者经过多次迭代试验，不断创建和改进，最终通过程序编码与人工编码的信度检验才可以正式投入研究，因此，句法方法的编码方式可以看作是计算机辅助的演绎分析法。

Burscher 等（2014）通过机器学习方法改进句法方法的框架编码方式，即先通过人工编码为程序提供一定的学习资料，然后设定一些基本的语料代码，再查看机器编码的信度，并不断迭代和改进。这为大数据研究方法应用于框架分析又迈进了一步。当然，词典方法和句法方法并非完全独立，它们也可以同时应用于一个研究中，如 Olofsson 等（2018）在研究空气污染问题时，先通过新闻报道自动文本编码的词典方法提炼出框架，然后以叙述政策框架为指导的句法方法来分析非营利网站上的组织叙事，从而比较非营利组织的叙述框架和新闻媒体的框架。

6. 框架分析方法比较

与 Matthes 和 Kohring（2008）所强调的一样，本书总结的五种方法并不互斥，可以在一个研究中先后使用。例如，研究者可以通过阐释学方法定性归纳出报道框架，再结合理论知识和研究需要构建操作性定义和编码方案，接着既可以对新闻文本按篇进行整体编码实行人工整体分析，也可以制定句法命令进行计算机辅助分析编码。另外，语言学方法能够为句法方法制订编码方案提供可靠的参考，而元素分析法是做人工聚类分析的前提；等等。以上多种方法能够彼此借鉴、相互助益，这为将来探索更准确、可靠的框架分析方法提供了更多可能。这可能是框架分析被认为是一个多范式（Multiparadigmatic）研究方法的原因。Reese（2007）认可框架分析的多范式取向，并指出框架分析能够帮助实证研究者更好地阐释研究问题，又能够防止批判研究者想当然的去定义一些意识形态概念。作为一种理论视角，框架分析一方面为媒体效果研究增加了批判性味道，另一方面体现了更高观察精度的媒体霸权观。

综上，研究者们对报道框架的理解和侧重点不同，以及研究问题的需要，目前的报道框架分析方法主要分为归纳式、演绎式及两者结合的三条路径。定性分析中的阐释学方法、计算机辅助分析中的词典方法是典型的归纳式方法，阐释学方法囿于其框架发现过程的不透明性以及人工逐篇阅读的局限性适合于做框架的深度阐释；而词典方法的框架发现过程较为客观，适合应用于大数据研究。演绎分析法、计算机辅助分析中的句法方法都是典型的演绎式方法，同样面临着识别新框架方面的不灵活性问题，因此需要具备对研究问题的熟悉性才能够制订合适的编码方案。定性分析中的语言学方法、元素分析法则是非典型演绎式方法，其基本思路都是确定框架分析所涉及的组成部分，再对每一篇报道展开分析，但语言学方法更偏向意义阐释，而元素分析法则是直接的内容分析。人工整体分析法则是归纳与演绎的结合，一般需要先提炼出研究问题的框架及其操作性定义，再进行人工整体编码，当然，该方法在提出框架阶段同样面临着归纳式路径的方法论黑箱。

通过对多种框架分析方法的比较和分析，考虑到本书的研究资料为大批量的网络文本数据，且并未有适合的品牌新闻报道议题可直接参考，计算机辅助分析中的词典方法，尤其是词典方法中的语义网络分析法较为适合本书的研究开展。本书采用语义网络分析法提取品牌新闻报道的议题框架，这种基于高频词的归纳式框架提取法，能够有效识别出品牌的突出报道议题，有助于系统地认识和理解品牌新闻报道内容。

二、研究方法与过程

（一）研究对象与资料

本书选择世界品牌实验室发布的《中国 500 最具价值品牌》中的品牌为研究对象，以选中样本的百度新闻标题为研究资料。世界品牌实验室于 2004 年开始发布世界品牌 500 强和中国品牌 500 强等排名，到 2019 年已成功发布 16 届。从上榜品牌中选择样本，一是可以保证每个样本的报道量；二是这些品牌应该是中国发展较成功的品牌，具有研究价值。

以网络媒体新闻而不是传统媒体新闻为研究资料的原因有以下两点：首先，我国网络新闻用户数达到 6.86 亿，占所有网民的 80.3%，且手机网络新闻用户数达到 6.6 亿，占手机网民的 78%，都仅次于即时通信和搜索引擎；① 网络新闻成为人们获取消息的主要渠道，其使用规模之大，深入用户生活之广，使得以网络新闻为研究资料更有价值和意义。其次，爬虫技术的协助增加了获取网络新闻的便捷性，使网络新闻更便于进行研究。本书研究资料来自百度新闻数据库，百

① 数据源自中国互联网信息中心 2019 年发布的《第 44 次中国互联网络发展状况统计报告》.

度新闻搜索是中国市场上最主要的新闻搜索引擎，其来源已覆盖1000多个新闻源，其中包括正式出版的报纸、杂志、广播、电视台网络版，政府及组织机构的官方网站，具有固定用户群和影响力的门户、地方信息港、行业资讯网站，其收录不包括非新闻资讯类网站、企业或个人网站等。[①]

本书采用新闻标题为研究资料，主要基于以下几点考虑：首先，新闻标题是新闻主要内容和中心思想的高度凝练（资庆元，2003）。标题“居文之首，勾文之要”，常被比喻为文章的眼睛和窗口，它既是文章的重要组成部分，即从属性；又经常脱离文章而独立存在，即独立性（韩书庚，2014）。新闻界常提到的“题好文一半”已突出了标题的重要地位。美国皮尤媒体研究中心和盖洛普民意调查公司的联合调查报告表明，读者浏览过56%的标题，却只读过25%的正文（鲍尔斯和博登，2008）；国内也有调查表明，70%以上的人读报只浏览标题，标题好才会继续阅读正文的读者为30%（许正林，2009）；另一项调查显示，90%的人总是先读题后读文，其中又有57%的人表示只读题不读文（付家柏，2003）。其次，网络媒体新闻突破了传统媒体的版面和时空限制，海量、丰富、实时的网络新闻标题以超链接的形式出现在用户的客户端中。从阅读程序来看，网络新闻标题是用户的阅读起点，也是获取新闻信息的第一步，用户通常快速浏览标题，再决定是否点击查看详情。且网络的推送功能使网络新闻标题能够接触到更多受众，包括非目标用户群，对于这部分用户而言，标题便是他们的阅读终点。可见，网络新闻标题的作用大大超过了它们在传统媒体活动中的作用，它们潜移默化地给受众留下印象，影响着其对新闻事件的认知和态度。最后，研究资料限定于新闻标题，可以有效减轻由于数据量过大造成文本处理过程中的不便，保证研究资料有效性的同时提高研究效率。因此，基于新闻标题的特点、受众的阅读习惯和研究便利性等原因，本书最终以爬取的百度新闻标题为研究资料。

（二）样本选择与下载

为保证所研究的品牌样本具有代表性和适用性，样本的选择应尽量覆盖各行业。所涉品牌样本全部来自世界品牌实验室2018年发布的《中国500最具价值品牌》，取样步骤为：先将入选的500个品牌按照主营行业[②]进行分类，取每个行业的第一名以保证报道量。如遇到以下情况，则依次往下取样：①品牌名称有

① 来自百度新闻介绍，http://help.baidu.com/question?prod_id=5&class=510&id=3221。

② 发布的排行榜已提供主营行业，详见 http://www.worldbrandlab.com/brandmeeting1/2018china500/brand/brand1.htm。

多重含义、与其他名称重名等情况，对数据清洗造成极大困难，如美的、红豆等；②当行业排名第一的品牌 2018 年报道量少于 100 条，则优先选择排名在后但报道量多于 100 条的品牌；③若某一行业所有入选的品牌报道量都少于 100 条，则选择报道量最多的那个品牌；④若某行业所有品牌报道量均少于 30 条，则不选取该行业样本。基于以上选择标准，最终选取的品牌样本如表 2-1 所示，包括来自 45 个行业的品牌。将这 45 个行业与《全球行业分类标准》（GICS）[①] 进行比较，发现抽样行业覆盖了标准中的所有行业板块和行业组（即 11 个行业板块、19 个行业组），因此认为可以保证抽样效度。

确定以上品牌样本后，采用课题组自行开发的百度新闻标题爬虫软件下载品牌样本的 2018 年新闻标题，下载工作全部于 2019 年 1 月完成，经过数据清洗后共有 97285 条有效新闻标题。下载过程需要注意的问题是，每个品牌样本都以其常用的品牌名称作为关键词进行搜索和下载，若品牌样本在新闻报道中存在多个名称，如“工商银行”与“工行”，这种情况下就分别下载这两个关键词的新闻标题，合并后再删除因同时含有这两个关键词而造成的重复标题。

表 2-1　样本清单

编号	品牌	主营行业	报道量（条）	累积品牌资产（亿元）	
				2018 年	2019 年
1	华为	通信电子	14177	3215.63	3486.76
2	滴滴	出行服务	12244	221.64	258.26
3	中国一汽	汽车	10314	2716.27	3008.36
4	苏宁	零售	9132	2306.28	2691.98
5	万科	地产	7018	612.81	620.16
6	工商银行	金融	6844	3345.61	4156.79
7	腾讯	信息技术	6037	4028.45	4067.25
8	中国移动	通信服务	4226	2122.45	2153.45
9	茅台	食品饮料	4332	1652.72	2185.15
10	海尔	家电	4333	3502.78	4075.85
11	湖南广播电视台	传媒	65	587.29	702.32
12	顺丰	物流	2238	210.58	375.82
13	中国石油	石油化工	1657	2532.81	3106.94

① 标准普尔，摩根斯坦利公司．全球行业分类标准［S］．2016.

续表

编号	品牌	主营行业	报道量（条）	累积品牌资产（亿元）	
				2018 年	2019 年
14	中粮	综合	1845	1635. 42	1637. 72
15	国家电网	能源	1441	4065. 69	4575. 36
16	海底捞	餐饮	1321	96. 97	127. 64
17	中国中车	机械	1322	1452. 95	1678. 76
18	国航	航空服务	1321	1205. 73	1213. 75
19	汉能	新能源	897	962. 56	1306. 98
20	安踏	体育用品	873	232. 71	353. 25
21	周大福	珠宝	515	628. 15	665. 28
22	中国航天科工	航天防务	443	935. 78	1216. 69
23	东阿阿胶	医药	429	257. 08	313. 95
24	汤臣倍健	保健品	418	102. 54	132. 67
25	国旅	旅游服务	325	708. 72	816. 95
26	晨鸣	造纸	379	58. 76	135. 61
27	宝武	钢铁	351	686. 15	786. 92
28	利群	烟草	326	151. 78	182. 13
29	雅戈尔	纺织服装	336	376. 98	432. 81
30	北大荒	农业	260	682. 75	789. 18
31	中国建材	建材	259	735. 86	1012. 75
32	玲珑轮胎	轮胎	244	378. 08	453. 69
33	亿利	环保	240	182. 37	225. 98
34	南孚	电池	191	73. 25	85. 16
35	自然堂	日化	146	73. 15	84. 98
36	雷士照明	照明电器	143	257. 66	326. 95
37	ABC KIDS	儿童用品	142	66. 15	82. 98
38	忠旺	铝加工	127	111. 37	133. 64
39	红蜻蜓	鞋业	91	65. 98	77. 75
40	飞亚达	钟表	71	71. 94	83. 45
41	豪爵	摩托车	59	512. 89	569. 46
42	心相印	生活用纸	46	168. 71	202. 46
43	美克美家	家居	47	116. 68	139. 87

续表

编号	品牌	主营行业	报道量（条）	累积品牌资产（亿元）	
				2018 年	2019 年
44	诗尼曼	家具	30	51.36	70.28
45	龙发装饰	装饰	30	60.72	72.86

注：45 个品牌基于以上样本标准进行选择，其主营行业来自《世界 500 最具价值品牌》排行榜提供的主营行业，报道量来自下载清洗后的数据，累积品牌资产来自 2018 年和 2019 年排行榜中提供的品牌价值数据。

（三）研究方法

本章主要通过词频分析法分析品牌新闻报道的主要特征和正负面情感，通过语义网络分析法提取品牌新闻的议题框架，并借鉴扎根理论的编码思想对这些框架进行命名。

1. 词频分析法

词频分析法（Term Frequency Analysis）是文献计量学中较为常用的一种内容分析方法，也是自然语言处理过程中的基本步骤，其基本原理是通过计算相应词语出现的频次或频率来揭示所研究问题的热点或趋势。例如，喻国明和宋美杰（2012）对传媒经济研究领域中具有高关注度的 660 篇文献的高频词展开分析，以阐述该领域中的热点、局限与未来期待。曾凡斌和陈荷（2018）检索谷歌图书语料库中传播学发展的词频数据，以分析传播学百年来的学科发展和变迁。词频分析法最早诞生于文献计量学领域，继而被广泛运用于各学科领域，具有一定的社会背景和理论基础（邓珞华，1988）。首先，词频是文献计量学中的一个重要统计单位和研究对象，著名的齐夫定律和洛特卡定律都是直接以词为单位进行统计的；其次，随着越来越多地研究词频的规律，学者们发现词频的波动与社会现象的变化存在内在联系。

在传统的人文社科研究中，学者们常根据一定的文本资料进行定性阐释。这种文本分析虽然能够通过深度思辨得出独特的见解，但在大数据时代可能面临着数据量太大、看不过来的问题，而且局部思辨所形成的结论缺乏数据支持，说服力有限（许鑫，2015）。词频分析法因为基于客观数据，所以具有较高准确性，在一定程度上摆脱了定性方法的个人主观性而具有可信性，被广泛应用。词频分析法的过程一般包括数据检索、清洗加工、词语提取、统计分析等，具体步骤如下：首先根据研究需要确定检索范围和检索策略；其次对下载的数据进行筛选、去重等操作，这一步常需要人工识别；再次借助分析工具对清洗后的数据进行分词及词语提取；最后根据研究需要对高频词详细分析，甚至可以进行深入的文本挖掘和可视化，并通过对结果的解释得出研究结论。

除经常运用于情报学的研究热点追踪，词频分析法可应用于解决很多领域的研究问题：①文学作品：美国威斯康星大学陈炳藻教授、复旦大学李贤平教授等学者根据文章风格特征分析，对《红楼梦》一书的作者归属而进行的学术争论，开创了词频分析法运用于作者归属判断的先河（许鑫，2015）。②新闻报道：Moon（2016）通过比较肯尼亚和伦敦这两种不同的新闻制度中的报纸词语使用情况，揭示出在新闻文化全球化背景下当地的政治和社会环境仍影响着新闻规范。黄合水和彭丽霞（2018，2019）提取一定的关键词代表特定的维度，并采用计算机辅助编码的方式对网络新闻大数据进行文本挖掘，先后完成了城市负面形象、城市时尚形象的相关研究。③社交媒体：Cassell 和 Tversky（2005）通过词频分析结合内容分析，对论坛上用户的交流模式展开研究，揭示网络虚拟社区中不同背景的年轻人是如何形成一个社区，并逐渐在语言风格上趋同的。许鑫等（2011）对新浪微博上关于并购事件的博文进行网络口碑研究，通过高频词分析揭示出用户关注的焦点和情感变化。④其他文本：申琦和赵鹿鸣（2017）统计美国普利策新闻奖百年来的获奖作品嘉奖词中高频词的变化，揭示普利策新闻奖评审标准的调整。Hunting 等（2018）对电视节目的文本进行内容分析，比较教育类词语、科技类词语、人文相关词语的词频，指出针对男孩和女孩的节目内容设置的差异。不难发现，正是因为词频分析法的客观、准确、可靠，使其正逐渐成为分析各领域大数据的重要研究方法之一。

2. 语义网络分析法

语义网络分析（Semantic Network Analysis）是一种特殊的社会网络分析。社会网络是由一个或多个关系连接的一组具有社会相关性的点，点是由关系连接着的单元，该方法研究的就是关系模式（刘军，2018）。在语义网络中，点就是词语，关系表示词与词之间的共现关系。语义网络分析最早见于心理学方面的研究，Collins 和 Quillian（1972）认为人们在大脑中将词语分层次、分类别地储存，词语之间的关系能揭示人们的深层思维。因此，研究者根据词频、共现关系及间隔距离来探索文本意义，成为语义网络分析的开端（Atteveldt，2008）。随着计算机信息处理技术的进步，语义网络分析作为自然语言处理的一个分支被广泛应用于文本大数据研究，在各个学科研究的使用中逐渐增多。

语义网络分析能够较好地平衡研究者的主观性，而保持文本语言逻辑的客观性，并且结合社会网络分析的图论应用，成为解决很多文本分析尤其是大文本分析的得力工具。例如，语义网络分析法可以应用于追踪学科的研究趋势（Kim 等，2014）、梳理学术研究演变（Doerfel 和 Barnett，1999）、构建网络舆情指标

（刘萌玥等，2017）、研究网络舆情传播规律（侯治平等，2017）等，甚至能够应用于对开放性问卷结果的编码和归类（Zywica 和 Danowski，2008）。Sevin（2014）则基于语义网络的原理构建“定义—测量—可视化”的城市品牌指数，以社交媒体上波士顿和纽约这两个城市的用户生成内容为数据，探索城市、人和信息之间的联系。

根据研究对象的不同，语义网络分析能够解决很多不同的研究问题。在各个研究领域中，提取文本中的框架是语义网络分析应用于大数据研究中的重要范式之一，因为语义网络分析的路径能够发现那些不包含在文本主体字面上却隐含在其中的问题的答案。本书将其分为以下四种框架：①新闻媒体的报道框架：Tian 和 Stewart（2005）通过语义网络分析法比较 CNN 和 BBC 对“非典”事件的报道框架，指出两家媒体的相同之处是都使用公共卫生框架，但 CNN 使用经济影响框架而 BBC 没有、BBC 使用疫情影响框架而 CNN 没有。Hellsten 等（2016）以《纽约时报》对阿斯巴甜、三氯蔗糖等人造甜味剂的报道为资料，通过语义网络分析发现潜在的报道框架。②危机传播语境下的战略框架：Schultz 等（2012）基于议程设置第三层效果的研究视角，以英国石油公司的漏油事件为例，将语义网络分析结合一种非对称条件概率，来研究英国石油公司采用的战略框架与英美媒体的报道框架是否存在关联。Toni 等（2014）以危机事件的三个不同时期为分析单元，通过新闻稿、媒体报道和社交媒体三个渠道来比较公共关系、新闻媒体和公众相互作用下的框架建构过程。③社交媒体上的信息框架：Tang 等（2018）基于词共现的语义网络分析法，总结出 Twitter 上关于荨麻疹的用户生成内容的四个信息框架分别为新闻更新、公共卫生、疫苗接种和政治。Liu 等（2018）以该方法研究突发事件中政府机构社交媒体所发布推文的信息框架，来解读政府的危机应对策略。Xiong 等（2019）对 Twitter 上#MeToo 运动事件，通过语义网络分析法提取社会运动组织所使用的信息框架。④政府机构的政策框架：Shim 等（2015）将语义网络分析法作为研究复杂策略环境中策略框架的有效工具，比较美国、英国、德国、法国、日本、韩国六国的核能政策框架，指出每个国家对能源安全、清洁能源和核安全等框架的重视程度不同。

3. 扎根理论

扎根理论（Grounded Theory）由 Glaser 和 Strauss（1967）提出，并由这两位社会学家在后来出版的诸多著作中不断地补充与修正。虽名为理论，但其实更是一种方法论，或者说是一套成体系的研究策略，目的是希望应用一系列方法来收集和分析资料，并由此发掘、发展、建构并验证理论。扎根理论有三个主要流派，它们有不同的认识论基础和编码步骤，使得新学者容易混淆。一是 Glaser 的经典扎根理论，以实证主义为认识论基础，强调科学、客观，强调研究者对于研究现象完全不干涉，其编码步骤分为实质性编码和理论性编码两步，实质性编码又分为开放性编码和选择性编码。二是 Strauss 和 Corbin（1990）的程序化扎根理论，以诠释主义为认识论基础，认为研究过程中不能消除人的主观对现实的认识和理解，其编码步骤分为开放性编码、主轴编码、选择性编码三步；这个版本是扎根理论三大流派中使用频率最高的，尤其是在中国，这得益于出版商 Sage 的发行传播能力，也因为台北大学徐宗国教授对该书较早的出色翻译工作。三是 Charmaz（2006）的建构型扎根理论，以建构主义认识论基础；比起 Glaser 倾向客观、Strauss 和 Corbin 倾向主观，Charmaz 是主、客观的融合，她认为主、客观的二分是不存在的；建构型扎根理论的编码步骤分为初始编码、聚焦编码、轴心编码和理论编码四步。

扎根理论的研究程序规范、严谨，其所构建的理论牢牢扎根于经验数据，使读者能够追溯和检查研究过程，甚至在一定程度上能够重复检验，使理论建构成为一个科学的过程，提高了信度和效度，克服了一般定性研究缺乏规范方法支持、过程难以追溯和检验、结论说服力不强等问题，由此，扎根理论方法论的创立和发展被认为是定性研究的重大突破（张梦中和马克·霍，2001）。扎根理论被广泛地应用于访谈、观察或民族志的研究中，近年来，也被逐渐应用于媒体内容分析及其他的各类文本分析中。例如，Johnson 和 Holmes（2009）采用扎根理论的编码程序对好莱坞 40 部浪漫喜剧电影进行质化内容分析，对电影中两性关系的呈现方式提炼出“矛盾的信息”这一核心概念。黄敏学等（2008）以公众对企业社会责任行为的网上评论为研究对象，采用扎根理论构建出“期望—满意—行为”理论模型来剖析企业被“逼捐”现象。靳代平等（2016）以品牌社区粉丝在线发帖内容为数据来源，采用扎根理论构建品牌粉丝的作用机制模型。

（四）样本处理步骤

对每一个品牌样本的处理过程如下（以万科为例），① 其中（1）~（3）属于基础操作，即样本清洗、分词、选取高频词等；（4）~（6）为语义网络分析提取议题框架的过程。

（1）将万科的新闻标题全部复制到 txt 文件中，并删除每条标题中的品牌名称“万科”。因为语义网络分析是基于词与词之间的共现关系，而品牌名称作为

① 本书所使用的两个软件 ROST 和 Gephi 简介如下：ROST 是一款由武汉大学沈阳团队开发的用于文本挖掘的开源免费软件，操作可见《ROST 使用手册》https：//wenku. baidu. com/view/3247baafdd3383c4bb4cd222. html?rec_ flag = default&sxts = 1545218062897；Gephi 是一款由法国巴黎政治学院 Mathieu Jacomy 及后续开发者共同改进而成的适合网络分析及数据可视化的开源免费软件，操作可见刘勇．网络数据可视化与分析利器 Gephi 中文教程　全彩版［M］．北京：电子工业出版社，2017.

下载的搜索关键词出现在每条标题中，与其他所有词的关系都是最近的，若不删除品牌名称可能会对后续分析产生影响。

（2）使用 ROST 软件的分词功能对品牌标题 txt 文件进行分词。研究者使用 ROST 软件的分词功能时，可以自行设置不分词列表（设置哪些字与字是不分开的词），因此分词过程往往是迭代式的，即第一次分词后若发现有不合理的分法，研究者便可修改不分词列表并重新分词，直到合理为止。

（3）使用 ROST 软件的词频分析功能对分词后的文件提取词频，并确定高频词阈值，被选中的高频词即进入语义网络分析。高频词阈值根据以下标准综合选取：①所选高频词的词频和占总词频和的 50%以上，以保证高频词的代表性；②高频词在 80～200 个，以保证后期使用 Gephi 软件进行模块化和可视化操作的有效性。例如，万科共选择了 184 个高频词，前十个分别为“翡翠”“亿元”“城市”“活下去”“地产”“楼盘”“企业”“物业”“销售”“郁亮”。

（4）使用 ROST 软件的语义网络分析功能对原文件（去除品牌名称但未分词的 txt 文件）进行语义网络分析，设置分析文档时高频词数、构建网络时高频词数、构建共词矩阵高频词数三个参数，经过提取高频词、过滤无意义词[①]、提取行特征、构建网络、构建矩阵等步骤，完成语义网络分析过程。

（5）将第（4）步中生成的语义网络 txt 文件（即词与词的共现关系文件）制成 csv 文件，导入 Gephi 软件，使用统计中的模块化功能对高频词进行分类。Gephi 的模块化统计功能是一种基于聚类思想的分组功能，它将经常相连的节点群认为同属一个网络结构（Vincent 等，2008；Lambiotte 等，2009）。通过设置模块化功能的解析度，根据高频词的个数，使每个样本大致被分成 10～30 个模块。将 Gephi 软件的后台数据文件导出，形成后续研究中的编码文件（万科形成的模块及编码文件如表 2-2 所示）。

（6）使用 Gephi 软件的可视化功能，将每个品牌样本的高频词之间的共现关系形成可视化图，以更好地辅助议题的编码。图 2-1 所示为万科的语义网络图，其可视化操作步骤如下：①外观：节点颜色使用 Partition 功能，按照模块化分别着色（即图中同属于一个模块的节点颜色相同），节点大小使用 Ranking 功能按照梯度呈现；②布局：选择 Fruchterman Reingold 布局，设置相应的斥力强度和吸引强度进行运行，并借助交叠、标签调整等功能对布局结果进行调整，亦可以人工调整部分关键节点，使图像效果更好；③做好可视化图形后，通过预览功能将图导出。

---

① 研究者可自行设置停用词表，本书下载自然语言处理研究中的常用停用词表，并根据研究需要进行了适当调整。

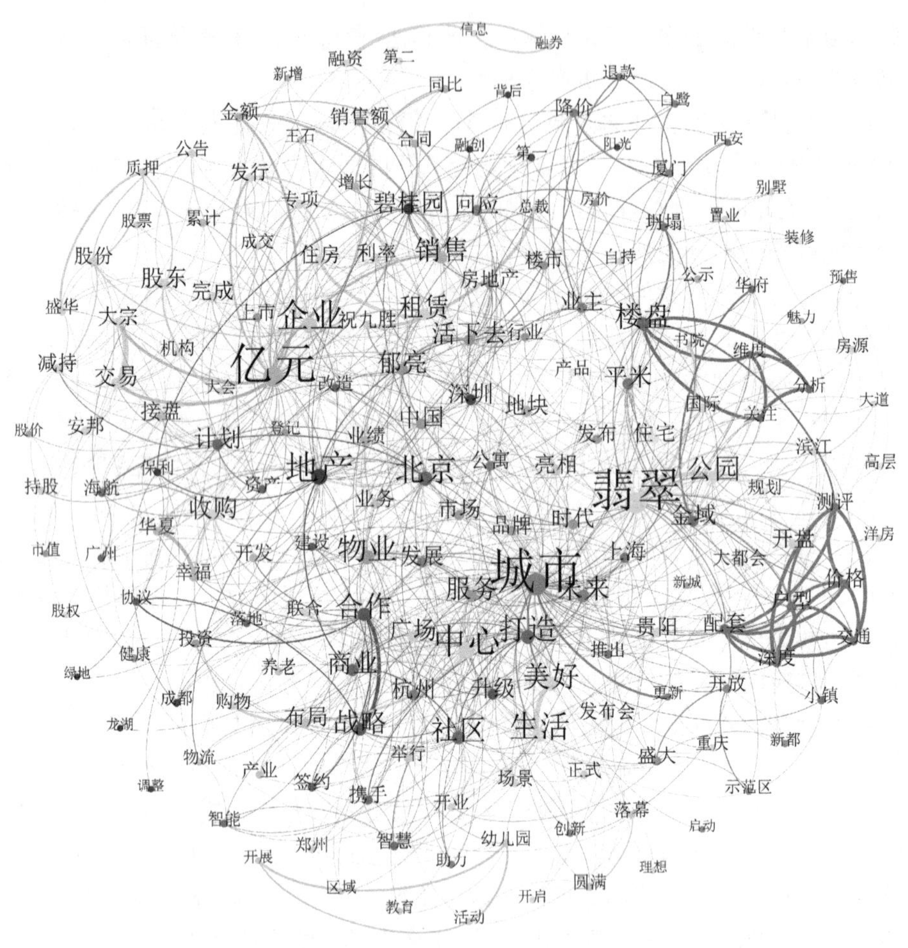

图 2-1　万科的语义网络图

另外，合并以上处理 45 个品牌样本高频词，组成一个包含 6307 个高频词的基本语料库为研究资料，使用 ROST 软件对这一基本语料库进行词频分析：①统计品牌新闻中出现频次最高的 20 个高频词，分析品牌新闻报道的特征；②研究者与另一编码人员组成共同编码小组对语料库中 6307 个关键词进行人工词性标注，分别标注为正面、中性、负面三种词性。前人也常在研究中使用情感词语来代表媒体情绪预测企业业绩或股票收益等因变量，如 Tetlock（2007）认为负面词语会造成企业业绩的下降；Ferguson 等（2011）以正面和负面词语的比例代表媒体情绪进行研究。考虑到中性词一般都是与企业或品牌有关的通用词语，因此只统计品牌新闻中出现频次最高的正、负高频词各 20 个，揭示品牌新闻报道的情感倾向呈现。

（五）议题框架的提取过程

1. 编码过程

对 45 个品牌样本进行语义网络分析后，共形成 805 个模块，借鉴扎根理论的编码思想对这些模块进行编码。

为保证编码过程的客观、严谨，减少研究误差和提高理论敏感性，笔者与一位博士生组成共同编码小组，编码过程如下：①两位编码员经过沟通，对初始编码达成一些基本共识，如尽量以 4～6 个字进行概念表达、如何从原始新闻标题中寻求编码灵感等共识。②两位编码员对同样的 200 个模块各自进行首轮编码，合并两份编码结果，讨论彼此的初始编码词语，经过沟通统一用词标准，并解决编码有歧义的地方。③各自对剩下的 605 个模块单独编码，合并两份编码结果，讨论初始编码的用词规范，并对编码歧义的模块统一编码结果。

必须强调的是，初始编码的过程是迭代式进行的，即编码过程中已形成的初始概念将对后面的模块编码起到指导作用，但当出现新的或难以归纳的概念时，将与先前的编码结果进行比较分析，甚至返回前面的模块进行修正。这种迭代式的不断返回比较正是扎根理论编码思想的精髓，它能够使归纳提炼的概念越来越精细和准确。这种迭代过程既发生在编码员独自编码的过程中，也发生在两位编码员的讨论编码过程中。最终从 805 个模块中提炼出 91 个初始编码，详情见表 2-3 的第二列。表 2-2 以万科为例，呈现了模块中的词簇和所提取的初始编码。本章研究中的 45 个品牌样本的编码结果和语义网络图详见附录，作为本书的过程性研究结果。

表 2-2　初始编码示意表（万科）

编号	关键词	初始编码
1	交易、大宗、股权、安邦、成交、机构	股情报告
2	生活、美好、重庆、理想、场景、发布会、开启	线下新品活动
3	翡翠、公园、开盘、房源、滨江、贵阳、国际、别墅、书院、洋房、大都会、置业、大道	线下新品活动
4	户型、价格、深度、测评、配套、交通、小镇	产品测评
5	幸福、华夏、接盘、开发	营销合作
6	合作、战略、升级、建设、签约、协议	产业推进

续表

编号	关键词	初始编码
7	租赁、发行、住房、利率、完成、专项、第二、自持	经营成绩
8	亿元、销售、地块、销售额、金额、业绩、增长、合同、同比、魅力、累计、新增、公示	利润分析
9	楼盘、关注、分析、维度	行业趋势
10	平米、金域、上海、坍塌、华府、推出、预售、西安	产品质量
11	祝九胜、总裁、亮相	领导公开活动
12	地产、碧桂园、保利、背后、成都、绿地、龙湖、调整、融创	产品对比
13	城市、未来、公寓、杭州、发展、更新、助力、创新、启动	业务拓展
14	融资、信息、融券	融资融券信息
15	企业、减持、股份、股东、质押、王石、公告、盛华、持股、大会、股票	增持减持
16	物业、服务、投资、上市、股价、健康、市值、登记	上市融资
17	深圳、第一、阳光	产品简介
18	北京、计划、资产、海航、改造、广州、落地	横向收购
19	幼儿园、活动、开展、举行、圆满、教育、落幕	主题活动
20	开放、盛大、新都、示范区	线下新品活动
21	打造、社区、商业、携手、智能、智慧	未来布局
22	业主、回应、降价、厦门、退款、白鹭	客户服务
23	中心、广场、收购、郑州、购物、联合、正式、开业	横向收购
24	活下去、郁亮、房地产、时代、中国、楼市、行业、品牌、市场、发布、新城、房价	行业趋势
25	业务、布局、物流、养老、产业、区域	未来布局
26	住宅、产品、高层、装修、规划	产品特点

注：每个模块中的关键词，按照词频高低降序排列。

对 91 个初始编码进一步抽象来提取议题框架，这是研究中的关键步骤。议题的提取是对这些初始编码进一步提炼和浓缩，并带着一定的指向性来完成，以保证提取的每一个议题能够将纳入其中的多个概念聚集成为一个概念群。两位编码员经过多次沟通，层层推进，形成如表 2-3 所示的 9 个一级议题、26 个二级议题。

表 2-3 品牌新闻报道议题框架的归纳提取过程

序号	初始编码	二级议题	一级议题
1	基地建设、客户服务、生产控制、生产计划、网点建设、平台建设、固资投入	生产系统	生产管理
2	产品创新、服务创新、工艺创新、生产创新	技术创新	
3	产品效果、产品质量、产品特点、产品测评、产品用法、产品简介、产品配置	产品功能	产品信息
4	产品报价、价格调整	产品价格	
5	线上新品发布、线下新品活动	新品发布	活动营销
6	行业展会、博览会	参加展会	
7	赛事赞助、节目赞助、活动赞助	品牌赞助	
8	扶贫公益、公益责任、环保公益、教育公益、群体关爱	社会公益	
9	主题活动、代言活动、促销活动、软文营销	其他营销活动	
10	校园招聘、社会招聘	新人招聘	人力资源
11	人事调整、架构调整、高层离职、高层入职、涉嫌违纪	人事变动	
12	领导公开活动、领导调研、领导讲话、领导相关事件	领导动态	
13	党建工作、业务管理、员工活动	员工管理	
14	横向收购、纵向收购、并购重组	兼并收购	资本运营
15	资本转让、资本信息、上市融资、市场投资	投资融资	
16	战略合作、营销合作、产品组合、基建共享	品牌联盟	组织合作
17	产业推进、供需合作	产业合作	
18	政府支持、助力城市发展	政府合作	
19	海外市场、城市拓展、渠道拓展、增设分店	市场拓展	市场竞争
20	行业趋势、行业监管、产权诉讼、打击假货	市场环境	
21	产品对比、服务对比	竞品对比	
22	融资融券信息、买入评级、股情报告、信息公告	基本股情	股市行情
23	股价变化、股份认购、增持减持、涨跌情况	股市波动	
24	利润分析、经营成绩	品牌业绩	品牌发展
25	行业奖励、行业排名、良好口碑	品牌荣誉	
26	未来布局、转型升级、业务拓展	品牌规划	

2. 信效度检验

（1）信度检验。信度检验的目的是为了考察以上分类结果的可靠性。笔者先初步定义以上 9 个一级议题、26 个二级议题，将这个初步议题定义、表 2-3

及附录中的200条已编码模块作为以下两步信度检验方法的编码依据。第一步，从45个品牌样本中挑选5个样本的模块化结果，让一位硕士生担任二次编码员，对这些模块进行再次编码；[①] 采用霍尔斯蒂系数（Holsti）计算两次编码的信度，所有议题的信度均大于0.9，说明信度检验合格。第二步，借用扎根理论中的理论饱和度检验方法，从2018年《中国500最具价值品牌》中选择5个品牌作为样本，经过语义网络分析步骤形成待编码的模块；这次交由另外两位硕士生担任编码员，按照以上编码依据进行编码，并强调侧重于寻找难以编码的模块，以此检验现已形成的议题框架是否具有良好的适用性。检验结果表明，新形成的模块都能很好地被编码，并未发现新的议题或概念。但编码员指出了一些议题定义理解有歧义的地方，如品牌联盟和产业合作两个议题的模糊性，因此将产业合作议题修改为强调的是供需关系、产业推进；技术创新和新品发布的模糊性，在修改后的定义中强调技术创新尤其突出技术方面的改变，而新品发布强调的是发布会、发布活动等行为；在调整了定义上的一些其他表达后，进入效度检验步骤。

（2）效度检验。效度检验的目的是为了评价分类结果与实际情况的相符程度。将初步分类结果反馈给两类不同专业背景的人员进行效度检验：[②] 第一类是对研究问题较熟悉的人，如研究品牌或新闻的博士生、在门户网站负责新闻编辑的工作人员；第二类是对该研究不太熟悉的人，如笔者的几位其他专业同学。问询的方式采用两个步骤，先分别给出一级议题和二级议题的名称和定义，让他们进行连线配对；然后提问是否还有该分类结果未提及的常见品牌报道议题。检验结果表明，人力资源、资本运营、股市行情这3个一级议题与其所属的几个二级议题匹配无异议；匹配产生异议超过2次的二级议题主要是以下5个：①技术创新：主要异议点在于检验员认为技术创新主要体现在产品方面，因此将其归属于产品信息；②新品发布：主要异议点在于检验员认为新品发布的重点是新产品，因此将其归属于产品信息；③品牌赞助：主要异议点在于检验员认为品牌赞助是为了品牌发展而做的战略性策划，因此将其归属于品牌发展；④市场拓展：主要异议点在于检验员认为市场拓展经常以营销活动的形式呈现，因此将其归属于活动营销；⑤品牌联盟：主要异议点在于检验员认为品牌联盟是为了品牌发展而做的规划，因此将其归属于品牌发展。对于以上几点异议，笔者对一些议题的定义进行了修改，如产品信息议题强调的是产品的客观属性信息，技术创新议题强调的是技术方面的突破，新品发布议题强调的是营销活动行为，从而界定清楚技术

---

① 类似的做法见：周翔．传播学内容分析研究与应用［M］．重庆：重庆大学出版社，2014：324.

② 类似的做法见：郑烨，吴建南．政府支持行为何以促进中小企业创新绩效？——一项基于扎根理论的多案例研究［J］．科学学与科学技术管理，2017，38（10）：41-54.

创新属于生产管理、新品发布属于活动营销，它们不属于产品信息；品牌发展议题强调的是品牌的过往和未来，品牌赞助议题强调的是赞助活动行为，品牌联盟议题强调的是品牌之间的合作行为，以此界定品牌赞助属于活动营销、品牌联盟属于组织合作，它们不属于品牌发展。最终的各议题定义详见研究结果，此处不再赘述效度检验后的定义修改。

（六）数据处理

为分析媒体对品牌的新闻报道主要侧重于哪些议题，本书构建议题比例来表示品牌在某类议题的呈现程度，以百分数表示。议题比例越大，表示媒体对该品牌在这类议题的报道比重越大。某给定品牌的议题比例以每种议题内的词频和除以高频词词频总和得到，其计算公式如下：

$$P_j = \frac{F_j}{N}$$

其中，$F_j = \sum_{i=1}^{n} f_{ij}$。$P_j$ 表示 j 议题比例，N 表示已选高频词的词频总和，F_j 表示 j 议题中所有关键词的词频和，f_{ij} 表示 j 议题中第 i 个关键词的词频。

仍以万科为例，表 2-4 截取自表 2-2，并删掉了“关键词”一列。编号 4、编号 10、编号 17、编号 26 均为产品功能议题，则万科的产品功能议题的词频和为这四个模块中所有关键词的词频加和即 677+576+220+291＝1764，万科的产品功能议题比例为该议题的词频和 1764 除以高频词词频总和 14749，即 11.96%。另外，万科的报道中并无产品价格议题，因此一级议题产品信息议题的比例也为 11.96%。

总样本在每个议题的平均值表示品牌新闻报道的总体情况，如中国品牌的产品功能议题比例为 3.96%，即 45 个样本在产品功能议题的平均值。

表 2-4　议题比例的计算（万科）

编号	初始编码	二级议题	一级议题	词频和（个）	比例（%）
4	产品测评	产品功能	产品信息	677	4.59
10	产品质量	产品功能	产品信息	576	3.91
17	产品简介	产品功能	产品信息	220	1.49
26	产品特点	产品功能	产品信息	291	1.97

三、研究结果

（一）品牌新闻报道的主要特征

对品牌新闻语料库进行统计分析，出现频次最高的20个高频词如表2-5所示。这些高频词突出了中国品牌在经营、竞争、合作、布局等方面的报道特征。

表2-5 品牌新闻高频词（前20位）

排序	关键词	词频	排序	关键词	词频
1	中国	41	11	股份	28
2	亿元	39	12	市场	27
3	品牌	36	13	行业	27
4	战略	34	14	科技	27
5	合作	34	15	创新	26
6	打造	33	16	投资	25
7	携手	32	17	助力	25
8	发展	31	18	同比	24
9	企业	30	19	国际	24
10	增长	28	20	智能	23

注：词频是指在45个品牌样本中作为高频词的次数，如中国41次，即在41个品牌中“中国”都被提取为高频词。

1. 多元投资、业绩增长的品牌经营

业绩被认为是已经建立的事业和成就，往往以结果为导向。管理学领域研究出许多指标来量化企业业绩，包括净资产回报率、投资回报率等财务指标，和市场份额、销售增长率和利润增长率等经营指标（Venkatraman和Ramanujam，1986）。品牌作为商品经济发展到一定程度的产物，代表着背后企业的产品质量、企业精神，成功的品牌经营为企业带来经济和社会效益。品牌新闻中的高频词“亿元”“增长”“股份”“投资”“同比”呈现出中国品牌在经营资产、追求经济收益方面的成果。

投资是企业对所持资金的一种运用，通过投资特定产业或金融市场获得与风

险成比例的收益，对企业的长期生存和发展具有重要意义。投资是企业实现财务管理目标的基本前提，也是企业发展生产的必要手段，而通过将资金投资于多个行业，实现多元化经营，更能增加企业销售和盈余的稳定性（严碧容和方明，2016）。以腾讯为例，其 2018 年的国内外投资事件就超 170 件，投资金额超过 900 亿元。腾讯投资的行业覆盖电子商务、房产家居、教育培训、金融、企业服务、汽车交通、社交社区、生活服务、体育健身、文娱传媒、物流运输、游戏等多领域，并由此一步步地从一家以微信、QQ 为主的网络社交企业发展成为一个商业娱乐帝国。① 可见，腾讯的投资行为主要是为了扩张企业经营的版图，其充分发挥互联网行业的资源优势，增多产品种类和扩大市场范围，从而实现企业在多行业的经营扩张，也最终实现了品牌的延伸。

如今上市企业都需要按季度、年度向大众公开发布财务报告，汇报销售量、净利润等经营情况。这些指标数据反映出企业经营的好坏，也会影响市场投资者的判断。企业的任务是根据市场需要生产商品、提供有效的社会供给，满足社会和人民群众日益增长的物质文化需要。因此，追求经济收益作为企业经营的主要目标，能够反映是否达到了企业生产任务，只有满足了市场需要才能够产生利润和收益。品牌是将企业本质展示给消费者的方式，品牌作为一个符号连接着企业、产品和消费者，每一个品牌背后都是努力在市场竞争中生存下来的企业。经营品牌有助于企业获得更好的经济收益，一方面，消费者对品牌的认可能够扩散至对企业的认可，有助于企业开拓新市场及推广新产品；另一方面，企业能够通过对品牌资本的运营，促使品牌资产带动更多的有形资产，形成有形资产和无形资产之间的良性互动。

2. 立足中国、走向国际的品牌竞争

品牌是企业的无形资产，可以起到识别企业的作用。产品设计及生产工艺极易被模仿，但以品牌为基础的营销活动及使用经验在消费者记忆中却难以复制。强势品牌的竞争力体现在消费者心中的知名度和好感度，进而带来溢价能力和利润空间。从品牌资产的视角来看，树立品牌是企业确保竞争优势的有力手段。品牌新闻中的高频词“中国”“品牌”“企业”“市场”“行业”“国际”呈现出中国品牌面临的市场竞争环境，既要看清行业发展趋势，又需努力迈进国际市场。

任何产品都有其所属行业和一定的市场需求，然而随着产品同质化现象日益严重，如何通过品牌塑造差异进而细分市场是企业进行品牌建设的关键所在。了解行业趋势、形成品牌定位是进入市场的前提，如苏宁根据消费大数据了解零售

---

① 详见新闻：《2018 年 BAT 投资布局盘点》，http：//m. sohu. com/a/284145980_204078。

趋势、万科根据房地产行业的发展提出“活下去”方案等[①]都是品牌通过行业发展态势来定位自身品牌发展方向的案例。掌握行业趋势、做到知己知彼是争夺市场的法宝，海底捞和茅台等品牌[②]会时刻分析竞争对手的形势，从而制定市场突围策略。企业需要根据市场需要和实际情况为品牌找准定位，在整合营销中传播统一的品牌诉求和理念，使消费者能够在众多产品中区分出品牌的特征或个性，从而培养和形成品牌的核心竞争力。

改革开放四十多年来，在激烈的市场环境中，中国已经能够生产出优质的世界级产品，也成长出一批具备竞争实力的世界级企业，但还缺乏足够知名的世界级品牌。尽管华为、联想等中国品牌已经在国际化道路上取得亮眼成绩，但中国品牌在海外市场上的号召力和感染力依然有很大的发展空间。“一带一路”倡议的提出对中国品牌“走出去”产生深远影响，极大地推动了中国品牌的国际化之路。目前，许多中国品牌都迈开了国际化步伐，如滴滴进军墨西哥、中国石油和亿利都开拓了非洲市场、中车签下阿根廷订单、汉能深入日本市场等。[③] 品牌国际化作为企业参与市场竞争的有效方式成为企业甚至国家关注的焦点。

3. 全面战略、携手共进的品牌合作

任何一个企业想要发展壮大，都必须与其他企业或组织产生联系。品牌合作是现代市场竞争的结果，也是企业品牌相互扩张的结果。不管是上、下游企业在产品质量、生产等方面的供需合作，还是消费者重叠的品牌之间在联合营销、研发创新等方面的交互合作，品牌合作通过资源共享、优势互补，往往能够达到“1+1>2”的双赢效果。品牌新闻中的高频词“合作”“战略”“携手”呈现出中国品牌积极寻求有效合作模式的努力。

品牌在寻求合作对象方面讲究全面、深度，如华为的合作对象覆盖领域广泛，且多进行深入的战略合作，足以体现其版图扩张的雄心。在手机功能改进方

---

① 详见新闻：《消费升级，大数据告诉你苏宁零售云怎样领衔县镇消费市场?》http：//www. fromgeek. com/latest/198075. html；《万科郁亮：房地产行业转折点到来　活下去为最终目标》http：//money. 163. com/18/0922/10/DSA5SF7V002580S6. html。

② 详见新闻：《海底捞的敌人有哪些？巴奴、小龙坎、盒马鲜生等》http：//news. winshang. com/html/064/0878. html；《茅台、五粮液三季度业绩增速放缓　行业整体不悲观》https：//finance. qq. com/a/20181029/004300. htm。

③ 详见新闻：《滴滴开始在墨西哥城招募司机　10 月份开始运营》https：//pcedu. pconline. com. cn/1162/11627807. html；《中国石油在非洲实现互利共赢》http：//www. chinanews. com/ny/2018/09－05/8619214. shtml；《亿利库布其模式走进非洲　科学示范荒漠化治理》http：//tech. gmw. cn/ny/2018－10/22/content_31798048. htm；《中车签下阿根廷 200 辆城际动车组订单》http：//news. sina. com. cn/c/zj/2018－04－24/doc－ifzqvvsa3560838. shtml；《一万把汉伞订购！汉能进一步深入日本市场》http：//finance. china. com. cn/roll/20180911/4757401. shtml。

面，华为与360合作改进手机系统安全，开启“漏洞奖励计划”；华为与百度识图合作，优化手机的拍照识图功能；华为与微软在人工智能语音助手领域展开深入合作，提升智能音箱用户体验；华为与芒果TV深度合作，实现会员内容共享；华为与民生银行合作，打造数字化智能银行；等等。[①] 在硬件建设方面，华为与京东方合作，研发屏幕可折叠手机，惊艳市场；华为与中国移动、中国联通都进行了5G战略合作，共同合作培育和催熟5G产业链，从业务、网络、频谱、用户等多维度推进5G发展；华为与北汽新能源、上汽集团等车企就打造智能车型方面签署深化战略合作框架协议。[②] 在城市共建方面，深圳、重庆和珠海都与华为签署了战略合作协议，希望依托华为的科研能力，将大数据、云计算、物联网、人工智能等技术与城市场景深度融合，推动城市智能终端、智能制造、智慧政务、智慧交通等领域的发展，加强智慧城市多方面的建设，助力城市的数字化转型。[③] 以上只是列举了华为的部分合作对象，其实华为的合作版图非常辽阔，这也能够窥见华为的品牌布局之大。

品牌合作带来的经济效益体现在多方面。首先，消费者群体、营销渠道等品牌资源之间的互补性能够为品牌双方赢得规模效益，从而降低销售成本、提高销售量；从消费者的利益出发考虑各项合作细节，其合作成果也能更好地满足市场需要。其次，品牌通过跨界合作能够克服在多样化经营上资源和能力的不足；借助合作伙伴在管理、资源和技术上的支持，能够降低进入新市场的门槛和风险，从而扩张经营范围。最后，知识作为一种特殊资源，是品牌竞争力的核心要素；品牌合作的作用之一就是能够获取彼此的品牌知识，不仅实现合作双方知识含量的增加，还有助于品牌各方面能力的提升；从这个角度来看，品牌合作是科技发

---

① 详见新闻：《360宣布与华为达成安全合作　或效仿小米米家生态》http：//www.qianjia.com/html/2018-12/03_313951.html；《百度识图与华为手机合作　新品Mate20系列支持拍照识物》http：//www.qianjia.com/html/2018-12/03_313951.html；《华为今日宣布与微软深度合作，对标小米小爱同学》https：//tech.ifeng.com/c/7iyekKylAXu；《芒果TV与华为达成战略联姻　开创内容生态合作模式》http：//m.sohu.com/a/285572392_100180399；《中国民生银行与华为达成战略合作　携手打造数字》https：//www.cebnet.com.cn/20180208/102465311.html。

② 详见新闻：《华为与京东方结盟，发布5G折叠屏手机，蚕食OLED市场?》https：//baijiahao.baidu.com/s?id=1638829000917324033&wfr=spider&for=pc；《5G时代华为成为中国移动全球最值得信赖的5G战略合作伙伴》http：//www.cww.net.cn/article?id=443958；《中国联通与华为签署5G战略合作协议》http：//www.cinic.org.cn/zgzz/xw/440755.html；《北汽新能源与华为签署深化战略合作框架协议》http：//news.bitauto.com/hao/wenzhang/1006108；《华为与上汽签署战略合作协议：推动汽车智能化》http：//www.chinaz.com/sees/2018/1224/974140.shtml。

③ 详见新闻：《深圳市政府与华为公司签署战略合作协议》http：//www.sz.gov.cn/cn/xxgk/zfxxgj/zwdt/201802/t20180207_10771975.htm；《重庆市政府与华为公司签署战略合作协议》https：//finance.ifeng.com/c/7cvP6RLINJI；《珠海市政府与华为技术有限公司签署战略合作协议》http：//news.ycwb.com/2018-07/18/content_30047540.htm。

展之后跨知识领域合作的趋势要求。

4. 技术赋能、创新发展的品牌布局

科学技术是第一生产力，创新是引领发展的第一动力。当前，新一轮科技革命正深刻影响着世界发展，加强科学技术与社会各界的协同创新是助推人类社会进步的重要途径。互联网、人工智能等新技术的出现为企业发展提供了许多新的结合点，企业借助智能机器、智能网络、智能交互等创造出智能的经济发展模式和社会生态系统。品牌新闻中的高频词“打造”“发展”“科技”“创新”“助力”“智能”呈现出技术与创新在中国品牌发展过程中所起的助力作用。

生产力的“三要素论”认为，劳动者、劳动工具和劳动对象构成生产力（徐水华，2015）。科学技术是第一生产力可以理解为，若科学技术被劳动者掌握，便成为生产力的一部分；或者科学技术物化为劳动工具和劳动对象，也成为生产力的一部分。技术赋能可以理解为将技术应用于生产工作中提高生产效率和产品质量，这既包括使用新技术创造新产品，也包括借助新技术提高生产力。前者如一汽的新能源车、南孚的智能门锁电池、自然堂的全新防晒霜、中车的智能驾驶等；[①] 后者如海底捞送餐机器人、国家电网设备升级、雅戈尔智能工厂、忠旺智能制造、顺丰智能物流等。[②]

将一个新的想法或新的发明变成商业化成果的过程即为创新。创新是一种经济行为，任务在于创造价值；其丰富的内涵不仅体现在科技创新方面，还包括理论、制度、管理、模式等多方面的创新（林念修，2015）。中国品牌在发展道路上摸索着各式创新方法：海尔基于互联网时代特征提出的“人单合一”管理模式，颠覆了传统的业务和盈利模式，使企业平台化、员工创客化、用户个性化；龙发装饰启用“创客模式”搭建了一个万人创业平台，为整合行业资源、挖掘行业潜力承担企业责任。另外，传统产业通过自我变革结合新兴产业继续向前发展的案例也是企业创新的路径之一，如宝武集团将曾经的废弃工厂打造成“互联网+”示范产业

---

① 详见新闻：《一汽力争 3 年后新能源车销量进中国前五，红旗先实现智能网联》https：//www. thepaper. cn/newsDetail_forward_1960210；《南孚推全球首款智能门锁电池 10 年不漏液》http：//www. techweb. com. cn/ihomeappliances/2018-04-09/2653119. shtml；《智能新技术：自然堂防晒系列全面升级抵御地表最强紫外线》http：//it. sohu. com/20181012/n551988330. shtml；《中国中车智能驾驶：全新路测“慧”开车!》http：//www. chinabuses. com/buses/2018/0614/article_84368. html。

② 详见新闻：《当火锅遇上人工智能　海底捞选择擎朗机器人》http：//tech. hexun. com/2018-11-15/195210826. html；《国家电网拟向 6 国 12 家供应商采购高端智能设备升级电网》http：//www. chinanews. com/cj/2018/11-08/8671338. shtml；《智能科技赋能服装产业链“新雅戈尔”的活力与创造力》http：//www. xinhuanet. com/fashion/2018-10/12/c_1123549189. htm；《智能制造成热点　忠旺持续推进智能化生产》https：//www. alu. cn/aluNews/NewsDisplay_1041933. html；《顺丰控股：用技术改变物流　打造“物流+人工智能”的新业务形态》http：//www. p5w. net/kuaixun/201803/t20180323_2098355. htm。

园；顺丰则致力于构建高效协同的现代智慧供应链，积极谋求转型升级。①

（二）品牌新闻报道的正负情感

对品牌新闻语料库进行统计分析，出现频次最高的20个正面和负面高频词如表2-6所示。其分别体现了中国品牌新闻报道的正、负面情感倾向呈现。

表2-6　品牌新闻的正负面高频词（前20个）

词性	高频词
正面词	增长、创新、助力、智能、智慧、第一、安全、增持、成功、提升、最大、公益、突破、圆满、转型、保障、成果、梦想、荣获、时尚
负面词	减持、起诉、调查、下降、跌停、假冒、停牌、问题、不合格、下滑、暴跌、查获、大跌、风波、风险、侵权、涉嫌、审查、索赔、违规

1. 正面情感与新闻宣传

品牌新闻中的正面词语对于品牌宣传具有重要作用。首先，新闻报道将产品、理念、价值观等品牌信息传播于消费者，是品牌与消费者沟通的桥梁；其次，新闻报道将品牌的经营状况、发展动态及取得的成果等展示出来，增加员工认同感，调动利益相关者积极性，有助于创造良好健康的品牌发展环境；最后，借助新闻报道对消费者潜移默化的影响作用，新闻宣传是塑造品牌形象、累积品牌资产的主要渠道之一。

"创新""助力""智能""智慧""提升""转型""保障""安全"体现品牌寻求进步和发展做出的工作。多数关键词在前文已有提及和分析；"提升""保障"一般指代的是生产管理或品牌业绩方面的努力，如安踏改造零售终端提升消费体验感、忠旺提升盈利能力、中国航天科工保障卫星发射、国航保障航线运行等。②

"公益""梦想""时尚"体现品牌的感性营销行为。作为感性消费时代伴随

---

① 详见新闻：《海尔"人单合一"模式：自驱动、自组织、自演进》http：//union. china. com. cn/jdnews/txt/2018-07/03/content_40405792. htm；《龙发装饰"创客模式"　内部创新　激发万人大创业》http：//hy. stock. cnfol. com/bankuaijujiao/20181229/27143512. shtml；《昔日"线材工业摇篮"变身孵化空间　宝武集团打造"互联网+"示范产业园》http：//www. stdaily. com/02/difangyaowen/2018-09/23/content_710184. shtml；《顺丰着力打造智慧供应链　积极谋求转型升级》https：//news. qudong. com/article/483235. shtml。

② 详见新闻：《安踏提"价值零售"，借零售终端改造之势提升消费体验感》https：//www. iyiou. com/p/85261. html；《中国忠旺：高附加值产品提升盈利能力》http：//sztqb. sznews. com/MB/content/201808/27/content_449522. html；《中国航天科工全力保障我国成功发射第二十八、二十九颗北斗导航卫星》http：//finance. sina. com. cn/roll/2018-02-13/doc-ifyrkrva8252776. shtml；《国航西南地服部全力保障成都直飞伦敦航线》http：//news. carnoc. com/list/452/452799. html。

的一个概念，感性营销将品牌营销活动情感化，将“情感”这根主线贯穿营销活动的全过程，使消费者得到精神的愉悦和满足。品牌举办“公益”活动体现品牌的社会责任感，使消费者产生共情心理从而增加品牌信任和情感；品牌主张“梦想”“时尚”理念容易引起消费者的情绪反应，拉近品牌与消费者的关系，增强品牌竞争力。

“增长”“第一”“成功”“最大”“突破”“圆满”“成果”“荣获”体现品牌已取得的进步和成绩。同样，多数关键词在前文已有提及和分析；“成功”“最大”来自多个领域，既可能是技术创新的成果和突破，也可能是营销活动的盛大与圆满，或者是生产规模的扩大等，如中车成功研制世界首辆全碳纤维复合材料地铁车体、海尔的高科技挑战活动成功、汉能建成欧洲最大薄膜太阳能项目、安踏谈成中资最大体育并购。①

“增持”指的是上市企业董事、监事和高管通过竞价交易、大宗交易及二级市场买入等方式增加本企业股票持有的行为（张薇，2018）。相对于外部投资者，企业内部人员掌握着企业的重大内幕信息并决定企业发展策略，因此他们的增持行为向股票市场传递着利好信号，也对品牌价值创造起到积极作用。

2. 负面情感与新闻监督

品牌新闻中的负面词语与品牌危机、品牌业绩、股市波动等有关。媒体出于追求新闻价值的本能冲动和舆论监督的本质属性，对于品牌不合规的做法进行披露、评论或抨击，从而实现新闻监督。经过新闻报道的负面消息便成了公开消息，将对品牌产生多方面影响，一方面消费者甚至经销商的不满导致销量下降；另一方面负面事件也会直接作用于股票市场。新闻监督会通过声誉机制和行政介入机制等方式促进品牌自我管理和革新，最终实现媒体的企业治理作用。

“问题”“风波”“风险”泛指品牌负面事件，可能来自产品质量问题如汽车召回、食品安全，或者兼并收购问题如收购洽谈不畅等；尤其是“风波”一词具有将事件标签化的功能，这使得负面事件的报道量更大、报道周期更长（张悦，2018）。

“起诉”“调查”“侵权”“涉嫌”“索赔”“违规”“审查”表示品牌卷入案件，一般是指品牌借助法律手段维权或者品牌被其他组织起诉。“起诉”“侵权”

① 详见新闻：《世界首辆全碳纤维复合材料地铁车体在中车长客研制成功》http：//china. cnr. cn/NewsFeeds/20180107/t20180107_524090015. shtml；《海尔再次用高科技成功挑战央视〈挑战不可能〉》http：//www. jdxfw. com/html/2018/report_1124/26765. html；《汉能荷兰公司建成欧洲最大薄膜太阳能项目》http：//news. 163. com/18/0921/12/DS7S01O7000194VU. html；《安踏组团46亿欧收购始祖鸟母公司　成中资最大体育并购》https：//news. online. sh. cn/news/gb/content/2018-12/08/content_9137375. htm。

多涉及版权之争，如茅台“国酒”商标之争；[①] 其他五个词语则泛指法律事件，可能来自高管的违规违纪问题、服务失败的索赔问题、投资融资中的操作合法性问题等；司法部门需要通过“调查”“审查”才能给出公正的审判结果。

“不合格”体现市场监管部门对产品质量的监督管理，它们通过抽检等方式把控进入市场的产品是否符合质量标准，从而保障消费者的利益。消费者的吃、穿、住、用、行等生活领域和各类产品密切相关，因此产品质量是消费者普遍关心的焦点问题，产品不合格的相关报道能够帮助消费者及时止损。

“假冒”“查获”体现市场监管部门从另一个层面保护消费者利益的监督管理行为。一些不法厂家假冒名牌产品，以劣充优、以假充真，使得假冒伪劣产品在国际上被视为“仅次于贩毒的世界第二大公害”。从消费者角度，大多数产品涉及人身安全健康，假货极大地损害了消费者利益；从品牌角度，被仿冒品牌的经济利益和品牌形象都受到重大损失；从社会角度，假货的横行使得消费者缺乏安全感，增大社会交易成本。因此查获假冒产品虽是对品牌的有力保护，却也在一定程度上损害品牌形象，降低了消费者对品牌产品的安全感。

“下降”“下滑”一般涉及的是财务报告中净利润下降的相关报道，产品成本上升、产品售价降低或者其他原因导致的市场份额下降，都可能导致企业的净利润下降。从品牌价值链的角度来分析，业绩下降的原因有很多，可能源头在品牌价值创造的营销方案阶段，也可能是市场环境的变化。企业只有弄清真正的原因才能解决问题，创造新的业绩。

“减持”“跌停”“停牌”“暴跌”“大跌”体现的都是股市波动方面的报道。根据品牌价值链理论，股东价值是整个品牌价值创造过程中的最后一环，受到诸多因素的影响，较为直接的因素包括品牌表现和市场因素。品牌表现即市场份额、溢价能力等能够反映品牌盈利能力的指标；市场因素则包括行业因素、品牌潜力等系列指标。由于股市的“羊群效应”，投资者容易在股价下跌过程中进行恐慌性抛售行为，导致股价一跌再跌，形成暴跌、跌停局面。

（三）品牌新闻报道的议题框架

基于语义网络分析法将品牌新闻报道分为 9 个一级议题、26 个二级议题，如图 2-2 所示。语义网络分析法提取议题框架的思想基础在于通过关键词的存在来选择和突出某些特征，一些重复率高的关键词所隐含的含义则是该类报道议题的特征。表 2-7 列出了每个二级议题中出现频次最高的 10 个关键词，以辅助每

---

① 详见新闻：《酒醒了　茅台申请撤回“国酒茅台”商标案起诉》http：//news. ifeng. com/a/20180814/59808156_0. shtml。

个报道议题的阐释。

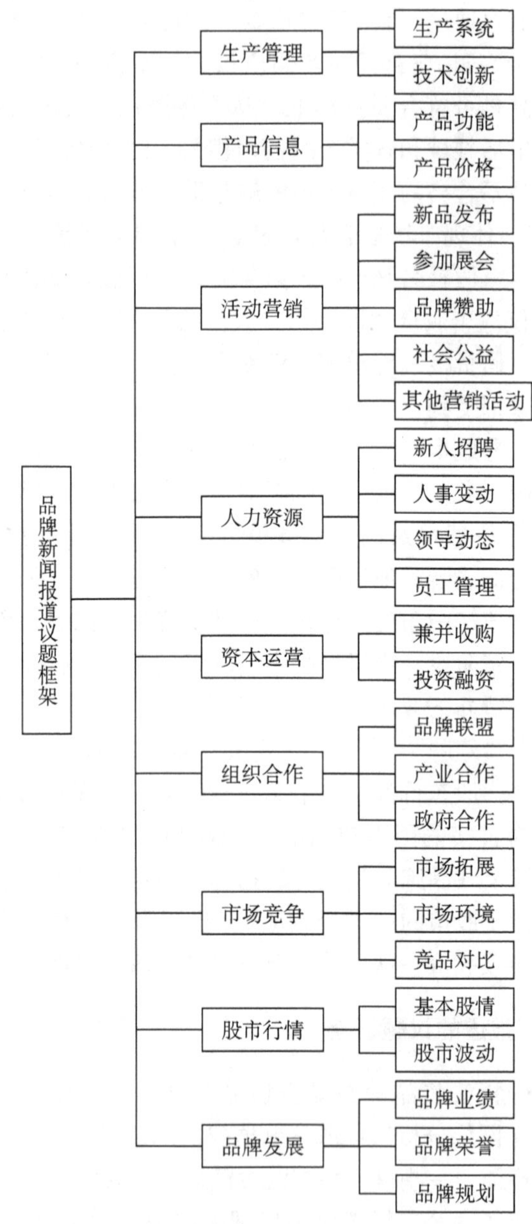

图 2-2　品牌新闻报道的议题框架

表 2-7　品牌报道议题框架中的高频词（前 10 个）

一级议题	二级议题	高频词
生产管理	生产系统	项目、安全、基地、产业、成立、数据、服务、建设、启动、生产
	技术创新	创新、科技、智能、助力、升级、推出、自主、突破、行业、成果
产品信息	产品功能	产品、推出、系列、曝光、测评、深度、方法、升级、性能、配置
	产品价格	价格、产品、市场、最新、报价、调整、定价、提价、分析、背后
活动营销	新品发布	新品、发布、推出、上市、正式、全新、举行、发布会、首发、上线
	参加展会	亮相、领衔、重磅、国际、举办、展示、主打、博览会、成果、实力
	品牌赞助	收官、举行、圆满、见证、落幕、完美、赛季、结束、精彩、赞助
	社会公益	公益、活动、扶贫、助力、工程、希望、教育、举行、责任、践行
	其他营销活动	品牌、举办、开启、活动、营销、携手、体验、打造、代言、优惠
人力资源	新人招聘	招聘、公告、毕业生、校园、社会、高校、应届、面试、岗位、实习
	人事变动	辞职、经理、调整、聘任、变动、接替、职务、人事、架构、调任
	领导动态	董事长、总裁、经理、调研、会见、党委、书记、人物、出席、现身
	员工管理	党建、召开、会议、工作、管理、书记、党组、精神、学习、通知
资本运营	兼并收购	收购、亿元、股权、企业、完成、并购、资产、重组、要约、计划
	投资融资	投资、上市、融资、亿元、美元、股份、出售、股票、资本、转让
组织合作	品牌联盟	战略、合作、携手、牵手、达成、签署、协议、打造、腾讯、阿里
	产业合作	合作、战略、协议、携手、伙伴、达成、项目、签约、联合、中标
	政府合作	协议、签署、项目、政府、框架、城市、合作、战略、调研、解决
市场竞争	市场拓展	市场、开业、正式、北京、海外、日本、国际、发展、德国、入驻
	市场环境	中国、行业、市场、起诉、发展、假冒、企业、品牌、互联网、侵权
	竞品对比	背后、巨头、第一、对比、品牌、对手、竞争、颠覆、超越、区别
股市行情	基本股情	融资、融券、信息、公告、股东、报告、股份、评级、行情、买入
	股市波动	股份、增持、股价、减持、股东、港元、跌停、蒸发、股权、回购
品牌发展	品牌业绩	增长、同比、净利、亿元、营收、业绩、第一、收入、季度、年报
	品牌荣誉	中国、品牌、行业、企业、世界、年度、荣获、百强、大奖、成为
	品牌规划	发展、布局、打造、未来、助力、业务、智慧、时代、创新、转型

1. 生产管理议题

生产管理议题是指报道突出品牌对产品或服务的生产过程进行管理的相关行为，从而保障品牌的运营。其分为生产系统和技术创新两个二级议题。生产系统议题是指报道突出品牌如何投入生产资源以满足产品或服务的产出，包括产品型品牌的生产计划与控制手段和服务型品牌的服务创造过程；技术创新议题是指报道突出品牌在技术方面的突破和成果，体现在新产品的研制成功或老产品的技术升级等。“数据”“科技”“智能”体现了生产管理向着数据化、科技化、智能化的方向发展。高效高质的生产管理对品牌建设起到了基础性保障作用，现代科技则通过改进生产管理帮助品牌起到降低成本、提高生产效率、提升产品质量的作用。

（1）生产系统议题的 10 个高频词突出品牌在基地建设、生产控制等方面的行为。“成立”“建设”“启动”强调生产行为和过程；“项目”“基地”“产业”“数据”“服务”“生产”强调生产对象；另外，“安全”一词体现安全生产作为我国一项长期基本国策在生产管理过程中受到的重视，说明生产活动的顺利进行需要以员工的人身安全与健康、设备设施的完好和环境免遭破坏等为前提。随着互联网、云计算的发展，“数据”成为生产管理的关注焦点；一方面，品牌开始建设自己的数据中心以便于优化客户服务、提升用户体验，如中国移动的数据中心；[①] 另一方面，华为、腾讯[②]则通过建设互联网数据中心（Internet Data Center，IDC）为政府或其他企业提供服务，用完善的服务平台为客户提供专业的数据计算和管理，如服务器托管、虚拟主机、数据库系统等，客户则凭借这种租用服务节约自己建设数据中心的资金及人力投入。

（2）技术创新议题的 10 个高频词突出品牌在科技方面寻求创新和突破的成果。“创新”“助力”“升级”“推出”“突破”强调技术进步的行为；“科技”“智能”“行业”“成果”强调技术进步的领域，“智能”技术主要体现为智能新产品和智能制造。另外，自主知识产权作为知识经济时代最具竞争力的无形资产之一，中国品牌一直将“自主”技术创新作为努力的方向，也取得了一定成果，如中国航天科工铷原子钟、中国中车中速磁浮列车[③]都是完全自主知识产权的创新产品。企业通过拥有自主知识产权，牢牢抓住技术创新这个战略基点，掌握更多核心技术，才能抢占行业发展的制高点。

2. 产品信息议题

产品信息议题是指报道突出产品的客观属性信息。其分为产品功能和产品价格两个二级议题。产品功能议题是指报道突出产品的优点和利益，产品如何帮助

---

① 详见新闻：《中国移动（福建福州）数据中心展开初勘工作》http：//news. idcquan. com/news/134408. shtml。

② 详见新闻：《华为云廊坊数据中心　打造云计算的“黑土地”》http：//news. idcquan. com/news/150410. shtml；《腾讯云美国数据中心两连发，要用云计算帮企业把业务送到北美》http：//tech. ifeng. com/a/20180329/44923867_0. shtml。

③ 详见新闻：《航天科工铷原子钟实现量产：核心技术自主可控，厚度世界最薄》https：//www. thepaper. cn/newsDetail_forward_2637424；《我国首列自主研发的中速磁浮列车在中车株机公司下线》http：//www. ceweekly. cn/2018/0613/227196. shtml。

使用者解决问题；产品价格议题是指报道突出产品的价格信息以及涨价降价等情况。“产品”是这一议题的核心词语，产品与品牌是密切相关的两个概念，两者的关系在品牌建设的不同阶段会发生变化。在品牌初创期和成熟期，品牌往往与产品紧密相连、相辅相成、共同成长，产品的广泛铺货帮助品牌打开市场，并逐渐形成品牌定位和品牌个性；而在品牌成熟期，品牌可能不再特指某一产品或某一类别，这种与具体产品的逐渐分离能够帮助品牌延伸至其他经营领域，从而为适应新产品、新领域对品牌的需求，品牌成为一种符号和意义，其内涵也不断丰富。不论品牌涵盖多少种产品，其所联系的产品质量都是品牌的核心竞争力。

（1）产品功能议题的 10 个高频词突出品牌借用新闻报道传播产品功能信息的行为。“产品”“系列”“升级”强调产品的延续性；“推出”“曝光”强调产品特点的呈现；“性能”“配置”强调产品的属性；“测评”“深度”则强调第三方评价。“方法”一词体现品牌新闻的实用性，这类新闻为消费者提供产品相关知识，如手机的功能使用、保健品的食用方法及相关保健知识。①

（2）产品价格议题的 10 个高频词突出品牌通过新闻报道传播产品价格信息的行为。“价格”“产品”“市场”“最新”“报价”“定价”强调产品定价；“调整”“提价”强调产品价格的变化。媒体通过“分析”“背后”加强报道深度，试图为受众解析提价的原因，如有报道认为茅台价格疯涨的原因是茅台的产能跟不上人们消费能力的提升，造成这种供不应求的深层次原因则是圈层经济普遍化和品质消费常态化的新时代消费观。②

3. 活动营销议题

活动营销议题是指报道突出品牌为增加知名度和好感度等传播目的，而主动策划和制造具有新闻价值事件的行为。其分为新品发布、参加展会、品牌赞助、社会公益和其他营销活动五个二级议题：新品发布议题是指报道突出新品上市的宣传，体现为线上的新闻推送和线下的发布会等活动；参加展会议题是指报道突出品牌为促进市场交流而参加的行业内外的展会活动；品牌赞助议题是指报道突出品牌为展示实力而对赛事、节目或活动提供赞助的行为；社会公益议题是指报道突出品牌承担社会责任而践行的公益行为；其他营销活动议题是指报道突出品牌举办的其他与自身有关的市场营销行为。活动营销议题的核心在于活动，因此“举行/举办”成为每个二级议题的高频词。

---

① 详见新闻：《华为人脸识别怎么设置？华为手机人脸识别解锁设置方法介绍》http：//www. guangyuanol. cn/news/soft/2018/0308/839868. html；《怎么样增强免疫力，汤臣倍健蛋白粉给你有效实用的方法》http：//www. kejixun. com/article/180716/436650. shtml。

② 详见新闻：《茅台价格飞涨的背后　为什么“玩”的就是茅台?》http：//www. mnw. cn/news/consumer/1951734. html。

（1）新品发布议题的10个高频词突出品牌通过线上或线下发布新品的营销行为。“新品”“全新”“首发”强调发布对象；“发布”“推出”“上市”“正式”“举行”“发布会”“上线”强调发布行为，“发布会”与“上线”形成了线下活动与线上发布的对比。一般实体产品多采用线下举办特定的发布活动推出新品，这种以活动为支撑的新品发布方式，不仅突出了新品的特点，还制造了新闻事件，如万科的新品发布会；① 而虚拟产品多采用软文的方式，或者结合一些线上活动的方式推出新品，如腾讯游戏新品。②

（2）参加展会议题的10个高频词突出品牌通过展会呈现产品的营销行为。“亮相”“举办”“展示”强调展示行为；“领衔”“重磅”“主打”“成果”“实力”强调展品特点，一般都是品牌有代表性的、能展现品牌实力的产品参展；“国际”“博览会”则强调展会性质，“国际”一词体现中国品牌倾向于参加国际性展会，如中粮肉食参加的中国国际肉类工业展览会、汉能参加的中国国际进口博览会，③ 这既有利于品牌拓展国际市场，又体现了我国承办国际展会的能力。

（3）品牌赞助议题的10个高频词突出品牌通过赞助行为展示品牌实力的营销行为。“举行”“见证”“赞助”强调赞助行为；“收官”“落幕”“结束”强调赞助活动的阶段；“圆满”“完美”“精彩”强调赞助活动的成功。“赛季”则体现了在多种活动类型中，品牌更倾向于赞助竞赛性质的活动，尤其是体育赛事；像江苏苏宁足球俱乐部、福建恒安心相印职业女子篮球队，④ 这种直接以品牌名称冠名的体育团队，增加了品牌在每一个赛季的媒体暴露次数。

（4）社会公益议题的10个高频词突出品牌借助公益活动承担社会责任的营销行为。“扶贫”“工程”“希望”“教育”强调公益对象；“公益”“活动”“助力”“举行”“责任”“践行”强调公益行为。响应国家精准扶贫的号召，许多品牌都贯彻执行扶贫事业，如国家电网的光伏扶贫、工商银行的金融扶贫；⑤ 作为

---

① 详见新闻：《园里如此美好——万科·公园里城市生活大赏暨产品发布会》http://news.ifeng.com/a/20180618/58772215_0.shtml。

② 详见新闻：《腾讯〈绝地求生〉国服即将上线　正版吃鸡高度还原》http://www.9game.cn/news/2096070.html。

③ 详见新闻：《中粮肉食亮相第十六届中国国际肉类工业展览会，收获行业嘉誉》http://business.sohu.com/20180921/n550244479.shtml；《汉能亮相中国国际进口博览会　展现全产业链大格局》https://finance.ifeng.com/c/7hadb2qaUi5。

④ 详见新闻：《苏宁签约新赞助商3年　新赛季球衣曝光　黄紫昌站台》http://sports.163.com/18/1207/07/E2DI3TV200058780.html；《福建恒安心相印职业女子篮球队主场落户晋江》http://www.fj.chinanews.com/news/fj_zxyc/2018/2018-10-12/423080.html。

⑤ 详见新闻：《国家电网深入推进光伏扶贫工作　助力打赢脱贫攻坚战》http://www.cec.org.cn/hangyewenhua/qiyeyushehuizerenbaogao/guojiadianwanggongsi/2018-10-29/185953.html；《“改革开放看工行”专题报道之德州分行精准扶贫惠民生》http://sd.dzwww.com/sdnews/201809/t20180917_17850953.htm。

阻断贫困代际传递的根本之策，教育扶贫也是品牌公益事业的主要部分，如茅台的希望工程圆梦行动、亿利的生态教育和就业扶贫专项基金。①

（5）其他营销活动议题的10个高频词突出品牌的其他市场营销行为。“举办”“开启”“打造”强调活动行为；“品牌”“活动”“营销”“携手”“体验”“代言”“优惠”强调活动主题。随着体验营销理念的盛行，市场活动策划更强调增强消费者的体验感，使消费者直接试用产品，如不同路段的汽车试驾体验活动，或利用现代科技手段丰富消费者的产品体验，如诗尼曼的智慧整装体验馆，从而满足消费者的体验需求。②

4. 人力资源议题

人力资源议题是指报道突出企业人事管理方面的工作，或者与企业、品牌相关的人物事件。其分为新人招聘、人事变动、领导动态和员工管理四个二级议题。新人招聘议题是指报道突出新员工的招聘过程；人事变动议题是指报道突出企业的组织架构调整或主要管理职务的人事调整等；领导动态议题是指报道突出企业家或经理人出席活动或采访等方面的信息；员工管理议题是指报道突出企业为激发员工的工作效率而展开的管理行为。人力资源议题围绕的是组织内能够被企业所用，且对企业价值创造做贡献的人，因此“毕业生”“经理”“董事长”“总裁”等与人有关的身份、职务成为每个二级议题的高频词。人才与品牌是企业重要的两种资产；人力资源市场的品牌效应使名牌更容易吸引到优秀的人才；而优秀的人才亦能够更好地服务于企业发展和品牌建设。

（1）新人招聘议题的10个高频词突出企业招聘的公开性。“招聘”“公告”“面试”“岗位”“实习”强调招聘过程；“毕业生”“校园”“社会”“高校”“应届”强调招聘属性。由此可以发现，首先，发布招聘公告的都是国有企业，如中国移动、中国工商银行、中国石油、国航、国家电网；③ 其次，“毕业生”“校园”“高校”“应届”等高频词数量多过“社会”一词，说明新闻报道中的

---

① 详见新闻：《中国青基会携手茅台希望工程启动2018脱贫攻坚》http：//qnzz. youth. cn/qckc/201808/t20180827_11709166. htm；《光彩·亿利生态教育和就业扶贫专项基金帮扶大关县》http：//tech. gmw. cn/ny/2018-11/21/content_32016471. htm。

② 详见新闻：《一汽-大众“天生为王　探无所惧”试驾会》https：//www. autohome. com. cn/news/201811/100203643. html? pvareaid=3311702；《诗尼曼首家智慧整装体验馆在广州开业》http：//epaper. oeeee. com/epaper/G/html/2018-05/25/content_28900. htm。

③ 详见新闻：《2018中国移动福建公司社会招聘公告》http：//fj. offcn. com/html/2018/05/93685. html；《工行乐山分行2018年秋季社会招聘开始了》https：//leshan. scol. com. cn/rdxw/201809/56549377. html；《2019中国石油校园招聘高校毕业生公告汇总【招3497人】》http：//www. eoffcn. com/kszx/rdzt/729781. html?tdsourcetag=s_pcqq_aiomsg；《国航股份西南分公司2019年应届毕业生岗位招聘简章》http：//www. sasac. gov. cn/n2588035/n2588325/n2588350/n9631889/c9631758/content. html；《2019国家电网山西省电力公司高校毕业生招聘公告【招476人】》http：//www. eoffcn. com/kszx/gonggao/749378. html。

校园招聘明显多过社会招聘。

（2）人事变动议题的10个高频词突出人事或架构的变化。“辞职”“调整”“聘任”“变动”“接替”“调任”强调变动事实；“经理”“职务”“人事”“架构”强调变动对象。频次最高的“辞职”体现了高管辞职的普遍性，相比于企业强制更换高管将会对高管个人声誉造成不利影响来说，辞职使高管具有更大的灵活性和主动性。目前研究中较为关注高管辞职套现的现象，尤其在创业板公司（曹廷求和张光利，2012）。

（3）领导动态议题的10个高频词突出企业代表人物的相关事件。“董事长”“总裁”“经理”“党委”“书记”强调领导身份；“调研”“会见”“出席”“现身”强调领导活动事件。高频词“人物”一方面体现了优秀企业家评选的奖项如风尚人物、年度人物等，如利群徐恭藻当选“2017中国零售业年度风尚人物”、利群徐瑞泽当选“2017青岛民营经济年度人物”；另一方面体现了媒体常把企业家塑造为成功人士，如欧派和诗尼曼的人物传记式报道。①

（4）员工管理议题的10个高频词突出企业管理员工的方式。“召开”“会议”“工作”“管理”“通知”强调日常管理；“党建”“书记”“党组”“精神”“学习”强调党建管理。与新人招聘议题相同，一般国有企业更注重党建工作，以党建工作引领业务发展，如中国工商银行、湖南广播电视台、中国石油等，特别是国家电网的共产党员服务队，将党的队伍建设融入日常工作。②

5. 资本运营议题

资本运营议题是指报道突出企业为实现资本的保值和增值而进行的资本优化配置行为。其分为兼并收购和投资融资两个二级议题。兼并收购议题是指报道突出企业以现金、证券或其他形式与其他企业进行的产权或控制权的交涉，包括兼并和收购；投资融资议题是指报道突出企业的投资和融资等资本配置行为。“股权”“资产”“股份”“股票”“资本”都是资本运营的对象，是企业的资本形式，这些资本是由企业拥有或控制、预期会为企业带来经济利益、以货币计量的经济资源；“亿元”“美元”则为计量单位。企业需要重视资本运营与品牌建设

① 详见新闻：《2017中国零售商业琅琊榜　利群徐恭藻当选年度风尚人物》http：//news.qingdaonews.com/qingdao/2018-04/13/content_20121327.htm；《利群总裁徐瑞泽当选“2017青岛民营经济年度人物”》http：//www.linkshop.com.cn/web/archives/2018/395173.shtml；《家居风云人物传：欧派姚良松、诗尼曼辛福民》https：//www.chinamenwang.com/news/hyxw/2018/180515253315.shtml。

② 详见新闻：《工行德州分行开通“直通车”　扎实做好基层党建工作》http：//www.dezhoudaily.com/p/1403208.html；《湖南广播电视台、湖南广播影视集团：抓好党建是最大的政绩》http：//hunan.voc.com.cn/article/201811/201811041709333432.html?mobile；《郝鹏赴中国石油调研强调　以高质量党建工作引领高质量发展》http：//stock.10jqka.com.cn/20180825/c606777180.shtml；《国家电网深化共产党员服务队建设》http：//www.xinhuanet.com/energy/2018-05/24/c_1122880581.htm。

的关系，将维护品牌形象、树立品牌保护意识作为资本运营的前提，应尽可能地在兼并收购或投资融资的过程中选择与已有品牌形象匹配度较高的对象，从而维持或适度丰富品牌的核心价值，提升核心竞争力。

（1）兼并收购议题的 10 个高频词突出收购或并购的资本运营行为。“亿元”“股权”“企业”“资产”强调企业资本形式和单位；“完成”“要约”“计划”强调收购或并购的过程；“收购”“并购”“重组”强调收购或并购的形式。大多数收购行为都属于横向收购即同行收购，如万科收购海航大厦、顺丰收购 DHL 在华供应链、安踏收购始祖鸟等。① 同行收购能够通过共享企业基础设施和技术知识等加强规模经济，又能够通过收购竞争对手扩大市场份额。

（2）投资融资议题的 10 个高频词突出投资或融资的资本运营行为。“亿元”“美元”“股份”“股票”“资本”强调企业资本形式和单位；“投资”“上市”“融资”强调资本的流动需求；“出售”“转让”强调资本的流动行为。投资是企业为获得某种预期回报而进行的经济活动，也是企业实现多元化经营、增加企业销售和盈余稳定性的方式之一，如顺丰投资小米、万达投资中信医疗。② 融资则是以信用为担保，对资金余缺进行调剂整合的经济活动，经常发生在企业计划上市的阶段，如滴滴和海底捞的上市融资行为。③

6. 组织合作议题

组织合作议题是指报道突出品牌与其他组织或机构基于优势相长、资源互补等原则，以联盟、协议为纽带，进行的长期或短期合作。其分为品牌联盟、产业合作和政府合作三个二级议题。品牌联盟议题是指报道突出两个或两个以上品牌展开的产品或营销等方面的合作；产业合作议题是指报道突出品牌与其产业链上的供应商或经销商基于供需关系、产业推进等目的而展开的合作；政府合作议题是指报道突出品牌与政府基于互惠互利、相互支持的关系而展开的合作。三个议题中的高频词雷同度较高，均包含“战略”“合作”“协议”“签署/签约”；尤其是“战略”一词体现合作双方基于整体利益最大化的角度，考虑如何兼顾彼

---

① 详见新闻：《北京万科 13 亿收购海航大厦　拉开曼哈顿计划冰山一角》https：//house. qq. com/a/20180927/009673. htm；《顺丰 55 亿收购 DHL 在华供应链业务》http：//ggjd. cnstock. com/company/scp_ggjd/tjd_bbdj/201810/4290111. htm；《贷款 330 亿收购始祖鸟母公司 Amer？“疯狂”安踏的野心与豪赌》https：//sports. ifeng. com/c/7iGCBXXQxIn。

② 详见新闻：《顺丰投资小米，王卫和雷军将做供应链黄金搭档？》https：//www. iyiou. com/p/75191. html；《万科参与投资中信医疗健康基金　初期投资 8 亿人民币》https：//finance. qq. com/a/20180706/022894. htm。

③ 详见新闻：《南华早报：滴滴放缓融资计划　目标 2019 年下半年上市》https：//tech. sina. com. cn/i/201807-13/doc-ihfhfwmu7029350. shtml；《海底捞 9 月 26 日将在香港挂牌上市　IPO 融资约 66. 52 亿港元》http：//hk. eastmoney. com/news/15352018091294433 2179. html。

此的利益实现互利共赢，进而保持长期、深度的合作。品牌与其他组织或机构的合作，是企业满足产业需要、扩张业务版图的有效方式。

（1）品牌联盟议题的10个高频词突出品牌之间的合作关系。“战略”“合作”“携手”“牵手”“达成”“打造”强调合作行为；“签署”“协议”强调合作的合法性；“腾讯”“阿里”强调合作对象。腾讯、阿里成为最受欢迎的合作品牌，它们与许多传统品牌合作帮助改进这些品牌的运营方式，从而为消费者提供更好的产品和服务，如周大福、利群通过与腾讯的合作使消费者能更便捷地选择商品与支付、浩沙通过阿里体育拓宽已有业务、阿里云协助海底捞构建智慧餐厅。①

（2）产业合作议题的10个高频词突出产业链上下游之间的合作关系。“合作”“战略”“携手”“达成”“联合”强调合作行为；“协议”“签约”强调合作的合法性；“伙伴”强调合作关系，像腾讯、中国移动每年都会举办全球合作伙伴大会；②“项目”“中标”强调供需关系，许多企业项目都通过公开招标的方式寻找合作对象，如国家电网、中国中车、中国移动参与的一些项目。③

（3）政府合作议题的10个高频词突出品牌与政府之间的合作关系。“协议”“签署”“项目”“合作”“战略”强调合作行为和合作合法性；“政府”“城市”强调合作对象。“解决”“推进”“共建”强调合作目标，这些词体现出的问题意识说明政企合作目前的主要方式是以问题导向指引合作方案，如武汉与宝武钢铁共建生态新城、汉能助推铜仁建设生态城市④都是以解决问题为目标的合作方式。政府和企业在这种合作方式中各自贡献力量——政府提供政策支持甚至资金支持助推企业发展，企业依靠自己的专长为政府解决实际问题。

---

① 详见新闻：《腾讯与周大福珠宝集团签署合作备忘录，智慧消费促两地互联互通》http：//3g.163. com/news/article/E3AKPCIM000189DG. html；《利群股份与腾讯云合作推进智慧新零售》http：//www.cs. com. cn/ssgs/gsxw/201806/t20180605_5819019. html；《浩沙国际携阿里展开新零售深度战略合作》http：//www. ebrun. com/20180509/276538. shtml；《解码海底捞首家智慧餐厅　阿里云如何重构餐饮IT架构》http：//www. sohu. com/a/279576917_114877。

② 详见新闻：《腾讯2018年全球合作伙伴大会召开》http：//www. chinaz. com/news/2018/1101/953436. shtml；《2018中国移动全球合作伙伴大会今开幕　生态联合唱主角》http：//d. youth. cn/newtech/201812/t20181206_11806796. htm。

③ 详见新闻：《平高电气：中标3.2亿元国家电网项目》http：//stock. 10jqka. com. cn/20181115/c608187653. shtml；《中车唐山公司成功中标广东清远磁浮项目》http：//report. hebei. com. cn/system/2018/07/06/018930603. shtml；《柯尼卡美能达再次中标中国移动通信集团公司采购项目》http：//mfp. it168. com/a2018/1214/5128/000005128799. shtml。

④ 详见新闻：《武汉与宝武钢铁签署合作协议　共建北湖生态新城》http：//www. f139. cn/news/detail/4061312. html；《历时三个月，汉能助推铜仁生态城市建设初见成效》http：//energy. people. com. cn/n1/2018/0627/c71661-30090499. html。

7. 市场竞争议题

市场竞争议题是指报道突出品牌为了争取市场经济中的优势地位和有利条件而展开的较量。其分为市场拓展、市场环境和竞品对比三个二级议题。市场拓展议题是指报道突出品牌为将产品或服务的市场扩大化，而开拓和扩展市场的行为；市场环境议题是指报道突出品牌所处的社会、政治、经济、文化等环境因素；竞品对比议题是指报道突出将产品或服务与其竞争对手进行比较。市场经济是一种竞争经济，现代市场经济中的竞争主要体现为品牌竞争，品牌竞争又综合体现为产品、服务、价格等各方面基于供求和价值展开的竞争。“市场”“品牌”成为这一议题的主要高频词。

（1）市场拓展议题的 10 个高频词突出品牌扩大产品或服务的成果。“市场”“开业”“正式”“发展”“入驻”强调市场开拓行为；“北京”“海外”“日本”“国际”“德国”强调市场开拓的地域。品牌“走出去”是企业参与市场竞争的有效方式，中国品牌在国际市场的发展道路上已经迈开了“走出去”的步伐。

（2）市场环境议题的 10 个高频词突出品牌发展的环境因素。“中国”“行业”“市场”“发展”“企业”“品牌”“互联网”强调行业趋势，各行各业都在努力对自身品牌进行转型升级以适应互联网时代的消费需要。“假冒”“起诉”“侵权”体现了品牌生存环境的困难之处，一方面品牌需要打击假货，防止假货侵占市场及影响品牌形象，如茅台、东阿阿胶、心相印的假货案件；另一方面，品牌需要处理一些涉法事件，维护专利、商标或其他使用权，如茅台、海底捞、湖南广播电视台卷入或者主动发起的诉讼事件。①

（3）竞品对比议题的 10 个高频词突出品牌与竞争对手之间的比较。“对比”“对手”“竞争”“区别”强调比较行为；“巨头”“品牌”强调比较对象；“第一”“颠覆”“超越”强调比较结果。频次最高的“背后”一词体现了该议题在比较产品或服务的细节之外，还经常使用深度报道等方式来剖析竞争双方或多方的综合情况；深度报道是帮助读者认识复杂世界的有力工具，一般是由记者通过将收集到的背景情况、前因后果等资料进行综合编辑组稿后形成的分析性报道；

---

① 详见新闻：《多人在京东超市买到假茅台　京东方回应会配合警方调查》http：//www. aihami. com/a/dangjian/shibada/331726. html；《上海特大假药案破　查货 8000 多盒冒牌东阿阿胶》https：//www. takefoto. cn/viewnews-1400372. html；《重庆破获销售假冒知名品牌纸巾案　涉案金额逾百万元》http：//www. dzwww. com/xinwen/guoneixinwen/201805/t20180513_17364286. htm；《茅台董事长就“国酒茅台”诉讼事件致歉汾酒高管：望兄弟企业谅解》https：//finance. qq. com/a/20180817/044985. htm；《〈琵琶语〉作者林海起诉海底捞：侵权播放自己作品》http：//news. 163. com/18/0611/00/DJVSTKQN000187VI. html；《称“搜狐视频”侵权　湖南广播电视台起诉并索赔 50 万元》http：//finance. sina. com. cn/roll/2018-08-02/docihhehtqf4854950. shtml。

从媒体深入剖析滴滴和美团对垒背后的故事、万科如何降价逼近竞争对手、阿里腾讯竞争博弈等报道可见这类报道的分析性。①

8. 股市行情议题

股市行情议题是指报道突出股票市场的交易情况和变化分析。其分为基本股情和股市波动两个二级议题。基本股情议题是指报道突出股票的基本信息汇报；股市波动议题是指报道突出股价变化或其他影响股情变化的情况。品牌价值链理论指出品牌价值的创造过程最后如何影响股东价值，之后许多学者围绕这个问题开展研究并证明品牌价值与股价存在正相关关系（Mizik 和 Jacobson，2008）、品牌价值能够预测股价（韩慧林和孙国辉，2016）。利益相关者“股东”及股东价值相关的“股份”是这一议题的主要高频词。

（1）基本股情议题的 10 个高频词突出股票的基本信息。“融资”“融券”“信息”强调融资融券信息，此类报道有特定的正文格式，汇报某只股票的融资余额、融券余额、融资买入额、融资偿还额等数据；“评级”“买入”强调买入评级，一般是投资银行机构对股票做出的评估；“公告”“股东”“报告”“股份”“行情”强调股情报告和信息公告，如股东大会公告、行情观点、年度报告等。

（2）股市波动议题的 10 个高频词突出股票市场的变化情况。“股份”“增持”“减持”“股东”“股权”“回购”强调股东行为，这些行为是股东为实现特定目的、基于市场趋势而采取的市场行为，能够调整上市企业存量股份的结构，改变市场存量资源的配置，进而改变交易市场的股票供求关系，影响股价波动（李永森等，2013）。“股价”“港元”“跌停”“蒸发”强调股价变化，股价跌停、市值蒸发都是媒体热衷于探讨的话题；另外，像海底捞、北大荒、雷士照明等都是在香港上市的股票，因此采用“港元”为计价单位。

9. 品牌发展议题

品牌发展议题是指报道突出品牌的发展历程和未来趋势。其分为品牌业绩、品牌荣誉和品牌规划三个二级议题。品牌业绩议题是指报道突出品牌在销售、经营等方面取得的成绩；品牌荣誉议题是指报道突出品牌所获得的行业奖励或者消费者口碑等荣誉；品牌规划议题是指报道突出品牌未来发展的方案、布局和愿景。品牌发展同人的发展一样，需要总结过往的成绩并规划未来的走向。品牌发

---

① 详见新闻：《滴滴和美团对垒的背后是阿里和腾讯的博弈》https：//www. d1ev. com/news/qiye/6806；《万科降百万背后：拿地逼近恒大碧桂园保利融创总和，这是啥活法?》https：//baijiahao. baidu. com/s?id=1613931355997920382&wfr=spider&for=pc；《网易研究局丨详解阿里腾讯背后的竞争版图》http：//money. 163. com/18/0403/13/DEFL53GO00258J1R. html。

展议题既包括对品牌已有发展成绩的宣传，也包括对品牌未来发展的计划。在已有成绩的基础上，企业需要结合自身优势和消费趋势，制定品牌建设和管理策略。“业绩”“荣获”支撑品牌的“未来”“布局”。

（1）品牌业绩议题的10个高频词突出品牌的财务收入。“增长”“同比”“净利”“亿元”强调财务收入；“营收”“业绩”“收入”“季度”“年报”强调计算方式。“第一”则与其他以数据表达的方式有所不同，它呈现的是一种排名，是一种比较优势，如海尔蝉联大型家电零售量全球第一、中国移动宽带用户数第一，自然堂“双十一”全网美妆国货第一等。①

（2）品牌荣誉议题的10个高频词突出品牌获得的奖励。“荣获”“成为”强调获奖行为；“中国”“品牌”“行业”“企业”“世界”“年度”“百强”“大奖”强调所获奖项。品牌所获奖项来源非常丰富，既包括中国工业大奖、中国优秀工业设计金奖、中国品牌价值百强等老牌奖项，也包括根据时代发展而设立的新奖项，如中国人工智能商业落地百强、中国软件业务收入百强、互联网创新百强等；既有行业评选、品牌价值评选等维度不同的奖项，也有世界、中国等不同地域范围的奖项。这些奖项对品牌的努力是一种肯定，对品牌营销宣传也是一份助力，帮助品牌树立相应的优势。

（3）品牌规划议题的10个高频词突出品牌对未来发展的规划。“布局”“打造”“未来”“时代”强调规划属性；“发展”“助力”“业务”“智慧”“创新”“转型”强调努力的方向。“智慧”和“转型”是该框架的两个重要关键词。首先，“智慧”与“智能”意思相似，却是升级版的智能化，更强调人机互动过程中的机器自主性；品牌致力于探索智慧化服务，使人们的生活更便捷，如海尔的定制D计划、苏宁的智慧零售。② 其次，“转型”体现了品牌为适应客观环境而主动求新求变的过程，是一个创新的过程；品牌对现有的体制机制、运行模式等进行大范围的调整和改革，使之成为符合当前发展要求的新模式，如忠旺向高端制造转型、中国工商银行加快网点转型。③

---

① 详见新闻：《海尔蝉联大型家电零售量全球第一》http：//wb. qdqss. cn/html/qdwb/20180117/qdwb297060. html；《中国移动宽带用户总数达1.47亿户，超越电信排第一》https：//www. tmtpost. com/nictation/3560436. html；《自然堂创造新历史：荣登双11全网美妆国货第一》http：//biz. ifeng. com/a/20181112/45220684_0. shtml。

② 详见新闻：《海尔定制D计划升级归来　携手NICE 2035探索“X”未来智慧生活》http：//finance. youth. cn/finance_cyxfgsxw/201810/t20181030_11768743_1. htm；《革新消费体验　苏宁智慧零售将未来生活带到身边》https：//www. admin5. com/article/20181213/889616. shtml。

③ 详见新闻：《新材料产业发展提速　中国忠旺加强科技创新转型高端制造》http：//www. cinic. org. cn/zgzz/qy/415878. html；《工行南通人民路支行加快网点转型　提升网点竞争力》http：//www. zgnt. net/content/2018-12/26/content_2597886. htm。

10. 报道议题的分类

本书基于议题框架分析的方法将报道内容分为9个一级议题、26个二级议题，在命名和编码过程中借鉴了黄合水（2013）在中国品牌健康监测研究中的负面报道分类，并进行了扩展和细化。下面将对两种分类结果进行相同与不同之处的说明。

黄合水（2013）将品牌的负面报道内容分为生产、产品、服务、传播、诚信、人事、资本、合作、竞争、业绩和股情11个方面。生产指产品生产设备或服务设备出现事故等问题；产品指产品质量方面存在的问题；服务指存在服务不到位、让消费者感到不满意等问题；传播指广告、代言、赞助、公关以及品牌维护等方面存在的问题；诚信指欺诈、乱收费、承诺不兑现、不自律、违约、违规、违法等问题；人事指管理者、员工和劳资关系等方面存在的问题；资本指企业在投资和融资上存在的问题；合作指与产业链上下游、联盟商、政府等利益相关方之间存在的问题；竞争指涉及竞争对手、行业环境的问题；业绩指企业经营业绩方面存在的问题；股情指企业在股市行情方面存在的问题。

以上分类法仅针对品牌的负面报道展开，未能完全扩展至所有品牌新闻报道内容。以下按照接近程度由高到低来说明本书分类结果和以上分类结果的异同之处:[①] ①“人力资源”“资本运营”“组织合作”“股市行情”分别与“人事”“资本”“合作”“股情”基本一致。②“市场竞争”与“竞争”非常接近，但“市场竞争”还包括品牌的市场扩大化行为，即“市场拓展”。③“生产管理”与“生产”较为接近，但“生产管理”包括“生产系统”和“技术创新”；“生产系统”与“生产”基本一致，而“技术创新”一般属于正面报道，因此没有出现在负面报道分类中，属于本书的扩展部分；“品牌发展”包括“业绩”，还包括“品牌荣誉”和“品牌规划”。④“产品信息”与“产品”“服务”不太一致，“产品信息”主要涉及产品的客观属性信息如质量、特点、配置、简介等，如果产品或服务的失败是由行业主管部门查处而来，那么在本书则会归属于“市场竞争”下属的“市场环境”，而不是“产品信息”的负面报道。⑤“活动营销”与“传播”不太一致，“活动营销”更侧重活动和事件营销，而“传播”的范围更广泛。⑥本书未有“诚信”这一分类，因为品牌新闻报道的正面或中性报道较少直接提及诚信相关事件，一般是在企业或品牌出现了违约、违规、违法等问题时，而这些事件的曝出主要对应于其他分类，如违约、违规、违法等问题可能对应于“市场环境”（如果是来自行业监管的处罚的）。

综上，本书对品牌新闻报道内容的分类，除“人事”“资本”“合作”“股情”基本一致外，对“竞争”“生产”“业绩”“产品”“服务”都进行了相关内

---

① 四字的议题是本书分类的结果，两字的议题是黄合水（2013）的分类结果。

容的扩展和细化，而“传播”则将范围缩小到以活动和事件为主，且没有“诚信”一类。本书的分类结果能够适用于所有品牌新闻报道内容，且在提取议题框架的过程中做到以下几点来保证结果的有效性：首先，在样本上覆盖了所有行业板块和行业组；其次，语义网络分析法提取议题框架是基于高频词展开的归纳式方法，使最终确立的议题都是被突出报道的具有典型性的内容；最后，基于扎根理论思想的编码过程严谨、客观、具有可重复性，且对编码结果进行了合理的信效度检验。总体而言，两种分类结果具有相互验证的作用。

（四）品牌新闻报道的议题比例

议题比例的大小反映的是媒体对该类议题的呈现程度，议题比例越大，说明这类议题被报道得越多。那么被报道越多的议题也可能包括以下两种情况：一是品牌在这类议题的行为较多；二是媒体更加关注品牌的这类行为。图 2-3 以双层饼图的形式呈现出中国品牌的议题比例，按照议题比例的大小对饼图进行如下说明：

（1）活动营销在一级议题中占比最高（20. 30%），其他营销活动在二级议题中占比最高（9. 73%），这符合品牌普遍通过活动营销的方式来提升品牌资产的现状。另外，新品发布（4. 62%）比品牌赞助（2. 67%）、参加展会（1. 72%）、社会公益（1. 57%）的议题比例高。

（2）品牌发展议题比例紧随其后（16. 51%），其下属的品牌业绩（6. 84%）和品牌规划（7. 74%）两个二级议题的比例较高，品牌荣誉议题的比例略低（1. 94%）。品牌发展议题是品牌主动建构品牌形象、丰富品牌联想的有力手段，这一议题呈现出品牌欣欣向荣的发展势头。

（3）生产管理议题（12. 92%）及其下属的生产系统（7. 53%）、技术创新（5. 39%）议题比例较为靠前，该议题突出了产品生产或服务创造过程中的品牌管理行为，高效高质的生产管理为品牌建设起到了基础性保障作用。

（4）组织合作议题（11. 69%）及其下属的产业合作（5. 54%）、品牌联盟（5. 00%）议题比例较为靠前，政府合作议题略微靠后（1. 15%）。说明比起与政府进行相关合作来说，企业与企业之间的合作更为普遍。

（5）市场竞争议题比例（9. 73%）处于中游的位置，其下属的市场环境（4. 31%）议题比例多过市场拓展（2. 85%）、竞品对比（2. 57%）的议题比例。这主要是因为中国品牌处于一个较为多元化的市场环境中，品牌在市场中遭遇的状况较多，如假货猖獗为品牌带来的经济和形象损失、行业监管对品牌的规范和约束等。

（6）资本运营议题（9. 53%）及其下属的投资融资（5. 16%）、兼并收购（4. 37%）议题比例也处于中游位置，说明企业较为热衷于进行资本的优化配置行为，希望通过这些行为为企业带来经济利益。

（7）股市行情议题（8.40%）及其下属的基本股情（4.53%）、股市波动（3.87%）议题比例也处于中游位置，股市行情信息能够减少普通股民与股东之间的信息不对称，这一议题具有典型的信息化特征，体现出品牌新闻价值的实用性取向。

（8）人力资源议题（5.65%）及其下属的4个二级议题比例都较为靠后，尤其新人招聘议题（0.83%）基本只出现在一些国有企业中；不过人才与品牌是企业重要的两种资产，人力资源市场的品牌效应使名牌企业更容易吸引到优秀的人才，而优秀的人才亦能够更好地服务于企业发展和品牌建设。

（9）产品信息议题（5.27%）及其下属的产品功能（3.96%）、产品价格（1.31%）议题比例排名最后，可能是因为所研究的品牌样本基本都处于成熟期，品牌与具体产品的逐渐分离使得关于产品本身的报道相对较少。

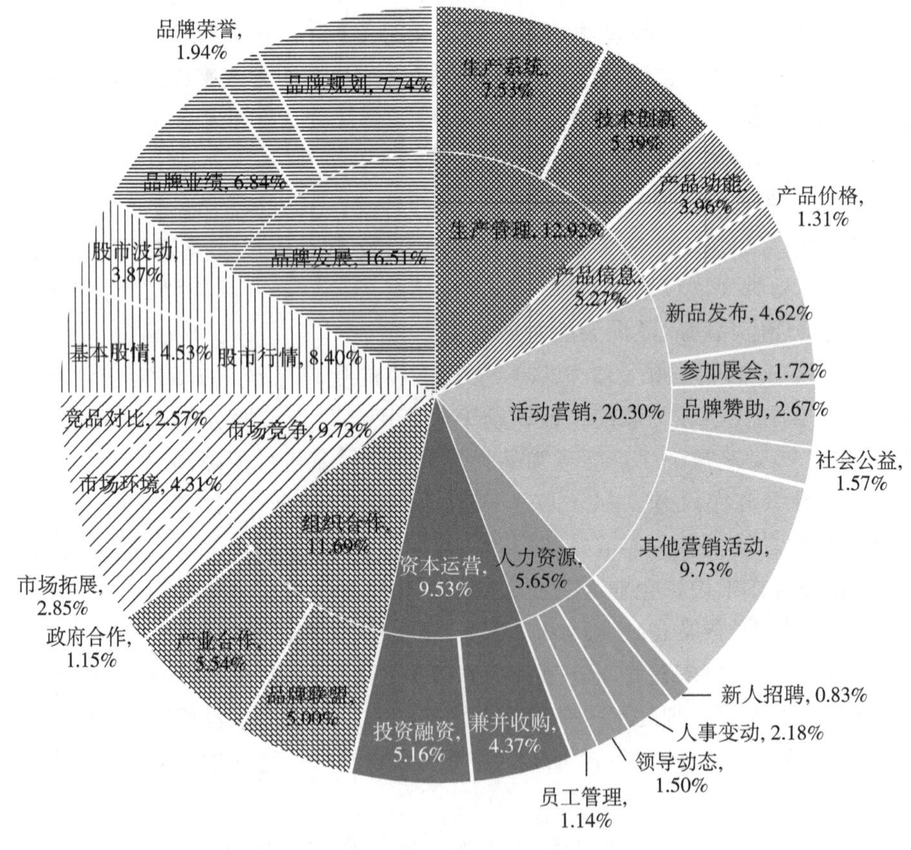

图 2-3　品牌新闻报道的议题比例

四、小结与讨论

本章以《中国500最具价值品牌》中的45个品牌为样本，下载其2018年百度新闻标题97285条，通过词频分析法组成一个包含6307个高频词的基本语料库为研究资料来分析品牌新报道的主要特征和正负情感；对每个品牌样本进行语义网络分析、结合扎根理论的编码方法，形成一个包含9个一级议题、26个二级议题的品牌新闻报道议题框架，并采用议题比例的计算方法来分析媒体对品牌新闻报道侧重的议题。基于以上研究结果并结合一些分析讨论如下：

（一）中国特色社会主义市场经济体制下的形塑品牌

通过统计品牌新闻中出现频次最高的20个关键词，发现新闻报道中重点突出了中国品牌的四方面特征，分别是：①由“亿元”“增长”“股份”“投资”“同比”等呈现出中国品牌在经营资产、追求经济收益方面的成果；②由“中国”“品牌”“企业”“市场”“行业”“国际”等呈现出中国品牌面临的市场竞争环境，既要看清行业发展趋势，又要努力迈进国际市场；③由“合作”“战略”“携手”等呈现出中国品牌积极寻求有效合作模式的努力；④由“打造”“发展”“科技”“创新”“助力”“智能”等呈现出技术与创新在中国品牌发展过程中所起的助力作用。

伴随着国家经济的飞速发展，中国品牌在改革开放40多年来突飞猛进，走过了从无到有、从小到大、由弱渐强的发展历程。在新闻报道中，中国品牌的主要特征是积极向上、努力奋斗的，这些特征与张弛和黄升民（2019）提出的“形塑品牌”相契合。他们用“形塑”一词描述市场和政府动态博弈和形成共识的过程，并认为“形塑”一词是理解中国品牌发展的关键。形塑品牌，即政府和市场根据不同时期对品牌发展的需求，对企业品牌的行动策略在支持与控制之间进行弹性选择，主导塑造一个政府和市场博弈所达成共识的“理想品牌”。中国品牌即是在中国特色社会主义市场经济的体制中被形塑出当下的品牌特征。

（二）品牌新闻报道中正面宣传与负面监督的辩证统一

统计品牌新闻中出现频次最高的正、负关键词各20个，以揭示品牌新闻中情感倾向的呈现方式。正面词语体现了新闻报道对于品牌宣传的重要作用，如①“创新”“助力”“智能”等体现品牌寻求进步和发展做出的工作；②“公益”“梦想”“时尚”体现品牌的感性营销行为；③“增长”“第一”“成功”等体现品牌已取得的进步和成绩；④“增持”体现的是上市企业董事、监事和高管等增加本企业股票持有的行为。负面词语则体现了新闻报道的舆论监督属性，如①“问题”“风波”“风险”泛指品牌负面事件；②“起诉”“调查”“侵权”等表示品牌卷入案件；③“不合格”和“假冒”“查获”分别体现市场监管部门从两方面对产品质量进行监督管理；④“下降”“下滑”体现财务报告中的净利润下降情况；⑤“减持”“跌停”“停牌”等体现的都是股市波动方面的报道。品牌负面报道的高频词呈现与黄合水（2014）在中国市场品牌健康监测报告中指出的影响中国品牌健康的主因，首先是诚信问题，其次是产品质量、股情、业绩等方面问题的研究结果相契合。

新闻宣传与监督的辩证统一关系在品牌新闻报道中体现为三个方面：①新闻宣传与监督统一于共同的辩证唯物主义认识论；新闻的力量来自真实，无论品牌新闻是基于宣传还是监督，新闻报道都应该通过记者对品牌相关事件的调查研究、新闻采访结合自己的独立思考而获得。例如，当前对于互联网三大巨头的竞争格局比较的相关报道绝不能是记者随意猜测，而应该是基于事实和数据的合理推测。②新闻宣传与监督统一于正向的客观效果；新闻的传播效果并不完全来自报道内容的正负面，而是来自报道之后形成的社会影响。例如，对产品质量不过关的品牌进行披露，既能够督促被披露品牌及时改正错误，还能够对其他品牌起到以儆效尤的警示作用。③新闻宣传与监督统一于对社会舆论的正确引导；品牌正面报道能够以其中蕴含的积极价值观塑造品牌形象，创新成果和精神也能成为同行的学习资料；但负面报道所揭示和分析的本质与危害，也能从否定这些做法的角度达到传播正面思想和价值观的效果。

（三）品牌新闻价值的实用性取向

品牌新闻报道内容包括 9 个一级议题、26 个二级议题，分别为生产管理（生产系统、技术创新），产品信息（产品功能、产品价格），活动营销（新品发布、参加展会、品牌赞助、社会公益、其他营销活动），人力资源（新人招聘、人事变动、领导动态、员工管理），资本运营（兼并收购、投资融资），组织合作（品牌联盟、产业合作、政府合作），市场竞争（市场拓展、市场环境、竞品对比），股市行情（基本股情、股市波动），品牌发展（品牌业绩、品牌荣誉、品牌规划），并统计每个报道议题中出现频次最高的 10 个关键词，以理解这些关键词如何强调和建构九大报道议题。每个议题的核心词语和特征如下：①生产管理议题由“数据”“科技”“智能”强调高效高质的发展方向，为品牌建设起到基础性保障作用；②产品信息议题的核心词语“产品”，强调产品与品牌的密切关系；③活动营销议题的核心在于“举行/举办”活动，强调活动营销对于提高品牌知名度、塑造品牌形象并最终促进品牌业绩都有良好的作用；④人力资源议题体现的是组织内能够被企业所用且对企业价值创造做贡献的人，如“毕业生”“经理”“董事长”“总裁”；⑤资本运营议题由“股权”“资产”“股份”“股票”“资本”和“亿元”“美元”分别突出资本形式和计量单位；⑥组织合作议题由“战略”“合作”“协议”“签署/签约”说明组织合作中的合法性、战略性；⑦市场竞争议题的核心词语“市场”“品牌”，强调现代市场经济中的竞争主要体现为品牌竞争；⑧股市行情议题由“股东”“股份”体现股市的利益相关者及其利益；⑨品牌发展议题由“业绩”“荣获”和“未来”“布局”分别突出品牌发展过程中的历程和趋势。

新闻价值是指新闻满足受众对客观现实认知需要的属性，这些属性使被报道的新闻更容易引起受众关注。传统媒体中新闻价值最重要的三要素分别是时新性、重要性、趣味性。技术优势为网络新闻价值取向提供了物质基础；媒体之间的竞争为网络新闻价值取向提供了现实动力；社会发展为网络新闻价值取向孕育了社会需要。因此与传统新闻价值相比，网络新闻的价值取向发生了一些变化。首先，时新性的扩展，传统新闻中的时新性主要是指新闻传递的及时性，网络新闻在价值取向上发展成了实时性。其次，重要性和趣味性的判断标准发生变化，自近代报纸、杂志产生以来，新闻选择的价值取向一直是宣传价值主导新闻价值，强调和突出的是硬新闻，软新闻的占比较少，但网络新闻上却有大量社会、娱乐等方面的软新闻，这反映出网络新闻价值取向上对重要性和趣味性的调整。最后，实用性成为网络新闻的新价值取向，实用性新闻虽没有硬新闻的重要性显著，也不如软新闻的趣味性突出，但却能带来直接的现实收获，如股市行情能够减少普通股民与股东之间的信息不对称、时尚资讯帮助人们了解流行趋势、计算机行业动态有助于人们的电子产品购买决策。在这个层面上，新闻成为被人们需要的日常有用信息，新闻的这种泛信息化取向并不是新闻这个概念增加了一些关于信息的外延，而是新闻找回了原本属于它的完整的信息意义（董天策，2004）。

采用网络新闻开展品牌报道框架的研究结果明显地体现出品牌新闻价值的实用性取向。产品信息（产品功能、产品价格）、股市行情（基本股情、股市波动）等议题都具有典型的信息化特征，它们的主要功能就是为人们提供消费和投资等信息。当然，媒体并不是简单的“信息传递”，其在传递之前还有一个“信息创造”的阶段，这个创造阶段就是记者通过对信息的采集、加工和包装生成对人们更有价值的信息。以股市信息为例，媒体不仅公开已有信息如股市每日的价格变化，还通过深入挖掘和分析为消费者提供加工后的信息，如揭露企业丑闻、预测股票市场、渲染某种观点等。判断这些实用性或者泛信息化的股市新闻是否有价值，有多大的价值，不能从传统的重要性或趣味性出发，只能看其对于人们是否需要和有用。这些新闻的实用性程度也与人们的个性化需求有关；这种信息与用户交互的关系促进了网络新闻价值的实用性取向转变。

（四）议题比例体现媒体对品牌新闻生产的倾向

媒体对中国品牌的报道侧重的议题依次为活动营销（20.30%）、品牌发展（16.51%）、生产管理（12.92%）、组织合作（11.69%）、市场竞争（9.73%）、资本运营（9.53%）、股市行情（8.40%）、人力资源（5.65%）和产品信息（5.27%）。被报道越多的议题一方面说明品牌的相关行为较多，另一方面也可能是媒体更加关注品牌的这类行为。

基于议题比例的品牌新闻报道分析发现，被报道较多的议题可能都是品牌主动传播的内容，如活动营销、品牌发展、生产管理分别是被报道最多的三类议题，这三类议题中大多是关于品牌的有益报道，能够建构品牌形象、丰富品牌联想。这一发现与邓理峰（2014）曾在企业公关关系如何影响新闻生产机制的研究中所提出的信息贴补、有偿新闻等方式相契合，即现代企业的竞争不仅存在于产品、客户、渠道、份额等市场领域，还存在于媒体关系、政府关系等非市场领域。企业作为拥有着经济、象征、社会和传播等资本的组织，能够对当下的新闻生产具有一定影响力。以经济资本来说，企业能够通过信息贴补、股权控制、广告投放、公共关系等方式影响媒体的新闻生产。本书的这一研究发现正表明了企业公关影响新闻生产的事实。

第三章　品牌资产视角的新闻报道议题

一、研究基础与问题

（一）品牌资产的基本概念

品牌资产（Brand Equity）一直是市场营销的重要概念之一，但学者们出于不同的研究情境和目的，使品牌资产的概念经过30多年的发展形成了多个视角的定义。首先于企业而言，品牌是一种重要的无形资产，它可以帮助企业拓展市场、增加利润；其次于消费者而言，品牌代表着质量、安全和保障，是决定购买某企业产品的依据。可以说，对于企业和消费者而言，品牌都具有非常重要的作用。目前，品牌资产的概念视角主要有企业财务视角、企业市场视角、消费者认知视角、消费者关系视角及综合视角等。

1. 五种视角的品牌资产概念

（1）基于企业财务视角的品牌资产。20世纪80年代，全球范围内出现商业兼并浪潮，在并购或合并过程中企业需对自己或对对方企业进行资产评估，包括动产、不动产等有形资产和品牌、专利等无形资产，便由此产生财务视角的品牌资产。此视角主要从附加价值、重置成本、未来盈余或现金流增量的角度来定义品牌资产。一方面，相对于无品牌产品来说，品牌资产既体现为品牌为企业带来的超出产品本身价值的附加价值（Farquhar，1989；范秀成，2000），又体现为品牌为产品销售带来的现金流增量（Simon & Sullivan，1993）；另一方面，品牌资产可以换算为企业重新打造该品牌所需付出的重置成本（Stobart，1989），也可通过计算品牌为企业带来的当前盈余和未来盈余的和值得到（Brasco，1988）。此视角一般以货币价值衡量品牌资产，如通过经济或财务模型计算品牌的金融市场价值，或通过成本法、收益法计算品牌价值并直接统计在财务报表中。

（2）基于企业市场视角的品牌资产。财务视角的品牌资产注重的是品牌的短期利益和相应指标，这并不利于品牌长期发展，之后便产生了基于市场视角的品牌资产。此视角的品牌资产应该体现为品牌自身的成长、延伸及扩张能力，使得该品牌比竞争对手具有更强的价格溢价能力（Mullen 等，1989）、更持久和差异化的优势（Doyle，1989）；且通过品牌为企业带来的市场地位，品牌资产有助于在品牌延伸过程中降低新产品的宣传成本（Tauber，1988）。企业市场视角的品牌资产构成维度包括品牌溢价能力、品牌延伸能力、市场占有率等（Ailawadi 等，2003；卫海英和王贵明，2003），并逐渐与消费者态度和行为等指标联系起来。

（3）基于消费者认知视角的品牌资产。从财务视角到市场视角，学者们对品牌资产的关注已经从品牌的货币价值计算逐渐转移到品牌对消费者的影响力，但还未真正关注消费者本身，忽略了品牌所获得的成绩来源于消费者的事实。消费者认知视角的品牌资产主要以认知心理学为理论基础解释品牌资产的来源，探讨消费者驱动的品牌资产的机理。此视角的品牌具有影响消费者行为的潜在能力，品牌资产是由品牌唤起的消费者思考、感觉、知觉、联想等组成的特殊组合（Kim，1990）；品牌资产体现为消费者对品牌营销活动的反应所起到的差别化作用，这种差别化作用来自消费者不同水平的品牌知识（Keller，1993）；品牌资产也可以说是消费者关于品牌的知识，包括品牌名称与产品类别、产品评价和关联物的记忆联想（黄合水和彭聃龄，2002）。消费者认知视角的品牌资产获得了大部分学者的认可，成为品牌资产领域的主流研究角度。学者们通过对品牌资产的构成维度如品牌意识、品牌联想、品牌形象、感知质量、品牌忠诚等直接进行量表测量以评估品牌资产（Keller，1993；Campbell，2002；Raggio 和 Leone，2007）。

（4）基于消费者关系视角的品牌资产。在对消费者认知视角的品牌资产展开研究的同时，学者们发现在消费者的品牌认知差异之外，消费者与品牌的关系差异也会影响品牌资产的高低。另外，对于消费者而言，品牌不是被动的认知对象，应该是与消费者之间存在双向互动关系的对象。因此，一些学者基于人际关系、自我意识等社会心理学相关理论，提出消费者关系视角的品牌资产。Blankston（1992）从消费者—品牌关系的视角研究了品牌资产的构成要素，认为品牌资产由品牌价值（定量的品牌资产）和品牌意义（定性的品牌资产）组成；品牌价值使企业从资产管理的角度管理品牌，品牌意义则促进企业从营销管理的角度来创造品牌；品牌意义又分为客观品牌（品牌形象）和主观品牌（品牌态度）两个维度，品牌关系即这两个维度的相互作用。此视角的品牌资产是消费者与品牌的关系不同导致对品牌营销的差异化反应（古安伟，2012），最终导致购买行为的差异（Aggarwal，2004）。消费者关系视角的品牌资产构成维度包括品牌关系质量、品牌个性、品牌互惠、品牌礼遇、关系地位、关系能量等（何佳讯，2012；钟帅和章启宇，2015）。

（5）综合视角的品牌资产。从上述文献梳理可以看出，学者们对品牌资产的概念已经有了一定共识，即品牌资产是指相比于无品牌产品，品牌为产品带来的额外营销效果。这些效果既包括消费者对品牌的态度、认知、形象、知识、关系等消费者层面的效果，也包括价格溢价、市场份额、企业收益等企业层面的效果。因此，Farquhar（1990）提出综合视角的品牌资产，如从企业、经销商和消费者三个视角讨论品牌资产，认为品牌使企业更具竞争力、使经销商更倾向于销售该品牌产品、使消费者更偏好该品牌产品。或者同时从企业和消费者的角度考虑，认为品牌资产是与品牌名称、标志相联系的一系列资产和负债，能够增加或减少品牌为企业及消费者带来的价值（Aaker，1991）。综合视角的品牌资产更有利于企业认识和管理品牌，权威的品牌评估机构如英特品牌公司、世界品牌实验室等采用的品牌资产评估法都尽量综合多因素进行计算。

2. 品牌资产各概念视角的关联：基于品牌价值链的分析

品牌资产的诸多概念视角看似分散，其实彼此之间存在着内在联系。品牌价值链理论（Brand Value Chain，见图 3-1）不仅阐述了品牌资产的创造过程，还理清了消费者和企业视角的品牌资产之间的逻辑关系（Keller，2003）。根据该理论，品牌资产的创造始于企业的营销计划投资，这将影响消费者对品牌的思维方式，进而影响品牌的市场表现，并最终体现为财务价值。价值阶段的三次转移可以看作是营销计划投资促进消费者视角品牌资产的产生，然后转变为市场视角的品牌资产，最后转变为财务视角的品牌资产。另外，价值的转移程度分别受到三个倍增因素的影响——方案倍增因素、消费者倍增因素、市场倍增因素。

一个品牌的价值取决于消费者，当企业开始针对实际或潜在的消费者展开营销活动时，便开始了品牌资产的创造过程。品牌价值链理论认为任何有可能影响品牌资产的企业行为都属于营销计划投资，包括产品的研究、开发和设计，各种传播形式如广告、促销、赞助、直接或互动营销、个人推销、宣传和公关等，与经销商或消费者的交易活动，员工的选拔、培训和支持等。虽然 Keller 在文中用的词是“营销计划投资”，但其所描述的这些投资行为涉及品牌行为的方方面面，与本书中新闻报道所传播的品牌行为事实所指相同。

品牌资产的第一次转移发生在这些营销计划投资行为（即品牌行为）对消费者思维方式的影响，这些影响可以归纳为五个主要维度：①品牌意识，指消费者对品牌的回忆和再认，即品牌与产品类别的关联度；②品牌联想，包括品牌联想的强度、有利性和独特性；③品牌态度，即对品牌的整体评价；④品牌联结或品牌忠诚，是指抵御产品或服务变化的能力；⑤品牌参与，包括与人谈论品牌、参加品牌社区等活动。品牌资产的创造体现为消费者对品牌具有高水平的品牌意识、强有力又独特的品牌联想、积极的品牌态度、强烈的品牌忠诚及高度的品牌参与。品牌行为能否转化为品牌资产，还取决于一些方案倍增因素，如方案是否明确地传达了信息；方案与消费者的相关性；与竞争对手相比，方案的创意和独特性；以及方案的整合一致性，这些都是品牌行为成功与否的调节变量。

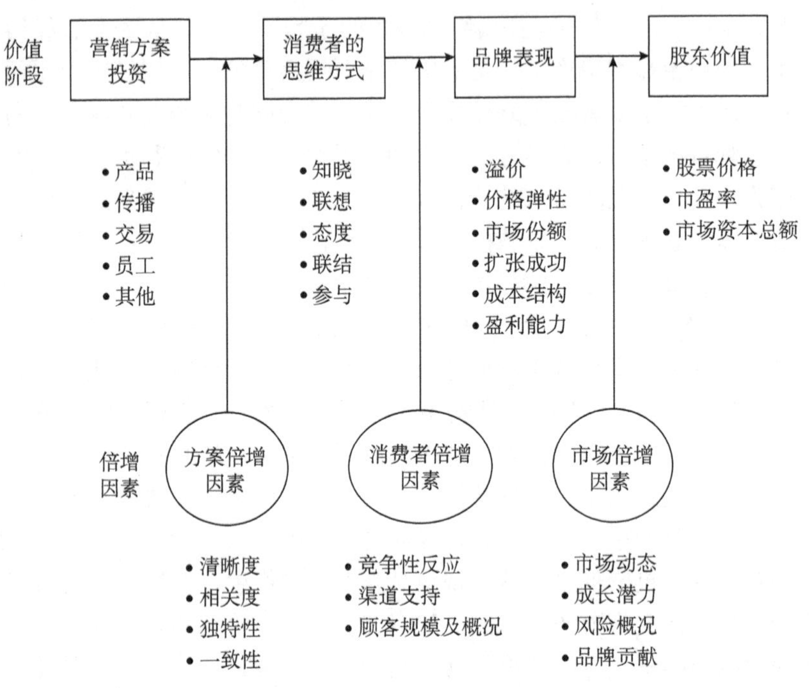

图 3-1　品牌价值链

资料来源：Keller K L, Lehmann D. How do brands create value［J］. Marketing Management, 2003（5-6）: 26-31. 转引自菲利普·科特勒，凯文·莱恩·凯勒. 工商管理经典译丛营销管理全球版原书（第 14 版）［M］. 北京：中国人民大学出版社，2012：281.

品牌资产的第二次转移发生在消费者思维方式对品牌市场表现的影响，这些影响包括三个方面：①价格溢价，指消费者愿意支付多少额外费用；②价格弹性，指消费者的需求如何随着价格的变化而变化；③市场份额，衡量品牌行为在推动品牌销售方面的结果；这三方面体现了品牌在市场上获得现金流的能力。这三方面结合扩张成功（品牌延伸新产品获得成功的能力）和成本结构（降低品牌行为支出的能力），共同构成了品牌的盈利能力，使品牌资产体现为利润丰厚的销量。这一阶段的价值创造取决于一些消费者倍增因素，如竞争优势、渠道支持、消费者的规模和概况。

品牌资产的第三次转移发生在品牌市场表现对股东价值的影响，即股票价格、市盈率和市场资本总额的增减。同样，这一阶段的转移受到一些市场倍增因素影响，这些因素是投资者在做品牌估值和投资决策过程中会考虑的，如利率、投资者情绪或资本供应等市场动态，品牌和行业的发展潜力和风险概况，及品牌对行业或企业的贡献等。

品牌价值链理论较为清晰地汇总了每种概念视角的主要维度，如消费者认知视角的五个主要维度（品牌意识、品牌联想、品牌态度、品牌联结、品牌参与），市场视角的六个主要维度（价格溢价、价格弹性、市场份额、扩张成功、成本结构、盈利能力），财务视角的三个主要维度（股票价格、市盈率、市场资本总额）。尽管该理论提出时仅为研究者的一种构想，但从已有文献可以发现，该理论模型的每个部分都得到一定程度的实证证明。例如，营销组合与消费者视角品牌资产的关系研究为品牌资产的第一次转移提供了证据（Yoo 等，2000）；消费者视角的品牌资产和市场视角的品牌资产之间关系的探讨则证明了品牌资产的第二次转移（王海忠等，2006）；围绕消费者思维方式与股东价值之间的计量经济学类研究则间接证明了品牌资产第三次转移的存在（Aaker 和 Jacobson，1994）。

品牌价值链理论为追踪价值创造过程提供了一个详细的路线图，其提出的三个价值转移阶段和每个阶段的倍增因素为企业创造品牌资产提供了可执行的具体方向。尽管这整个过程不一定完全按照线性发展，如股票价格的高涨会对员工的士气和积极性产生重要影响，进而影响方案倍增因素。另外，某些情况下价值创造的过程也可能不是顺序式递进，如股票分析师可能会对某品牌的营销活动直接做出反应，从而纳入其投资评估报告中。但品牌价值链的提出为我们认识品牌资产的创造过程起到了重要指导作用。

（二）品牌资产视角的新闻报道内容

新闻报道是品牌行为事实的媒体再现，也成为消费者产生品牌认知和联想的重要来源。消费者将新闻报道中获得的信息对已有的品牌知识进行存储或重建，因此品牌的报道内容将影响消费者对品牌的意识、联想、态度等品牌资产维度。那么，如果那些对品牌资产具有重要影响的相关因素或事件出现在新闻报道中，这些新闻报道对品牌资产的影响将更明显。由此，本章基于品牌资产的视角探讨品牌相关的新闻报道内容，试图检验那些与品牌资产密切相关的因素是否成为品牌新闻报道的突出内容。需要说明的是，本章探讨的是“突出”而不仅仅是“提及”，关于品牌的新闻报道可能会提及非常多的议题和内容，但只有被突出报道的内容才可能成为一类具有影响力的议题。下文将进行关于品牌资产影响因素的文献综述，并分析这些因素是否会成为突出的报道内容。

品牌资产作为一个较为复杂的概念，其概念视角和构成维度的复杂性决定了品牌资产的影响因素较多，杜建刚等（2019）统计了现有文献中已研究的品牌资产影响因素就多达百余个。本书将这些因素分为四大类进行阐述，如图 3-2 所示。

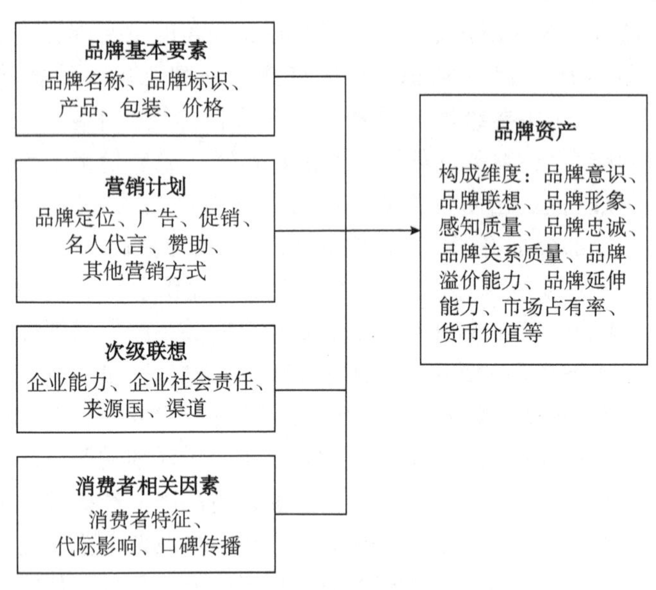

图 3-2　品牌资产的影响因素

1. 品牌基本要素

品牌是一个综合的系统，包括多个要素。广义的品牌要素既包括有形、具象的显性要素，也包括无形、抽象的隐性要素（余明阳和杨芳平，2009）；或者将品牌要素划分为背景、生产、价值、形象、使用者等（罗子明，2015）。本书特指创建品牌的基本要素，即品牌名称、品牌标识、产品、包装、价格，它们作为一种感官上的识别符号，是增强品牌意识、促成品牌联想的强大工具。

（1）品牌名称（Brand Name）。品牌名称是消费者接触品牌的第一步，在品牌要素中处于中心地位，在传递品牌信息、构建品牌形象等方面起着重要作用。与产品有关的品牌名称使消费者根据关联强度来评估产品质量的高低，进而影响消费者心目中的品牌资产（Hilgenkamp 和 Shanteau，2010）。品牌名称所蕴含的内涵、外延等各种功能性信息都是建设品牌资产的重要手段（Round 等，2017）。国内学者从汉语的音节、声调及构词法等角度研究中国品牌名称的选择，如魏华等（2016）从婴儿图式的角度对叠音品牌名称展开研究发现，消费者更偏好于叠音名称的享乐型产品和非叠音名称的实用型产品。对暗示性品牌名称的系列研究表明，品牌名称的暗示性对消费者的品牌信任、品牌态度、品牌情感等品牌资产的维度产生影响，并受到性别、卷入度、认知需要、专业化水平等因素的调节作用（孙瑾和张红霞，2012；孙瑾和林海超，2017）。不管是叠音品牌名称还是暗示性品牌名称，都更容易增加消费者的品牌意识，但却可能因为名称所指过于清晰而增加品牌延伸的困难；然而，无特定意义的品牌名称，尽管有利于品牌延伸，却不容易被消费者记住。因此，企业如何选择品牌名称是建设品牌资产的首要问题。

（2）品牌标识（Brand Logo）。品牌标识是品牌最重要的象征符号，成功的品牌标识有助于树立品牌形象，提升品牌态度和品牌忠诚，进而积累品牌资产（Muller 等，2013）。学者们以具身认知、审美反应、概念隐喻、进化心理学等理论为研究依据，认为不同的品牌标识呈现方式（如字体、形状、颜色、位置、动态性等）造成消费者对品牌不同的视觉体验和心理认知，进而影响消费者对品牌的偏好和态度。关于品牌标识形状和颜色的研究成果较为丰富，如消费者认为端正的品牌标识更具可靠性、倾斜的品牌标识更具创新性，进而在产品创新类型的调节作用和感知运动程度的中介作用下形成不同的品牌态度（周小曼等，2019）；有无边框的品牌标识研究表明，在安全感知的中介作用下，消费者对有边框的品牌标识评价更高，这对于安全属性较为重要的产品具有理论意义（景奉杰等，2019）；视觉不对称效应表明，个性鲜明的品牌应该搭配不对称的品牌标识（Luffarelli 等，2019）。另外，因为品牌标识的颜色能够引起消费者对品牌个性、品牌形象等多方面的联想，企业也需慎重选择品牌标识的颜色，如蓝色或绿色的标识会使消费者认为企业很环保（Sundar 和 Kellaris，2017），而黑色标识则因神秘和高级感而具有吸引力（Bresciani 等，2014）。

（3）产品（Product）。产品与品牌是密切相关的两个概念，两者的关系在品牌建设的不同阶段也会发生变化。在品牌初创期和发展期，品牌往往与产品紧密相连、相辅相成、共同成长，产品的广泛铺货帮助品牌打开市场，并逐渐形成品牌定位和品牌个性；在品牌成熟期，品牌可能不再特指某一种产品或某一类别，这种与具体产品的逐渐分离能够帮助品牌延伸至其他经营领域，品牌为了适应新产品、新领域的新需求，而成为一种符号和意义，其内涵不断丰富。不论品牌涵盖多少种产品，其所联系的产品因素都是品牌核心竞争力的来源，与产品相关的质量、类别、属性等因素都与品牌资产的建设存在关系。首先，产品质量对消费者的品牌资产及其主要维度（品牌形象、品牌忠诚度、品牌偏好、品牌领导力）

具有显著正向影响（Hanaysha 等，2017）；其次，产品类别对品牌形象和品牌资产的关系具有显著的调节作用（Ansary 等，2017）；最后，产品的功能性属性和享乐性属性都对感知质量、品牌意识、品牌联想和品牌忠诚等品牌资产维度具有显著正向影响（胡彦蓉等，2015）。

（4）包装（Packaging）。包装是产品信息由内而外的展示，既是产品的构成部分，也是一项重要的品牌元素。包装除能够方便产品的存储和运输外，还能够传递描述性和说服性的产品信息，有利于消费者识别和购买该品牌产品。好的包装更有利于提升消费者的产品感知质量，有利于强化品牌联想、塑造品牌形象，进而增强品牌资产。在当今品牌丰富的市场环境中，包装不仅代表产品属性，还需体现出消费者需求和时代潮流的差异化设计。根据品牌个性匹配相应包装风格的研究指出，真诚型品牌应搭配自然型包装、兴奋型品牌应搭配对比型包装、实力型品牌应搭配精致型包装、成熟型品牌应搭配自然或精致型包装等（Orth 和 Malkewitz，2008）。其他关于包装如何影响品牌资产的几项研究分别指出：与产品颜色相近的包装设计更利于消费者的品牌认知（Tokutake 等，2019）；企业在更新包装时需注意保持包装设计的连续性，以防造成消费者的认知混乱而降低品牌依恋度（Orth 等，2019）；注重环保的绿色包装能够有效提升消费者的品牌信任和品牌依恋（Yang 和 Zhao，2019）；以上因变量品牌认知、品牌信任、品牌依恋都是品牌资产的重要构成维度。

（5）价格（Price）。价格通过影响消费者的感知质量和品牌联想等维度影响品牌资产。价格与感知质量之间的关系得到许多研究的证实，即消费者倾向于认为高价格意味着高质量，对低价产品则存在着质量不合格的怀疑（Xiao，2006）。但低价产品也可能会带给消费者“性价比高”“物有所值”的有益联想，像沃尔玛、物美等大型超市都倾向于标榜超市内商品为市面最低价，因此，在保证产品质量的基础上采取一定的价格策略有利于促进销售。在一项关于产品降价对已购消费者品牌资产影响的研究中，当消费者意识到自己已购商品降价后，会产生感知价格不公平，从而对品牌资产产生负面影响，但这种负面影响受到购买时间和降价幅度的调节（Abdul，2017）。因此，企业进行产品定价以及调价时应考虑到对品牌资产的可能影响。

在品牌基本要素中，品牌名称、品牌标识、包装属于基本识别要素，可能不会得到特别报道，除非是在更换名称、标识或包装的情况下。产品、价格与品牌密切相关，与产品相关的属性信息（如功能、质量、价格等）都可能成为新闻报道的内容，而且关于产品的报道能够有效为消费者提供消费知识。因此，提出如下假设：

H1a：产品属性信息是品牌新闻报道的一类突出内容。

2. 营销计划

营销是企业发掘消费者需求，通过一系列有组织的活动使消费者了解该品牌或产品并产生购买行为的过程（科特勒和凯勒，2012）。企业的营销计划在于创造、传播和交付顾客价值和管理顾客关系，是将品牌推向市场的主要手段，也是品牌资产的重要来源。本书将从品牌定位、广告、促销、名人代言、赞助、其他营销方式进行阐述。

（1）品牌定位（Brand Positioning）。自“定位”这一概念被提出后，一直作为提高品牌传播效率的方法应用于市场管理，而在品牌资产概念提出后，“定位”概念则演变为一种品牌发展战略。定位是指企业需要对目标客户所做的事（里斯和特劳特，2002）；品牌定位就是在目标消费者心智中为品牌找到一个独特的位置，使消费者感知品牌的独特意义（科特勒和凯勒，2002）。品牌定位既是一个过程也是一种状态，是使消费者形成强有力又独特的品牌联想和积累品牌资产的过程，也是使消费者形成对品牌个性感性认知的状态。品牌定位过程中需要考虑：目标市场、竞争性质、消费者的相同点联想和不同点联想四个因素。企业通过对目标市场和竞争性质的考察确定品牌定位的参考系，而对相同点和不同点联想的比较可以寻找品牌的差异化优势（韩经纶和赵军，2004）。因此，精准的品牌定位是创造品牌资产的有效战略手段。

（2）广告（Advertising）。广告在品牌资产创建过程中起着重要作用，在早期的品牌资产测量模型中就有学者将广告占有率作为测量指标之一（Simon 和 Sullivan，1993）。广告对品牌资产的影响机制体现为对其几个主要构成维度的影响，首先，大量的广告投入对品牌意识具有明显的促进作用，重复的广告信息有助于消费者对品牌的再认和回忆，也就增加了购买可能性（Cobb-Walgren 等，1995）；其次，广告内容往往传递着品牌的利益和优势，能够丰富并强化消费者的品牌联想；最后，高额的广告费用支出，使消费者认为企业更有实力、产品质量更有保证等（Kirmani 和 Wright，1989）；总之，消费者对广告支出的感知与品牌资产的各个维度都有显著的相关关系（Yoo 等，2000）。学者们对于广告诉求、广告策略、广告方式等因素如何影响品牌资产展开了许多研究，如不同的广告诉求（能力、热情、幽默、绿色等）对于消费者的品牌认同、品牌态度等具有影响；怀旧型情感广告、已故名人广告等策略受到不同品牌类型的调节作用而对品牌资产有不同程度的影响；社交媒体广告、创意中插入广告、植入广告等广告方式的特征对消费者品牌资产的作用机制探讨。

（3）促销（Promotion）。促销是一种常用的促进消费者购买的营销手段，主要分为货币促销和非货币促销两大类。货币促销如折扣、代金券、返利等让消费者感觉付出更少，因此能够在短时间内增加消费者的购买意愿。但多数研究表明长期的货币促销可能会对品牌资产造成负面影响，这主要是因为消费者可能会将价格优惠归因于产品质量缺乏竞争力，而且还会减弱消费者对价格恢复后产品的购买意愿（Winer，1986）；另外货币促销的折扣量越大，对消费者的感知质量和品牌忠诚负面影响越大（江明华和董伟民，2003）。非货币促销如赠品、试用、抽奖等使消费者感觉得到的更多，尽管在短时间内促成销售方面的效果不如货币促销，但对长期的品牌资产建设具有一定积极作用。例如，合理使用赠品能够丰富并强化品牌知识，新产品的试用则可能促进品牌选择的可能性（Palazon 和 Delgado，2005）。在超市零售渠道，货币促销与非货币促销都是品牌与消费者建立关系的途径（Mussol 等，2019）。

（4）名人代言（Celebrity Endorsement）。名人代言是全球范围内都普遍使用的营销手段，也是实现品牌定位、塑造品牌形象的重要方式。信源可信性模型（强调信源的专业性和可信性）及信源吸引力模型（强调信源的熟悉性、可爱性和相似性）是解释名人代言有效性的两个经典理论。在品牌资产提升方面，名人代言的主要贡献在于提高品牌意识、强化品牌联想、提升品牌形象、影响品牌态度。首先，名人代言在短期内能够提高广告到达率和消费者的广告态度，增加品牌的曝光率进而让更多消费者接触到品牌广告。其次，意义迁移模型指出，与名人有关的戏剧角色的意义通过代言活动迁移到产品或品牌，这种意义最后流向消费者，因此名人代言依赖的是代言人的符号意义（如成熟、稳重、性感、睿智、贤惠等），名人的有关联想也就有效地迁移到品牌联想（McCracken，1989）。最后，根据认知一致性原理，代言人与品牌之间的匹配度越好，对消费者品牌态度的积极影响越显著（Till 和 Busler，2000）。

（5）赞助（Sponsorship）。赞助是企业创建品牌形象继而累积品牌资产的重要营销手段，包括体育赛事、文艺节目、商贸活动、科研项目等多种赞助方式。与广告这种由企业直接传播的营销策略不同，赞助是借力被赞助事件的间接营销方式，其对品牌资产的积极影响体现在品牌意识的提高和品牌形象的提升。品牌意识的提高主要是借助被赞助事件增加品牌的曝光，进而增加消费者对产品、服务和品牌的熟悉度。在品牌形象方面，学界嵌入名人代言的意义迁移模型提出赞助活动的品牌形象迁移，即消费者将被赞助事件与某种意义相联系，再将这种意义与赞助商品牌联系起来，从而实现被赞助事件的形象转移到赞助商品牌形象上（Gwinner，1997）。后来，品牌形象的这种转移被认为是通过品牌联想的转移实现的（Rifon 等，2004）。赞助对品牌资产的效果研究主要围绕赞助事件质量、匹配度、赞助数量（单一赞助或多重赞助）、品牌熟悉度、赞助方式等因素展开。

（6）其他营销方式。企业在营销过程中可能采取多种多样的方式来达成目标，只要营销方式使用得当则可能强化品牌资产。下面对近年研究较多的几种营销方式（关系营销、体验营销、社交媒体营销、整合营销）与品牌资产的关系进行简单阐述。

1）关系营销（Relationship Marketing）。关系营销把营销活动看作是企业或品牌与其他利益相关者（如消费者、供应商、分销商、竞争者、合作者等）发生互动作用的过程，其核心在于建立和发展与这些利益相关者之间的关系（李宏岳，2016）。关系营销强化品牌资产的方式在于与消费者之间的品牌关系、与消费者的互动形式等（卫海英和刘桂瑜，2009），品牌社区类研究多以关系营销为理论基础（贺爱忠和易婧莹，2019）。

2）体验营销（Experiential Marketing）。体验营销将消费者看作是兼具理性与感性的个体，以各种让消费者参与其中的方式，使消费者亲身体验产品的功能性，并充分刺激和调动消费者的感官、情感、思考等因素（陈子清，2018）。品牌意识、品牌联想、感知质量和享乐情绪在消费者的品牌体验和品牌忠诚之间起着中介作用（Ding 和 Tseng，2015）。

3）社交媒体营销（Social Media Marketing）。社交媒体营销是指品牌通过社交媒体平台进行内容生产和互动以提升品牌知名度和认可度从而达到营销目的（杨兴凯，2018）。品牌的社交媒体营销努力与品牌资产的构成维度如品牌偏好、价格溢价和品牌忠诚等呈显著正相关关系（Godey 等，2016）。另外，企业创造的社交媒体内容对品牌资产具有正向影响，但用户创造的关于品牌的社交媒体内容则对品牌资产具有负向影响（Grubor 等，2017）。

4）整合营销（Integrated Marketing）。整合营销是一种系统化结合各种营销工具和方式，根据环境变化随时对系统中的组成部分进行动态调整，从而产生协同效应、实现价值增值的营销理念和方式（杨雪，2017）。整合营销的关键在于多种营销手段中传递一致的品牌信息和品牌形象，其营销传播中的一致性被认为是企业建立品牌资产的主要基础（Maja，2017）。

营销计划是企业通过品牌与消费者沟通的重要方式，它将企业所策划的营销活动以新闻稿的方式发布在媒体平台，是企业公关新闻稿的主要组成部分。营销活动是企业出于提升品牌知名度和好感度等传播目的而主动策划和制造的新闻事件，如新品发布会、大型展销、邀请名人为活动站台等，事件本身的新闻价值也使得新闻媒体愿意发布这类稿件。因此，提出如下假设：

H1b：营销活动信息是品牌新闻报道的一类突出内容。

3. 次级联想

当品牌联想与产品或服务之外的其他信息相联系时，就产生了关于品牌的间接或次级联想，如企业能力、企业社会责任、来源国、渠道等。比起品牌联想的形成方式来说，品牌联想的有利性、强度和独特性才是最重要的。因此，如果这些次级联想具有足够的影响力，则可能导致品牌全部联想的迁移，包括具体属性、态度、利益的迁移，进而对品牌资产带来深刻的影响（Keller，1993）。

（1）企业能力（Firm Capabilities）。企业是拥有各种资源和能力的集合体，企业能力是指一个企业调动各种资源从而达到经营目标的能力（徐康宁和郭昕炜，2001）。企业能力是影响品牌资产的一类重要联想，其中的作用机制还需将企业能力分类为不同类型的能力展开探讨（Zhang 等，2015）。企业能力根据操作过程可以分为三类，第一类是由内而外的能力，如制造过程、人力资源管理、财务管理、技术开发、成本控制、物流整合、环境健康和安全等强调内部过程的能力；第二类是由外而内的能力，如市场感知、顾客关系、渠道关系、技术监控等强调外部过程的能力；第三类是跨越能力，如完成顾客订单、定价、采购、顾客服务传递、新产品开发、发展战略等强调整合内外部的能力（Day，1994）。现有文献中对创新能力、员工管理能力研究较多。关于技术创新与非技术创新对品牌资产影响的研究表明，技术创新对品牌资产的影响显著而非技术创新的影响不显著（Yao 等，2019）。Jeong（2015）将研发投入作为技术创新的指标，认为研发投入的增加对品牌资产有积极作用，其正向作用超过广告投入的影响，而且可以释放出关于产品质量的正面信号。品牌管理强调满足外部客户需求的重要性，而品牌资产领域的员工管理研究则关注员工行为在品牌资产形成过程中的作用机理（Gelb 和 Rangarajan，2014）。Tsang 等（2011）提出员工品牌化管理的概念，认为员工承诺、员工敬业度、员工认同和服务质量是员工管理的四个维度，这四个维度与品牌资产的构成维度具有相关关系。甚至，张辉等（2011，2016）从整合的角度提出“基于员工视角的品牌资产”概念，这种品牌资产的研究视角尤其适合服务行业。

（2）企业社会责任（Corporate Social Responsibility）。企业在生产商品获取利润的同时应该关注其他利益相关者的需要，即承担一定的社会责任（Sheldon，1924）。企业社会责任是企业对社会应尽的义务，包括经济、法律、道德等义务，如遵守法律法规、尊重人权、履行商品生产的义务等（Carroll，1999）。目前对企业社会责任的研究主要围绕博爱、慈善的责任，体现为企业的慈善行为（善因营销、捐赠行为等）、公益实践（环保义务、动物保护等）、产品相关行为（绿色食品、可降解包装等）（田敏等，2014）。在企业社会责任对品牌资产的影响研究方面，学者们以感知企业社会责任、品牌信誉为中介变量，企业社会责任沟通、消费者特征为调节变量取得了较为丰富的研究成果；如女性消费者（相对于男性消费者）及高学历消费者（相对于低学历消费者）具有更强的感知企业社会责任，因此企业社会责任行为对其品牌资产影响更显著。另外，关于企业社会责任行为类型对品牌资产的影响研究指出伦理、法律和经济类企业社会责任行为对消费者品牌资产具有显著影响，而慈善类企业社会责任行为却无显著影响（Kang 和 Namkung，2018）；但田敏等（2014）认为慈善行为对品牌信任的提升作用高于公益实践行为；而韩娜和李健（2014）将企业社会责任分为企业环境责任、社区责任、消费者责任三类行为，或分为与产品相关的、与员工相关的两类行为展开对品牌资产的影响研究，不同类型的企业社会责任行为对品牌资产的各构成维度影响有所不同（Yang 和 Basile，2019）。企业社会责任在品牌资产与企业绩效关系之间起到补充作用，能够积极地调节两者关系（Rahman 等，2019）。

（3）来源国（Country of Origin）。来源国是指品牌的原产国，可通过产品上的“made in...”来确定。基于消费者的品牌资产根据品牌和产品类别的来源国而变化（Pappu 等，2006），这种变化明显受到产业优势的调节。这种消费者对来源国产品合理性的认知和判断称为来源国效应，即品牌或产品的来源国信息对消费者的产品评价、品牌态度及购买意愿具有影响作用（Roth 和 Romeo，1992）。关于来源国效应的研究在国际市场营销和国际化战略方面具有重要意义。早期研究来源国效应的 Schooler（1965）指出，经济发达国家的产品比经济不发达国家的产品更受消费者欢迎。后来，发现来源国效应与来源国国家形象密切相关，一般发达国家相较于发展中国家的形象更好，因此发达国家的产品评价更高（Lee 等，2001）。信号假说、独立属性假说、概构模型、弹性模型等理论都能对来源国效应做出解释（黄合水，2003）。随着国际化分工的发展，零部件专业化程度越来越高，一件产品可能由多国零部件组装而成，关于这种混合来源国效应的研究也引起了学者们的注意。尽管品牌来源国和产品制造国这两个线索对于消费者的品牌资产都很重要（Iyer 和 Kalita，1997），但品牌来源国往往比产品制造国更重要。

（4）渠道（Channels）。产品销售的起点是生产者、终点是消费者，那么渠道就是连接生产者与消费者的桥梁，其定义为参与产品所有权转移或买卖交易活动的中间商所组成的统一体（刘章勇和王翃，2018）。渠道的品牌资产有助于增强所销售产品的品牌资产，许多研究都证实了这一点。如 Pappu 等（2005）调查发现，消费者对同一品牌的百货商场门店品牌资产的各个维度值均高于普通服装专卖店；旗舰店比普通品牌店对消费者的品牌态度、品牌依恋和品牌资产的影响更大（Dolbec 和 Chebat，2013）。渠道对品牌资产的影响作用来自于塑造了品牌在精神符号方面的联想，平均消费水平越高的渠道使消费者认为企业付出了更高昂的租金，也体现出品牌实力和品牌定位。另外，渠道名称也被认为是感知质量的一个重要外部线索，好的渠道形象使消费者认为该品牌产品具有更好的质量（Grewal 等，1998）。

企业能力是企业在生产、技术、销售、管理和资金等各方面的能力总和，因此企业能力涉及的范围比较广泛，其所能被报道的议题也就较多。首先，创新作为引领发展的第一动力，在我国各行各业都受到极大的重视。因此，企业的创新能力成为企业能力非常重要的组成部分；企业如果有任何的新发现或新进展，也都乐意通过新闻报道的方式告知公众；由于非技术创新被认为对品牌资产不具有显著影响（Yao 等，2019），所以技术创新可能得到更多的报道。其次，除创新外的其他企业能力如制造能力、人力资源管理、财务管理、市场感知、渠道关系、发展战略等也可能成为新闻报道的议题，但其重要性应该在创新能力之后。最后，企业践行社会责任对于提升社会声望、塑造企业形象与品牌形象具有重要意义，这一点可从许多企业开始发布《企业社会责任报告》窥见一二。相反，来源国不会频繁出现在新闻报道中，渠道则更多地体现在日常管理和维护中。因此，提出如下假设：

H1c：企业技术创新能力是品牌新闻报道的一类突出内容。

H1d：其他企业相关能力是品牌新闻报道的一类或几类突出内容。

H1e：企业社会责任行为是品牌新闻报道的一类突出内容。

4. 消费者相关因素

品牌资产的影响研究一般直接以消费者为研究对象展开，因此消费者的相关因素对品牌资产的影响也应考虑在内。消费者相关因素主要分为两部分，一是消费者特征，如消费者的人口统计学特征，常常作为调节变量作用于品牌资产；二是消费者的人际关系如代际影响、口碑传播。

（1）消费者特征（Customer Characteristics）。消费者本身具有很多特征，如性别、年龄、学历、价值观等，使得同样的品牌行为在不同消费者身上呈现出不同程度的品牌资产。品牌名称对品牌资产的影响研究表明，暗示性品牌名称对男性（比女性）、低专业化水平（比高专业化水平）、低认知需要（比高认知需要）消费者的购买意愿影响更大（孙瑾和张红霞，2012；孙瑾和林海超，2017）。企业社会责任对品牌资产的影响研究发现，消费者的道德消费主义水平能够调节两者的关系（Kang 和 Namkung，2018）。品牌性别对品牌资产的影响研究发现，男性消费者对男性化品牌评价更高，而女性消费者对女性化品牌评价更高，且高度男性化的品牌在更个人主义的国家具有更高的品牌资产，高度女性化的品牌在更集体主义的国家具有更高的品牌资产（Lieven 和 Hildebrand，2016）。另外，消费者的产品知识或使用经验对品牌资产具有直接影响，一方面，产品知识或经验能够强化或修正消费者原先的品牌联想；另一方面，产品知识或经验能够形成一些新的品牌联想（黄合水和彭聃龄，2002）。

（2）代际影响（Intergenerational Influence）。上辈影响下辈消费行为的代际影响研究表明，代际影响是品牌资产的一个重要来源（Moore 等，2002）。尤其在中国社会，强烈的家族感使中国人在行为意愿上具有更多的趋同和依恋，加上传统孝道的影响使中国家庭联系比西方家庭密切得多，因此中国消费者的品牌资产受到的代际影响更明显。另外，社会和文化的迅速变迁使得上辈的传统知识体系和经验受到严峻挑战，下辈快速接受新事物的能力和更为敏感的消费理念，又为下辈影响上辈消费行为的反向代际影响提供了基础。因此，反向代际影响成为一种新的品牌资产来源（何佳讯等，2012）。代际影响以及朋友间的口碑传播都是发生在强关系中的人际传播，以购买经验和关系亲密性等获得对方的信任和认可，从而影响其他消费者的品牌资产。

（3）口碑传播（Word-of-Mouth Communication）。口碑作为一种评价信息，经常发生在强关系的人际传播中，对于消费者购买决策来说是一种重要的参考信息（Arndt，1967）。口碑传播能够增强消费者的品牌资产，从而提升其购买意愿（Augusto 和 Torres，2018）。互联网的发展、电子商务的普及和社交媒体的崛起等改变了人们的购物方式和口碑传播方式，越来越多的消费者通过在线评论、微博、微信朋友圈等方式发布产品和品牌的购买及使用心得，形成了与他人交流和分享的网络口碑。同样，品牌资产在来源可信的在线评论与消费者购买意愿之间起到中介作用（Chakraborty，2019）。罗彪和丛日飞（2015）的研究数据表明，增加 10%的网络口碑数量就可以促进 4.4%的酒店预订量或 6.3%的电影营业额。网络口碑对消费者品牌态度的影响研究指出，在消费者无品牌认知的情况下，其品牌态度与多数意见的态度倾向一致；网络口碑对消费者品牌态度的影响力由大至小依次为负面发帖、正面发帖、负面跟帖、正面跟帖（龚玲等，2008）。

品牌资产源自消费者的品牌知识，进而影响品牌的市场表现，并最终体现为财务价值，且品牌资产的影响研究一般针对消费者展开。消费者相关因素可能会以消费者的相关事件出现在新闻报道中，从而塑造该品牌特定的使用者形象。因此，提出如下假设：

H1f：消费者相关事件是品牌新闻报道的一类突出内容。

二、研究方法与过程

语义网络分析法基于高频词提取议题框架，只有那些被突出报道的内容才会成为本书研究的议题。因此，第二章研究中所提取的 9 个一级议题、26 个二级议题都是品牌新闻报道的突出内容，本章只需针对这些议题进行假设检验即可。

三、研究结果

H1a 得到支持。产品是品牌与消费者沟通的主要载体，也是品牌营销的起点；品牌的利益和价值需要通过产品的各种属性表现和转化。消费者的产品购买和使用经验是品牌联想的直接来源，如果产品能够很好地满足消费者的需求，那么就对提高消费者的品牌态度具有重要的积极影响。媒体关于产品的使用效果、配置信息、测评结果等方面的报道有助于增进消费知识和刺激消费需求。

H1b 得到支持。作为一种特殊的公共传播与市场推广手段，活动营销通过制造事件吸引媒体和公众注意，是一种集新闻、广告、公关等多种效应于一体的营销方式，这种方式对于提高品牌知名度、塑造品牌形象并最终促进品牌业绩都有良好的作用。新品发布、品牌赞助、参加展会、社会公益，以及包含主题活动、代言活动、促销活动、软文营销等方式的其他营销活动是品牌进行活动营销的主要方式。体验式的主题活动较多，如汽车试驾活动、智慧整装体验馆等也反映了体验营销理念的盛行。

H1c 得到支持。企业的创新能力既包括生产、工艺、产品等方面的技术创新，也包括营销、传播、管理等方面的非技术创新。目前关于中国品牌的新闻报道中，只形成了技术创新这一议题，对于非技术创新方面的报道还较少；且提及的都是新产品研发或老产品技术升级等，因此本书将技术创新归类为生产管理的下属二级议题。中国品牌的技术创新主要体现在智能技术和自主知识产权两方面，将技术应用于生产工作中提高生产效率和产品质量，这既包括使用新技术创造新产品，也包括借助新技术提高生产力。

H1d 得到支持。本书提取的几个议题反映了企业的其他能力，如生产管理议题体现了企业的制造生产能力、人力资源议题体现了企业的人力资源管理能力、资本运营议题体现了企业的财务管理能力、组织合作议题体现了企业的关系维护能力。关于企业能力对品牌资产的影响研究多集中在产品能力、宣传能力、创新能力上，对于其他能力的研究还较少。本书将从企业能力的视角来看待生产管理、人力资源、资本运营、组织合作 4 类议题对于品牌资产的作用。

H1e 部分得到支持。企业社会责任的几种主要表现形式有慈善行为、公益实践和产品相关行为。新闻媒体中关于企业社会责任的报道主要是扶贫公益、环保公益、教育公益、群体关爱等慈善行为和公益实践方面，且被报道后其宣传的意味就更浓一些，因此本书将企业社会责任相关的报道命名为社会公益议题，并认为是属于活动营销的一种方式。

H1f 没有得到支持。尽管消费者相关因素是品牌资产影响因素中较为重要的一类，但关于消费者的相关事件并不容易被突出报道，因此，消费者相关事件没有成为品牌新闻报道的一类议题。

综合以上假设验证可以发现，本书所提取的 9 个一级议题中生产管理、产品信息、活动营销、人力资源、资本运营、组织合作能够对应于已有研究的品牌资产影响因素，它们对品牌资产具有理论上的影响作用。另外 3 个一级议题（市场竞争、股市行情和品牌发展）还未有相关的品牌资产影响因素研究，但成为品牌新闻报道的突出内容也符合实际情况。首先，市场经济作为一种竞争经济，品牌的诸多行为就是围绕着提升竞争力展开的，如拓展市场、与对手竞争等，品牌所生存的市场环境是不进则退的大环境。其次，媒体对股票市场的关注和偏好似乎是天生的，因为股票的价格变化能持续地为媒体提供新闻；而除了对基本股情的报道外，媒体对股票市场的报道范围还拓展至股票市场变化的预测及分析等方面。最后，品牌发展是品牌与消费者沟通的一种方式，通过新闻报道向消费者传播已取得的成绩和未来的发展规划，既能巩固消费者的信任，也能呈现企业或品牌的核心价值。

四、小结与讨论

本章基于品牌资产视角来分析品牌新闻报道议题的呈现，将品牌资产的影响因素归纳为品牌基本要素、营销计划、次级联想和消费者相关因素四大类，再检验与品牌资产密切相关的这些因素是否成为品牌新闻报道的突出内容。基于高频词的语义网络分析法所提取的议题正是品牌新闻报道中的突出内容，因此检验发现，生产管理、产品信息、活动营销、人力资源、资本运营、组织合作 6 个一级议题所涉及的报道内容在理论上能通过影响消费者的品牌联想进而作用于品牌资产，它们是品牌管理中最常涉及的方面，具有被报道的必要性。而市场竞争、股市行情和品牌发展 3 个一级议题还未有对应的品牌资产影响因素研究，尽管其成为品牌新闻报道的主要议题也有现实原因，但它们是否会影响品牌资产，其中又有着怎样的作用机制，则需要后续的研究进行深入的探讨。

第四章　新闻报道与品牌资产的关系研究

一、研究基础与问题

品牌价值链理论指出，品牌资产的创造始于品牌行为，品牌的任何行为都可能影响品牌资产，如品牌基本要素、营销计划、次级联想等。新闻报道作为品牌行为事实的扩音器，是品牌行为方方面面的综合体现，也是品牌传播的主要方式之一，它既能为企业宣传品牌优势，又能通过负面监督使品牌陷入危机，对于公众形成关于品牌的认知和态度发挥着重要作用。下面就新闻报道对品牌资产的影响作用进行理论探讨。

（一）新闻报道对品牌资产的作用机制

Carroll 和 McCombs（2003）认为大众媒体的议程设置效果也会发生在商业领域，并推导出一些理论设想，包括五个命题：①媒体对企业的报道量与企业认知率正相关；②媒体对企业在某属性的报道量与公众使用该属性定义企业之间正相关；③媒体对企业某属性的报道越正面，公众对该属性的感知就越正面，反之则相反；④媒体对企业事实和评价两个层面的报道框定了公众对该企业的态度与舆论；⑤企业的议程传播有助于与媒体的良好互动。之后，Meijer 和 Kleinnijenhuis（2006）基于议程设置的思想，实证了新闻报道与企业声誉的相关关系。国内学者以企业社会责任为事实层面、以报道情感为评价层面，发现属性议程设置效果显著，即媒体对企业社会责任的报道量与公众对企业这方面认知呈显著正相关关系；另外，邓理峰和张宁（2013）发现负面报道量与公众的负面感知相关，但正面报道量与公众的正面感知不相关。一方面，历史和传统驱动、企业品牌更为可靠、企业品牌更适合产品更换等原因，中国品牌大多是企业品牌（黄胜兵和卢泰宏，2000）；另一方面，企业形象和品牌形象、企业声誉和品牌声誉密切相关。因此，以上关于新闻报道与企业声誉的相关结论理应能够推及新闻报道与品牌声誉的关系。

新闻报道在品牌传播方面比广告更具优势，下面三种理论模型都能对此做出合理解释（Eisend 和 Kuster，2011）：一是来源可信性模型（Source Credibility Model）认为，非商业来源的报道比商业来源的广告更为可信，并使消费者产生更多的态度变化；二是信息处理模型（Information Processing Model）认为，报道比广告更能体现信息的重要性，这使得消费者对新闻信息和提及的产品都有更正面的态度；三是信息评估模型（Information Evaluation Model）认为，正面报道引起的信息处理过程胜过广告，但负面报道也可能带来更大的副作用，因此需要妥善应对负面报道。实验研究也证明，比起倾向于广告的商业框架，被试对编辑框架的信任度和态度都更好（Cole 和 Greer，2013）。Spotts 等（2015）基于“营销—生产力”测量链思想，评估报纸和杂志上的报道和广告这两种营销方式对消费者、市场、财务和企业层面的影响，指出尽管报道和广告在不同的指标上各有优势，但总体而言，报道比广告的效果好。当然，报道并不总是比广告更好，在一项关于企业社会责任传播的研究中，对于本身就具有良好声誉的品牌来说，报道比广告产生更积极的品牌评价；而对于声誉较低的品牌则会产生相反的效果，这其中说服性知识、赞助态度、匹配度等起着中介作用（Skard 和 Helge，2014）。这些研究都能够说明新闻报道对品牌传播效果（即品牌资产相关因素）具有影响作用。

新闻报道对品牌资产的作用机制还可以从新闻报道的信息中介作用和参与企业治理作用进行理解。新闻报道通过发挥信息中介作用能降低消费者的信息获取成本，以此降低信息不对称从而提高企业或品牌信息的透明度（Dyck 等，2008）；而且新闻媒体除信息传递功能外，还具有创造信息的作用，这些信息能够有效地降低信息不对称程度（Bushee 等，2010）；媒体的信誉增加了消息的可信度，使得新闻报道促进了消费者的品牌知识（Morris 和 Shin，2002）；这些原因促使新闻报道出色地发挥着信息中介作用。新闻报道的企业治理作用主要表现为三方面（Dyck 等，2008）：①促使政府介入来行使法律条款，有助于企业快速改正错误行为而挽回消费者；②影响企业经理人的个人声誉，为了自身职业前途考虑，他们会积极治理内部业务和维护品牌形象；③通过塑造企业经理人和董事会成员的公众形象，使他们为了避免人际交往中的尴尬处境，提升他们按照社会道德规范约束自己的意愿。这三方面可以总结为新闻报道参与企业治理的两种作用机制——行政介入机制和声誉机制（李培功和沈艺峰，2010；郑志刚等，2011）。

（二）新闻报道与品牌资产的关系探讨

以上文献能够为新闻报道对品牌资产产生影响提供理论支持，而关于两者关系的研究，学界主要从报道量或报道情感[①]两方面对企业或品牌的新闻报道进行了实证研究。在报道量方面，计量经济学领域存在一些报道量与股价的实证研究，在股票交易市场上，媒体吸引了投资者注意力，使得投资者更倾向于购买报道量较大的股票（Barber 和 Odean，2008）；这是因为被报道较多的股票存在注意力溢价，即投资者对该股票的交易量被新闻报道后放大以至于买卖不平衡。这种买卖不平衡将会引起之后的收益反转，这种反转包括以下两方面：一方面是受注意力影响程度越高的股票在后期收益越低（曾宪聚等，2019），另一方面是未被新闻报道的股票可能获得更高的未来收益（Fang 和 Peress，2009）。这也是我国股票市场上 IPO 抑价[②]与报道量正相关的原因之一（陶可和张维，2018）。

在报道情感方面，正面报道越多的上市企业的股票收益率越高，企业绩效越好（刘向强等，2017）。负面报道量与股票收益率、企业绩效呈显著负相关；且深度、侵害程度高的负面报道导致的股价下跌更强烈，但这种深度报道却不一定降低企业绩效（黄辉，2013）。这可能是因为，股价波动依赖于投资者的交易行为，投资者往往对负面消息反应较快，这种羊群行为使股价迅速下跌；而企业绩效主要依赖于管理层经营，且并不按照日为单位计算，发生负面事件后，管理层依然可以通过积极补救策略挽回绩效。负面报道对品牌资产的影响作用研究较多，但主要集中在探索如何降低负面报道可能带来的负面效果，研究者提出了一些调节变量，如负面事件类型、消费者特征、先前品牌态度的确定性、品牌承诺、补救策略等。Liu 等（2018）将负面报道分为与业绩有关的和与价值观有关的两类，指出与价值观有关的负面报道引发消费者更强烈的轻视情绪，就会导致更强的负面效果；采用改错纠正措施在减轻负面效果方面较有效，且在与业绩有关的负面事件中效果更好。Woo 等（2020）将负面报道分为与产品有关的和与个人有关的两类，指出当负面报道涉及产品相关问题时，品牌的各种恢复措施都不能有效降低消费者的退出意愿；而对于与个人有关的问题，功能和信息恢复策略在降低消费者的退出意愿方面有一定作用；情感、功能和信息恢复策略对品牌资产的大多数维度（品牌判断、品牌感受和品牌共鸣）有积极的影响。另外，中

---

① 此处采用“报道情感”而未使用“报道倾向”主要是借鉴自然语言处理系列方法中情感分析的情感词思想，本书是通过对关键词的情感赋值实现报道情感的量化，未能够微观地进行报道全文的态度、评价、情感等倾向性的细致分析。

② IPO 抑价（IPO underpricing）是指新股上市后的交易价格显著高于发行定价的现象，即新股上市首日出现异常高的超额报酬率。

国消费者具有较高的集体主义倾向和不确定性规避水平，在面对负面报道时，可能会搜索更多信息并传播负面口碑，而且进一步的搜索行为与品牌态度、购买意愿呈显著正相关（Yu 等，2018）。

综上，新闻报道被认为是比广告更具优势的品牌传播方式，它既能够发挥信息中介作用来降低供需之间的信息不对称，又能够发挥企业治理作用使企业内部积极管理品牌业务。品牌新闻报道主要涉及报道内容、报道情感、报道量三方面，在计量经济学领域存在一些报道量或正负报道与股价、绩效等关系的实证研究，但较难发现从报道内容进行相关实证研究的文献，因此，提出如下问题：

Q5：新闻报道（报道内容、报道情感、报道量）与品牌资产的关系如何？

二、研究方法与过程

本章继续采用第二章中的 45 个品牌样本的文本数据，但将自变量（新闻报道的报道量、报道情感、报道内容）和因变量（品牌资产）进行一定的量化处理，具体如下：

（一）因变量测量

品牌资产以世界品牌实验室公布的品牌价值来衡量。世界品牌实验室采用经济适用法（Economic Use Method）评估品牌价值，是一种综合视角的品牌资产测量方法，计算公式如下：

品牌价值=E×BI×S

其中，E 指调整后的年业务收益额，对该品牌的近 3 年业务收益和此后两年的预测收益赋予不同权重计算而得。BI 指品牌附加值指数，由品牌附加值工具箱（BVA Tools）计算出品牌对收益的贡献程度，用来预测企业今后一段时间的盈利趋势及品牌贡献在未来收入中的比例。S 指品牌强度系数，主要考虑行业性质、外部支持、品牌认知度、品牌忠诚度、领导地位、品牌管理、扩张能力以及品牌创新这 8 个因素，通过市场调查和财务分析量化这些因素来反映品牌的未来收益。

世界品牌实验室每年 6 月发布新一届的品牌榜单，如 2019 年 6 月发布的《中国 500 最具价值品牌》主要是对品牌截止到 2018 年表现的评估。而 2019 年 6 月发布的“2019 年品牌资产”代表的是品牌自创立以来到 2018 年累积的品牌资产。同样地，2018 年 6 月发布的“2018 年品牌资产”代表的是品牌自创立以来到 2017 年累积的品牌资产。本书以 2018 年的品牌新闻作为自变量来源，进行新闻报道与品牌资产的关系研究，因此选择“2018年品牌资产”到“2019年品牌资产”的变化即2018年的品牌资产增值表示2018年的品牌资产，以对应自变量的选择范围。也就是说，研究中品牌资产数值由“2019年品牌资产”与“2018年品牌资产”之差表示。

（二）自变量测量

自变量的测量包括报道量、报道情感、报道内容三部分，本书用报道情感指数量化报道情感、议题情感指数量化报道内容。

1. 报道量

报道量代表的是媒体关注度，直接以数据清洗之后的新闻条数表示，如万科2018年的报道量为7018条。

2. 报道情感指数

本章涉及正面、中性、负面三类报道情感，构建报道情感指数来表示品牌在某类情感的呈现程度。报道情感指数越大，表示媒体对该品牌在这类情感的报道比重越大。某给定品牌的报道情感指数通过品牌的报道量和高频词词频总和对该类情感的词频和进行标准化处理得到，其计算公式如下：

$$I_j = \frac{T_j}{N} \times A$$

其中，$T_j = \sum_{i=1}^{n} t_{ij}$。$I_j$ 表示 j 类情感指数，N 表示已选高频词的词频总和，A 表示报道量，T_j 表示 j 类情感的词频和，t_{ij} 表示 j 情感中第 i 个关键词的词频。

例如，经过对万科的184个高频词进行人工词性标注后，有9个正面词（“美好”“幸福”“增长”“第一”“圆满”“智能”“智慧”“助力”“创新”）、173个中性词（“亿元”“销售”“户型”等）和两个负面词（“减持”“坍塌”）。万科的正面、中性、负面词语的词频和分别为572个、13981个、196个，万科的报道量和高频词词频总和分别为7018个和14749个，因此，万科的正面情感指数、中性情感指数、负面情感指数分别为272.17、6652.56、93.26。

3. 议题情感指数

本书构建议题情感指数来表示品牌在某类议题的综合表现。议题情感指数越大，表示媒体对该品牌在这类议题的正向表达越多，可能更利于品牌传播。

在构建议题情感指数之前，需先对议题内的关键词进行情感赋值。这是因为正面报道可能会为企业带来正向收益（刘向强等，2017），而负面报道一般会负向影响企业的市场反应和绩效收入（黄辉，2013）。Richey等（1975）的研究表明，负面信息对人们的态度、信念和行为意图的影响远大于相同数量和类型的正面信息，经测算 1 条负面信息引起的不良反应需要 5 条正面信息才可能中和。同样地，负面报道对消费者的品牌态度造成的负面影响往往大于等量的正面报道（Sherell 等，1985）。另外，正面报道可能会使消费者认为是品牌的公关宣传稿，在增加消费者的品牌好感方面可能仅比中性报道有效一些。

议题情感赋值是基于议题内每个关键词的正、负倾向进行操作化，将正面关键词情感赋值为“2”，中性关键词情感赋值为“1”，而负面关键词情感赋值为“-10”。某给定品牌的议题情感指数通过品牌的报道量和高频词词频总和对该类议题的情感值和进行标准化处理得到，其计算公式如下：

$$M_j = \frac{E_j}{N} \times A$$

其中，$E_j = \sum_{i=1}^{n} e_{ij}$。$M_j$ 表示 j 议题情感指数，N 表示已选高频词的词频总和，A 表示报道量，E_j 表示 j 议题中所有关键词的情感值和，e_{ij} 表示 j 议题中第 i 个关键词的情感值。

表 4-1 是截取了万科的四个表示产品功能议题的模块，编号 4 和编号 26 中的词均为中性词，其情感值和与词频和相同，为 677 和 291；编号 10 中出现负面词“坍塌”，因此 10 号的情感值和为-337；编号 17 中出现正面词“第一”，因此 17 号的情感值和为 277；万科的产品功能议题情感值总和为 908。万科的报道量和高频词词频总和分别为 7018 个和 14749 个，因此万科的产品功能议题情感指数为 432.05。

表 4-1　议题情感赋值（万科）

编号	关键词（情感赋值×词频）	情感值和
4	户型（1×138）、价格（1×114）、深度（1×100）、测评（1×97）、配套（1×96）、交通（1×67）、小镇（1×65）	677
10	平方米（1×108）、金域（1×102）、上海（1×97）、坍塌（-10×83）、华府（1×53）、推出（1×52）、预售（1×41）、西安（1×40）	-337
17	深圳（1×127）、第一（2×57）、阳光（1×36）	277
26	住宅（1×106）、产品（1×56）、高层（1×50）、装修（1×42）、规划（1×37）	291

三、研究结果

从报道量、报道情感、报道内容三方面分别与品牌资产进行回归分析，以探讨新闻报道与品牌资产之间的关系。

（一）报道量与品牌资产

将报道量与品牌资产进行回归分析，结果表明报道量对品牌资产的解释力为10.4%，且 $F(1, 43) = 6.124$，$p<0.05$，具有统计学意义，且报道量与品牌资产（$\beta=0.353$，$p<0.05$）呈显著正相关关系，这说明被报道越多的品牌资产越高，而资产越高的品牌被报道也越多。这是关于品牌新闻报道的“马太效应”，那些已经比较成功的品牌受到的媒体关注度更高。这种媒体关注度一方面体现在媒体更愿意挖掘这些成功企业或品牌相关的事件，另一方面体现在成功品牌利用公关手段通过信息贴补、有偿新闻等方式干涉新闻生产。对于消费者而言，被报道越多的品牌能够吸引越多的注意力，根据纯暴露理论，即使简单的信息重复都可能促进消费者的品牌态度（Zajonc，1968），进而通过品牌价值链的传递，这种累积的消费者品牌资产能够折算为货币价值化的品牌资产。

（二）报道情感与品牌资产

将报道情感指数与品牌资产进行回归分析，结果如表 4-2 所示，三类报道情感指数对品牌资产的解释力为 34.8%，且 $F(3, 41) = 8.830$，$p<0.001$，具有统计学意义；进一步对各自变量进行系数估计，正面情感指数（$\beta=1.238$，$p<0.001$）和中性情感指数（$\beta=-0.982$，$p<0.05$）分别与品牌资产呈显著的正相关关系和负相关关系，负面情感指数的回归系数不显著。

表 4-2　报道情感与品牌资产的回归分析

自变量：报道情感	因变量：品牌资产		
	β	t	p
正面	1.238	4.279	0.000
中性	-0.982	-2.695	0.010
负面	0.376	1.890	0.066
模型摘要：$R^2=0.393$，调整后的 $R^2=0.348$ $F(3, 41) = 8.830$，$p<0.001$			

正面报道与品牌资产显著正相关，说明因为信源的非商业性、专业性等使得正面报道对品牌具有良好的宣传效果。中性报道与品牌资产显著负相关，本书对此的解释为，媒体对于品牌的相关报道量应该在一个合理的范围内，过量的中性

报道如一些广告软文、产品促销链接等介入到新闻报道中，因为增加了消费者的广告侵入感而导致品牌态度的下降，会对品牌资产造成适得其反的影响。

负面报道与品牌资产的回归系数不显著，但却有正的倾向，这并不符合对负面报道的一贯认识，一般认为负面报道量与股票收益率、销售业绩呈显著负相关（黄辉，2013），本书对负面报道与品牌资产无关这一结果从三方面进行分析：首先，郑志刚等（2011）的研究指出负面报道通过行政介入或影响经理人声誉等方式，使企业进行有效的治理行为，从而达到改善下一期业绩的效果，所以负面报道不一定会负向影响品牌资产。其次，对样本资料的分析发现，对品牌资产造成损害的核心因素如产品质量问题等相关负面报道较少，而关于人力资源、资本运营、股市行情等方面的负面报道对品牌资产的伤害可能不严重，那么企业管理层通过适当的品牌危机挽救策略，及时有效地挽回业绩的成功率就较高。最后，可能是有其他因素干预了负面报道的消极影响，如企业公关力量、企业与媒体的利益牵扯等。

（三）报道内容与品牌资产

1. 一级议题与品牌资产的回归分析

将品牌样本的 9 个一级议题情感指数作为自变量，对应的品牌资产作为因变量，采用进入法进行多元线性回归分析，以检验各自变量对因变量的解释力。结果如表 4-3 所示，9 个一级议题情感指数对品牌资产具有高度的解释力（调整后的 $R^2=0.801$），且 $F(9, 35)=20.664$，$p<0.001$，具有统计学意义。进一步对各自变量进行系数估计，可以发现，除股市行情外其他 8 个自变量与因变量均存在显著相关关系，其中生产管理（$\beta=0.412$，$p<0.05$）、产品信息（$\beta=0.751$，$p<0.01$）、活动营销（$\beta=0.342$，$p<0.01$）、人力资源（$\beta=0.675$，$p<0.001$）、品牌发展（$\beta=0.417$，$p<0.01$）5 个议题与品牌资产呈显著正相关关系；而资本运营（$\beta=-0.237$，$p<0.05$）、组织合作（$\beta=-0.529$，$p<0.01$）、市场竞争（$\beta=-0.799$，$p<0.01$）3 个议题与品牌资产呈显著负相关关系。下面从品牌行为引发的相关新闻报道如何影响消费者思维的角度来解释各议题与品牌资产的关系。

表 4-3　一级议题与品牌资产的回归分析

自变量：一级议题	因变量：品牌资产		
	β	t	p
生产管理	0.412	2.564	0.015
产品信息	0.751	3.251	0.003
活动营销	0.342	3.292	0.002
人力资源	0.675	8.382	0.000

续表

自变量：一级议题	因变量：品牌资产		
	β	t	p
资本运营	-0.237	-2.180	0.036
组织合作	-0.529	-3.368	0.002
市场竞争	-0.799	-3.000	0.005
股市行情	-0.046	-0.486	0.630
品牌发展	0.417	3.341	0.002
模型摘要：$R^2=0.842$，调整后的 $R^2=0.801$ F（9，35）= 20.664，$p<0.001$			

（1）生产管理议题经常出现“数据”“科技”“智能”等高频词，体现了生产管理向着数据化、科技化、智能化的方向发展。当前，新一轮的科技革命正深刻影响世界发展，加强科学技术与社会各界的协同创新是助推人类社会进步的重要途径。互联网、人工智能等新技术的出现为企业发展提供了许多新的结合点，企业借助智能机器、智能网络、智能交互等创造出智能的经济发展模式和社会生态系统。生产管理议题反映了技术与创新在中国品牌发展过程中所起的助力作用，能够增进消费者关于企业在制造、创新等方面能力的品牌联想，因此对品牌资产具有促进作用。

（2）“产品”是产品信息议题的核心词语，体现了其与品牌的密切关系。媒体通过新闻报道的方式向消费者传播产品的相关信息，如手机搭载麒麟处理器和弹出式摄像头等配置提升产品性能、说明如何使用螺旋藻和蛋白粉来增强免疫力、第三方机构对新楼盘进行户型和配套等深度测评，这些产品属性是品牌核心竞争力的来源。产品信息议题反映了产品的优点和利益，这些信息不仅能增进消费者关于品牌或产品的消费知识，还能促进消费者的购买意愿，因此对品牌资产具有促进作用。

（3）活动营销议题的核心在于“举行/举办”各种活动，活动是这类营销方式的主要载体。比起通过广告投放的方式将品牌信息直接告知消费者来说，活动营销的优势在于能够主动、直接地接触消费者，通过线上或线下活动的形式吸引目标消费者参与到互动中，从而实现更高的传播到达率。活动营销的方式本身就有一定的话题性和传播性，能够较容易地吸引媒体的关注，而新闻报道作为媒体关注的一种主要方式，使这种营销活动获得更广泛的传播。活动营销议题是品牌与消费者沟通的重要方式，既能促进品牌的知名度和美誉度，还能拉近与消费者的关系，因此对品牌资产具有促进作用。

（4）人力资源议题突出的是企业人事动态，围绕的是组织内能够被企业所用、且对企业价值创造作贡献的人，因此“毕业生”“经理”“董事长”“总裁”等与人有关的身份、职务成为这一议题的高频词。生产、营销、财务等工作都是由人来完成的，由人的参与才能提高质量、引导创新、创建品牌、推动营销，人才是企业的核心组成部分。人力资源议题反映了企业的人才流动、人才管理等方面的相关行为，能够增进消费者关于品牌背后的人事管理等企业能力的联想，因此对品牌资产具有促进作用。

（5）资本运营议题的核心是将“股权”“资产”“股份”“股票”等资本形式看作是预期会为企业带来经济利益的资源。企业一般通过兼并收购或投资融资的方式对资本进行优化配置，但这些扩张行为可能会使消费者认为企业耗费过多精力在经营资产和追求经济收益方面，而忽略了产品制造和品牌建设。尤其一些企业为实现多元化经营而沉迷于投资多个行业，这也容易给人一种不专业的印象。因此，企业需要重视资本运营与品牌建设的关系，将维护品牌形象、树立品牌保护意识作为资本运营的前提，应尽可能地在兼并收购或投资融资的过程中选择与已有品牌形象匹配度较高的对象，从而维持或适度丰富品牌的核心价值。综上，资本运营议题对品牌资产产生抑制作用。

（6）组织合作议题突出的是品牌与其他组织或机构的合作关系，主要通过“战略”“合作”“协议”“签署/签约”等高频词呈现。不管是上下游企业在产品质量、生产等方面的供需合作，还是消费者重叠的品牌之间在联合营销、研发创新等方面的交互合作，品牌合作通过资源共享、优势互补，往往能够达到“1+1>2”的双赢效果。品牌合作是现代市场竞争的结果，也是企业品牌相互扩张的结果。但Tasci和Guillet（2011）关于不对称的品牌合作关系研究表明，只有强强联合的品牌联盟才能取得双赢效果，不然对于强势品牌或弱势品牌都存在资产稀释作用（郭锐等，2010），这主要是因为消费者的品牌感知差异会损害原有的品牌知识（Lebar等，2006）。而现实中真正实力相当的合作对象比较少见，在合作双方中总是有一方较为强势或弱势一些，这可能导致组织合作议题对品牌资产产生抑制作用。

（7）市场竞争议题突出的是品牌为争取市场经济利益而展开的竞争，“市场”“品牌”是这一议题的核心关键词。市场经济是一种竞争经济，现代市场经济中的竞争主要体现为品牌竞争，品牌竞争又综合体现为产品、服务、价格等各方面基于供求和价值展开的竞争。市场竞争议题体现的渠道拓展、行业趋势、行业监管、产品或服务对比等反映了市场竞争的残酷，也反映了品牌生存的不易。这些激烈的竞争形势可能会使消费者产生对品牌的选择困难和对市场的不信任感，导致市场竞争议题对品牌资产产生抑制作用。

（8）股市行情议题突出的是股票市场的变化，关心的是利益相关者“股东”

行为及股东价值相关的“股票”变化。尽管一些研究指出，品牌价值与股价存在正相关、品牌价值能够预测股价，但关于股市行情的新闻报道只能满足部分消费者的个性化需求，大部分消费者更关心产品与品牌本身，不太关心品牌背后企业的股票交易和变化情况。因此，股市行情议题与品牌资产的关系不显著。

（9）品牌发展议题突出的是品牌的过往和未来，体现的是品牌的“业绩”“荣获”“未来”“布局”等，既包括对品牌已有发展成绩的宣传，也包括对品牌未来发展的计划。在新闻报道中传播品牌的发展历程和未来趋势是一种软性的品牌宣传，能够降低消费者对广告宣传的防御性和警惕性，是企业主动建构品牌形象、丰富品牌联想的有效方式。因此，品牌发展议题通过增进消费者的正面品牌态度，对品牌资产具有促进作用。

2. 二级议题与品牌资产的回归分析

为进一步分析二级议题与品牌资产的关系，继续以除股市行情 2 个二级议题外的其他 24 个二级议题情感指数作为自变量，对应的品牌资产作为因变量，采用逐步法进行多元线性回归分析。结果如表 4-4 所示，6 个二级议题进入了回归模型，且调整后的 $R^2=0.837$，F（6，38）= 38.648，$p<0.001$，具有统计学意义。这 6 个自变量的回归系数表明，员工管理（$\beta=0.721$，$p<0.001$）、品牌荣誉（$\beta=0.335$，$p<0.001$）、新品发布（$\beta=0.381$，$p<0.001$）、人事变动（$\beta=0.289$，$p<0.001$）4 个议题与品牌资产呈显著正相关关系；而兼并收购（$\beta=-0.222$，$p<0.01$）、竞品对比（$\beta=-0.203$，$p<0.05$）两个议题与品牌资产呈显著负相关关系。

表 4-4　二级议题与品牌资产的回归分析

自变量：二级议题	因变量：品牌资产		
	β	t	p
员工管理	0.721	11.686	0.000
品牌荣誉	0.335	5.309	0.000
新品发布	0.381	4.185	0.000
人事变动	0.289	4.215	0.000
兼并收购	-0.222	-3.426	0.001
竞品对比	-0.203	-2.182	0.035

模型摘要：$R^2=0.859$，调整后的 $R^2=0.837$
F（6，38）= 38.648，$p<0.001$

这 6 个二级议题中，员工管理和人事变动属于人力资源、品牌荣誉属于品牌发展、新品发布属于活动营销，都是与品牌资产显著正相关的一级议题；而兼并收购属于资本运营、竞品对比属于市场竞争，是与品牌资产显著负相关的一级议题。这一结果与上文的推导是吻合的，只是这6个自变量在与其他自变量同时作用的情况下发挥的单纯影响力更显著。

（1）员工管理议题突出了企业管理员工的方式，如党建工作、业务管理、员工活动等；人事变动议题突出了企业人事或架构的变化，如架构调整、高层入职或离职等。尽管这两个议题的使用比例不高，但对品牌资产具有促进作用，可能是因为有组织的人力资源管理能够提升品牌形象，增进消费者的品牌信任和购买意愿（Anselmsson 等，2016）。

（2）品牌荣誉议题突出了品牌获得的奖励，如行业奖励、行业排名、良好口碑。这些奖项对品牌的努力是一种肯定，对品牌营销宣传也是一份助力，帮助品牌树立相应的优势，进而对品牌资产具有促进作用。

（3）新品发布议题突出了品牌通过线上或线下发布新品的营销行为。不论是通过以活动为支撑的线下新品发布方式，还是以软文为主的线上新品发布方式，都能通过结合新品特点制造一定的新闻事件，从而增进消费者的品牌意识和品牌联想，因此对品牌资产具有促进作用。

（4）兼并收购议题突出了收购或并购的资本运营行为。中国品牌的收购行为大部分属于横向收购即同行收购，这种收购方式是企图通过共享企业基础设施和技术知识等加强规模经济，并通过收购竞争对手扩大市场份额；但收购之后的品牌整合过程却可能威胁到品牌资产各维度的变化，如两个品牌之间的形象相互迁移问题等都可能造成消费者的认知失调（Lee 等，2011），从而对品牌资产产生抑制作用。

（5）竞品对比议题突出了品牌与竞争对手之间的比较，这一议题强调比较对象和比较结果，甚至通过深度报道等方式来剖析竞争双方或多方的综合情况，从而帮助消费者更深入地了解竞争双方或多方的优劣。但对比过程中提供的诸多信息，不仅增加了消费者对该品牌的认知和知识，而且增加了对竞争对手的认知和知识，进而出现不同品牌在消费者心智中品牌资产的博弈，可能导致对品牌资产产生抑制作用。

四、小结与讨论

本章通过构建报道情感指数和议题情感指数来量化报道情感和报道内容，从新闻报道的报道量、报道情感、报道内容三方面分别与品牌资产进行回归分析发现：

报道量与品牌资产呈显著正相关关系，说明被报道越多的品牌其资产越高，而资产越高的品牌被报道也越多。报道情感与品牌资产的回归分析发现，正面报道与品牌资产呈显著正相关关系，正面报道通过正面词语将产品、理念、价值观等品牌信息传播于消费者，能够起到积极的品牌宣传作用。中性报道与品牌资产呈显著负相关关系，可能是过量的中性报道如一些广告软文、产品促销链接等介入到新闻报道中，增加了消费者的广告侵入感而影响了品牌资产。负面报道与品牌资产的关系不显著，可能是因为负面报道发挥了企业治理作用，或者现存的负面报道都是伤害程度较轻的一类，抑或是其他因素的干预。

报道内容与品牌资产的回归分析发现，生产管理、产品信息、活动营销（新品发布）、人力资源（员工管理、人事变动）、品牌发展（品牌荣誉）与品牌资产呈显著正相关关系。本书对此的解释为：生产管理议题增进消费者关于企业在制造、创新等方面能力的品牌联想，产品信息议题增进消费者关于品牌或产品的消费知识，活动营销议题通过有目的的活动事件提升品牌的知名度和美誉度，人力资源议题增进消费者关于品牌背后的人事管理等企业能力的联想，品牌发展议题增进消费者的正面品牌态度等原因使得关于这些议题的报道对品牌资产具有促进作用。资本运营（兼并收购）、组织合作、市场竞争（竞品对比）与品牌资产呈显著负相关关系，主要是因为相关品牌行为的报道内容与品牌形象的不契合导致，如兼并收购过程中的品牌间形象相互迁移、品牌联盟中的强弱不匹配等问题。股市行情及其他二级议题则与品牌资产的关系不显著。

已有文献为品牌价值链的三次转移提供了一定的实证证据，尤其大部分对品牌资产影响因素的研究多以消费者视角的品牌资产为因变量，直接用量表测量品牌资产，证明了各种品牌行为到消费者思维方式的第一次价值转移。而本书选择世界品牌实验室公布的品牌资产作为因变量，这一因变量不同于量表测量的消费者品牌资产，其计算方式既考虑了财务视角的业务收益，又考虑了品牌对收益的贡献程度，还采用市场调查的方式测量了消费者的看法，是一种综合视角的品牌资产。也就是说，本书所使用的因变量可以看作品牌价值链中三种品牌资产的融合。另外，选择新闻报道为自变量，新闻报道是品牌行为方方面面的综合体现，与以往单一地考虑某种品牌行为的研究有所不同。那么，新闻报道与品牌资产的关系研究结果可以看作是，运用网络新闻数据为品牌价值链理论提供了更广泛意义上的研究支持。

第五章　基于产品类别的品牌新闻报道研究

一、研究基础与问题

产品类别在许多品牌资产的影响因素研究中具有显著的调节作用，如品牌名称、包装、促销、来源国等，而且考虑到不同产品类别的品牌营销传播方式一般存在较大差异，本书将产品类别这一变量纳入新闻报道与品牌资产的关系研究中。

（一）产品分类方法

营销大师 Kotler 将产品定义为提供给市场以满足需要和欲望的任何东西。也就是说，产品应当是能够满足一定消费需求并能通过交换实现其价值的任何东西，包括一切有价值的实物、技术、体验、服务乃至观念等，只要市场愿意为其支付费用，即可纳入产品范畴。产品的分类方法有很多种，但主要是围绕实体、有形的产品展开，且主要是针对消费品的。

Copeland（1921）根据消费者的购买习惯及搜索产品所付出的努力程度，将产品分为便利品（Convenience Good）、选购品（Shopping Good）和特殊品（Specialty Good）。便利品指能够方便地从附近商店买到的产品，如肥皂、酱油等；选购品指消费者通常需要“货比三家”，对价格、质量和款式等产品属性进行思考而购买的产品，如家电、服装等；特殊品是指那些具有特殊吸引力的产品，需要消费者购买前收集较多产品信息进行比较，如奢侈品、汽车等。

Nelson（1970）根据信息特征将产品分为搜索品（Search Product）和体验品（Experience Product）。搜索品是指产品的主要信息特征在购买和使用前便能有所了解，通常是高度标准化的产品，如手机、电脑等；体验品是指消费者必须通过购买和使用后才能判断产品质量和适用性，往往具有主观性和不确定性，如香水、衣服等。搜索品和体验品的分法被广泛应用于在线购物、网络口碑等方面的研究中，如购买意愿、评论可信性、品牌社群等。

之后 Strahilevitz 和 Myers（1998）根据唤起的消费者情感状态将产品分为实用型和享乐型，这一分法首先根植于体验式消费研究，其次发端于消费者态度的实用和享乐维度。实用型产品强调功能和效果，可以帮助消费者达成某个具体目标或完成某个实际任务，强调客观标准，如按摩椅、U 盘等；享乐型产品能让消费者达到情感或感官上的愉悦享受，强调体验、乐趣、自我实现等，强调主观标准，如 CD、珠宝等。与前两种分法不同的是，实用型和享乐型并不是对立的，它们常常是一个产品的两面，只是每种产品在这两种属性上的权重不同。

Berger（1985）以消费者反应理论、层次效果模型为基础，将高、低卷入和理性、感性综合考虑，形成现在称为 FCB 方格的产品分类。在 FCB 的四象限方格中，第一象限为情感型产品（感性高卷入），如香水、汽车等；第二象限为资讯型产品（理性高卷入），如汽油、人身保险等；第三象限为习惯型产品（理性低卷入），如清洁液、缝衣针等；第四象限为满意型产品（感性低卷入），如贺卡、冰棒等。

另外，Faseur 和 Geuens（2012）根据研究需要进行产品分类，如公开场合使用的产品（Public Product），如衣服、汽车等，和私下使用的产品（Private Product），如牙膏、眼药水等；张燚等（2016）将产品划分为低价低技术、低价较高技术、较高价格较高技术和高价高技术四种类型进行研究。

综合以上的产品分类方法可以发现，常用的分类法都是依据消费品展开的，并未考虑工业品，也较少考虑服务这一无形产品。本书的产品分类综合以下三种分类思想以尽量全面地覆盖市面上的产品：①有形产品和无形产品（服务）；②消费品和工业品；③两种主要的消费品：快速消费品和耐用消费品。最终纳入研究的产品类型分别为快速消费品（以下简称快消品）、耐用消费品（以下简称为耐用品）、服务和工业品，下面进行简单的介绍。

（二）快消品

快消品（Fast Moving Consumer Goods，FMCG）是指那些消耗较快、需要不断重复购买的消费品，如食品饮料类、个人护理品类、家庭护理品类和烟酒类（秦勇，2015）。快消品有以下特点：①一般是人们日常生活中不可缺少的产品，与每个家庭和个人的生活息息相关，有着广泛的市场需求和消费群体；②在日常生活中被消耗较快，这意味着快消品的流通性很强，一经摆上货架则可能快速地离开货架，也就是说，消费者会频繁地购买快消品；③通常，其技术含量和市场准入门槛较低，容易被厂家生产出来，这也意味着快消品的价值一般不高；④不同品牌之间的快消品同质化程度较高，产品与产品之间的功能差别不大，容易被其他产品替换。

快消品的特点决定了消费者的购买习惯是简单、迅速、冲动和感性的。一方面，快消品随时面临着消耗和更换，消费者不愿意花费太多时间和精力去做快消品的购买决策，因此那些能够帮助消费者节约时间和经济成本的便捷购买方式容易获得青睐；另一方面，消费者对快消品的购买行为随机性较大，大多数时候属于冲动型购买，其购买决策随时可能受卖场氛围、产品包装、促销活动等因素影响而改变。这些都导致了消费者对于快消品品牌的忠诚度不高，当市场上十几种甚至几十种的竞品同时存在于货架上时，消费者很容易根据个人偏好和当时情境在同类产品中替换和改变。

由于快消品的需求很广泛加上生产较容易，这个行业的竞争者和潜在竞争者层出不穷，本土企业和跨国企业都在积极抢占市场份额，形成了激烈的竞争局面。快消品行业的“3 个月规律”反映出其残酷的竞争局面，即一个新品牌若 3 个月内未取得销量突破，那么其可能从市场竞争中退出。同质化产品的现状加上消费者的购买习惯促使快消品行业进入品牌运营和多元化营销的竞争阶段。在品牌运营方面，快消品品牌需要把握消费者需求并结合自身优点进行品牌精准定位，通过塑造产品之间的差异获得竞争优势，并与消费者建立起品牌信任和品牌忠诚。在多元化营销方面，针对消费者的冲动购买习惯，快消品品牌倾向于通过活动推广方式来刺激消费者的购买欲望，如各大商场的周末促销活动，这种零售终端市场活动的频率与力度往往直接影响产品的销售成绩。而针对消费者的感性购买习惯，快消品行业的包装营销颇受欢迎，如可口可乐的歌词瓶、江小白语录酒瓶、旺仔牛奶民族罐等都是通过创新的包装方式吸引消费者的注意力和增强消费者的购买欲望。

（三）耐用品

耐用品（Durable Consumer Goods，DCG）是指那些使用寿命较长（一般在 1 年以上）、重复消费率低的消费品，如家电、家具和汽车等（胡介埙，2015）。在不同国家以及不同时期所指的耐用品不完全相同，耐用品是一个动态概念，取决于生产水平和生活水平提高的程度（周彦文，1990）。例如，服装在物资匮乏时期是耐用品，但随着物质水平的提高，现在人们在服装上的购买频率和使用周期发生明显变化，服装逐渐过渡为一般消费品，甚至是快消品。在产品特点方面，一是耐用品比快消品的技术复杂很多、生产成本较高、售价相对较高；二是耐用品的消费人群不如快消品广泛，其使用周期较长意味着消费者不需要频繁购买。

改革开放40多年来，我国城镇居民在耐用品方面的支出越来越大，耐用品在人们生活中的重要性也越来越明显。因为耐用品消费能够反映人们消费水平和结构的变化，其已成为衡量人们生活水平和质量的重要标志（蒋红云和尹清非，2018）。消费者在购买耐用品的过程中呈现出一些特点：①消费者的购买行为相对理性和谨慎，购买决策过程较为复杂。何志毅（2005）指出，消费者购买耐用品考虑的因素包括价格与服务、品位与品牌、感觉与个性、科技与时尚、质量与功能、他人认可。因此，消费者常常投入许多时间和精力对耐用品进行货比三家来辅助决策。②消费者对于耐用品的消费具有顺序性。与吃、穿等生存资料同时进入消费顺序所不同的是，在收入水平一定的情况下，消费者在购买耐用品时，通常优先考虑满足基本生活需要的耐用品，如家庭考虑电视、冰箱、洗衣机、空调等，个人考虑手机、笔记本电脑等，然后才考虑享受和发展型耐用品如汽车、健身器材、乐器等。③耐用品需求变化的弹性较大。一方面，受到消费者收入的影响较大，只有当消费水平达到一定程度，人们才买得起特定的耐用品，因此耐用品与消费者的购买能力紧密相连；另一方面，消费者对耐用品的选择性较强，往往持币待购，等候符合自身需求的新产品，并不急于购买已有产品。

耐用品不仅为消费者提供丰富持久的功能价值，还能够带给消费者显著的象征价值，因此耐用品品牌销售的不仅是一个产品，更是一个能够持续为消费者提供积极情绪的刺激物。在品牌运营方面，耐用品通常是用来提高消费者生活质量的物品而非必需品，因此耐用品品牌更强调产品带来的功能价值和象征价值的双重利益，如许多汽车和家具的广告诉求。在市场营销方面，因为耐用品的技术含量较高，通过简短的广告并不能完整地传播产品信息，积极搭建与消费者的沟通平台是耐用品品牌营销的重要方式。例如，积极地进行终端建设，使终端能够尽可能多地进行产品的生动化演示和展示，从而增加消费者的产品知识进而唤起消费需求，典型的终端建设方式如汽车品牌的4S店能够让消费者直接体验驾车感受、大卖场中的电视机销售区会滚动播放能够突出屏幕技术的视频等。

（四）服务

产品可以指代一切有价值的东西，包括有形产品和无形服务，但这两者是不能完全分开的，大多数企业提供的产品既包含有形产品，也包含无形服务。Kotler将有形产品和无形服务组合成的产品分为四类：①纯有形产品，如肥皂、糖果等没有附带服务的产品；②附带服务的有形产品，如笔记本电脑一般包括良好的售后服务；③伴随少量产品的服务，如航空公司的客运服务，不仅提供运输服务，还提供飞机上的食品饮料等；④纯无形服务，如心理咨询、律师服务等（余呈先和魏遥，2015）。广义的服务产品包括派生性服务产品和专业性服务产品，派生性服务产品指服务在整体产品中不占主导地位，而是依附于有形产品存在，为促进有形产品销售而提供的消费者服务；专业性服务产品则指一系列专为消费者解决问题或为消费者带来某种利益和满足的无形活动，其核心利益来自这些无形的成分（张晓艳和徐艳华，2016）。本书所涉及的服务为狭义的服务产品，仅指专业性服务产品。将日常生活中接触较多的服务产品，按照无形成分和有形成分的比重大小可降序排列为：心理咨询、法律服务、教学服务、医疗服务、航空旅行、快餐服务、美容服务、汽车维修（舒伯阳，2016）。

服务与产品有着显著的差别，其主要特点表现在四个方面（Zeithaml 等，1985），同时也是这四个特点使消费者形成对服务独特的消费习惯：①无形性。服务是一种执行的活动，使得消费者很难在购买前真实触摸到“产品”，企业在销售服务时只能通过描述的方式展示“产品”。②异质性。产品大多是固定且标准化的，同样的服务尽管也能通过标准化方式达到高度相似，但随着提供服务的人或时间不同依然存在差别，即使同一人服务也会有品质上的区别。③不可分割性。比起产品能够通过工厂事先加以生产，服务则是直接在消费现场“生产”，即在服务者与消费者同时在场的情况下，服务生产与消费同时发生。④不可储藏性。服务不能像产品那样存储和囤货，也使得服务行业在需求波动过程中较难平衡供给与需求。

卫海英和雷超（2010）的研究证明，比起有形产品，品牌资产对无形服务更重要，消费者在选择服务时更重视品牌。服务的四个特点对服务品牌建设提出了几点要求：①服务的无形性和异质性使服务行业在品牌建设方面最重要的问题是建立消费者的品牌信任；②服务的不可分割性要求服务行业需重视与消费者的高度互动；③服务的不可储藏性则要求服务品牌与消费者建立长久密切的往来关系，以及时预测消费者的服务需求。目前，学界主要形成两种服务品牌建设理论，一种以体验为核心，另一种以关系为核心。以体验为核心的品牌建设理论认为，服务品牌需要为客户提供独特、持续、一致的服务体验来培育强势品牌（Berry，2000），品牌应该在与消费者的个性化体验相结合的过程中共创价值（Prahalad 和 Ramaswanny，2004）；以关系为核心的品牌建设理论认为，服务品牌与关系营销具有高度的适宜性，这是因为服务品牌的选择风险和转换成本较高，因此关系营销作为一种补充工具能够促使品牌起到降低风险和帮助消费者建立认知一致性及心理满意的作用（De Chernatony 等，2004）。Brodie 等（2006）从品牌关系出发，提出品牌—关系—价值的服务品牌关系理论。总之，服务的这些特点促使服务行业形成以体验和关系为主的品牌建设方法。

（五）工业品

广义的工业品是指工业部门生产的所有产品及提供的相关服务，狭义的工业品是相对一般消费品而言的，主要是指用于社会再生产领域的产品和服务。本书所涉及的工业品即为狭义的工业品，其按照产品用途进行界定，一般由企业、政府及其他机构（如学校、医院或其他社会机构）等组织购买。Kotler 按照相关成本和进入生产过程的方式将工业品分为原材料和零部件、资本项目、补给品和商业服务。因此，工业品的特点主要在于与消费品的比较而言：①购买者不同。消费品的购买者一般为个人消费者，也即最终消耗该产品的消费者；而工业品的购买者是组织购买者。②用途不同。消费品属于生活资料，为最终消费者所消耗；而工业品属于生产资料，主要用于再生产或其他商业用途。③生产需求不同。消费品由最终消费者的需求决定，而工业品由最终消费者对生产或服务的需求衍生而来。

工业品市场也具有一定的购买特点。首先，工业品的目标客户较为集中，客户数量少但单个客户购买量很大，这导致买卖双方的依赖性较强，买卖关系不易建立也不易解除。其次，工业品的采购一般涉及金额较大，所以采购过程的参与人较多、决策过程比较复杂、决策周期也较长；如企业的产品部、采购部、研发部甚至管理人员等都可能参与到采购决策的讨论中，有时采用公开招标的方式进行决策。再次，工业品的采购专业性较强，采购方会在市场考察、产品选择、合作执行等多个环节安排专业人员把关以保证产品质量和使用安全。最后，工业品采购之后，双方的合作周期还很长，双方的合作稳定性受到多方面因素影响，如供货速度、货款结算等，因此，采购方非常重视供应商的实力和信誉，有时采购方决策人员与供应商的关系是否密切也对双方合作起到影响作用。

大多数营销理论都是围绕消费品展开的研究，对于工业品营销的适用性较低。同时，工业品行业对于品牌营销的重视程度并不够，这主要体现在营销团队能力不足、营销观念落后、未关注品牌建设等方面。目前，灰色营销盛行的关系至上论、公关重于品牌的品牌无用论、滥用价格战术的价格调控论等落后的营销状况都不利于工业品行业的健康发展（姜天和赵静，2018）。因为工业品的客户类型和使用目的都与消费品不同，重视公关关系确实是工业品营销中的重要部分，但提供持续优质的产品和服务才是树立工业品品牌形象的关键。在日常营销中，工业品营销仍然可以借鉴消费品营销的部分方式，如消费品经常通过大众媒体进行广告宣传以获得消费者的注意，而工业品则可以通过一对一沟通或者特定的专业媒体对目标客户进行有针对的宣传。与理论研究得不到足够重视相对的是，现实中工业品行业所创造的份额在全部经济活动中占据着非常大的比重（严家明和李生校，2013）。因此，学界和业界都需加强对工业品品牌营销的探索。

四类品牌的产品特征和消费者购买习惯存在差异，导致它们的品牌行为方式存在差异，进而导致新闻报道的内容有所不同，即使执行同一类型的品牌行为，也可能因为侧重点不同而使报道内容不同，进而使得新闻报道与品牌资产的关系呈现不同特征。因此，提出问题：

Q6：四类品牌的新闻报道内容各有什么偏重？是否存在差异？

Q7：四类品牌的新闻报道分别与品牌资产的关系如何？

二、研究方法与过程

本章将产品类别这一变量纳入品牌的新闻报道研究，这阶段的研究对象与资料、研究方法、样本处理步骤分别与第二章相同，数据处理与第二章和第四章相同，但样本选择及编码过程有所不同。

（一）样本选择、下载与处理

本章基于如下条件从世界品牌实验室发布的《中国500最具价值品牌》中选择样本：①样本属于企业品牌，即品牌名称与企业名称相同的品牌。这是考虑到非企业品牌如恒安集团的心相印，若组合分析母品牌与子品牌会加大数据分析难度，且分析对象不聚焦；若只分析子品牌会导致包含的议题不全面。经统计，在2018年中国品牌500强中，82%的品牌为企业品牌，所以如此抽样具有代表性。②剔除产品类别存在歧义或不能准确判断产品类别的行业，如纺织服饰、鞋业等行业随着人们物质生活水平的提高，逐渐从耐用品过渡为快消品；如电池同属于消费品和工业品、环保服务同属于服务和工业品等。③剔除报道量少于30条或名称有歧义的品牌样本。对满足以上三个条件的品牌样本按照快消品、耐用品、服务和工业品进行分类，在每一类中随机抽样30个，其中符合条件的工业品样本总共只有27个。最终选定的品牌样本如表5-1所示，这些样本的行业包括食品饮料、日化、医药、保健品等快消品行业，家电、家具、地产、汽车、通信电子、钟表、珠宝等耐用品行业，餐饮、航空、金融、零售、旅游、通信、信息技术等服务行业，以及钢铁、机械等工业品行业。

表 5-1 基于产品类别的样本清单

编号	品牌	产品类别	主营行业	报道量（条）	累积品牌资产（亿元）	
					2018 年	2019 年
1	茅台	快消品	食品饮料	4332	1652. 72	2185. 15
2	伊利	快消品	食品饮料	1838	530. 35	662. 74
3	蒙牛	快消品	食品饮料	1144	445. 29	533. 61
4	五粮液	快消品	食品饮料	1133	1607. 19	2165. 98
5	康师傅	快消品	食品饮料	796	327. 12	399. 72
6	老干妈	快消品	食品饮料	794	123. 56	146. 87
7	青岛啤酒	快消品	食品饮料	475	1455. 75	1637. 72
8	东阿阿胶	快消品	医药	429	257. 08	313. 95
9	汤臣倍健	快消品	保健品	418	102. 54	132. 67
10	张裕	快消品	食品饮料	417	159. 07	222. 85
11	娃哈哈	快消品	食品饮料	416	456. 28	501. 37
12	香飘飘	快消品	食品饮料	391	23. 52	26. 56
13	水井坊	快消品	食品饮料	345	147. 12	173. 57
14	洽洽	快消品	食品饮料	303	72. 82	83. 91
15	稻香村	快消品	食品饮料	285	169. 72	203. 66
16	飞鹤	快消品	食品饮料	276	199. 72	373. 68
17	农夫山泉	快消品	食品饮料	266	218. 87	284. 86
18	佰草集	快消品	日化	241	61. 78	74. 13
19	三只松鼠	快消品	食品饮料	239	101. 98	117. 69
20	燕京啤酒	快消品	食品饮料	201	1106. 65	1216. 97
21	哈药	快消品	医药	171	182. 42	201. 95
22	好利来	快消品	食品饮料	162	73. 02	84. 32
23	合生元	快消品	食品饮料	157	145. 27	171. 08
24	维达	快消品	生活用纸	130	120. 72	162. 57
25	九芝堂	快消品	医药	129	56. 87	65. 12
26	剑南春	快消品	食品饮料	107	378. 29	452. 62
27	完达山	快消品	食品饮料	106	328. 69	366. 18
28	百雀羚	快消品	日化	100	112. 37	86. 92
29	劲牌	快消品	食品饮料	87	106. 61	129. 87
30	立白	快消品	日化	76	152. 64	183. 16

续表

编号	品牌	产品类别	主营行业	报道量（条）	累积品牌资产（亿元）	
					2018 年	2019 年
31	华为	耐用品	通信电子	14177	3215. 63	3486. 76
32	小米	耐用品	通信电子	11044	431. 89	522. 39
33	中国一汽	耐用品	汽车	10314	2716. 27	3008. 36
34	东风	耐用品	汽车	10220	1292. 38	1489. 25
35	比亚迪	耐用品	汽车	9578	317. 61	403. 78
36	奇瑞	耐用品	汽车	8816	218. 94	257. 94
37	上汽	耐用品	汽车	7581	2213. 63	2345. 67
38	万科	耐用品	地产	7018	612. 81	620. 16
39	海尔	耐用品	家电	4333	3502. 78	4075. 85
40	海信	耐用品	家电	3813	455. 92	536. 97
41	格力	耐用品	家电	3015	1324. 37	1536. 74
42	华帝	耐用品	家电	2241	64. 55	86. 65
43	创维	耐用品	家电	2167	352. 86	423. 43
44	长虹	耐用品	家电	1196	1459. 65	1572. 89
45	奥克斯	耐用品	家电	713	198. 22	282. 61
46	周大福	耐用品	珠宝	515	628. 15	665. 28
47	保利地产	耐用品	地产	480	313. 98	306. 61
48	九阳	耐用品	家电	473	151. 64	181. 97
49	潮宏基	耐用品	珠宝	365	209. 87	251. 84
50	老凤祥	耐用品	珠宝	301	301. 58	313. 14
51	富力地产	耐用品	地产	240	305. 84	288. 57
52	三棵树	耐用品	建材	237	195. 18	239. 85
53	隆鑫	耐用品	摩托车	171	66. 08	80. 63
54	宗申	耐用品	摩托车	158	75. 46	86. 17
55	雷士照明	耐用品	照明电器	143	257. 66	326. 95
56	欧普照明	耐用品	照明电器	131	180. 12	216. 15
57	嘉宝莉	耐用品	建材	100	187. 08	224. 76
58	飞亚达	耐用品	钟表	71	71. 94	83. 45
59	依波	耐用品	钟表	49	111. 95	137. 58
60	诗尼曼	耐用品	家具	30	51. 36	70. 28
61	苏宁	服务	零售	9132	2306. 28	2691. 98

续表

编号	品牌	产品类别	主营行业	报道量（条）	累积品牌资产（亿元）	
					2018年	2019年
62	工商银行	服务	金融	6844	3345.61	4156.79
63	腾讯	服务	信息技术	6037	4028.45	4067.25
64	京东	服务	零售	4394	689.76	1062.72
65	中国银行	服务	金融	5973	2651.18	2689.37
66	中国移动	服务	通信服务	4226	2122.45	2153.45
67	中国电信	服务	通信服务	2987	1326.29	1526.23
68	中国联通	服务	通信服务	2853	456.28	536.84
69	东方航空	服务	航空服务	2646	434.89	453.46
70	南方航空	服务	航空服务	2571	1235.72	1421.07
71	顺丰速运	服务	物流	2238	210.58	375.82
72	四川航空	服务	航空服务	1340	345.29	450.62
73	永辉超市	服务	零售	1446	199.62	275.47
74	中国平安	服务	金融	1365	1448.12	1572.08
75	中国人寿	服务	金融	1336	3253.72	3539.87
76	国航	服务	航空服务	1322	1452.95	1678.76
77	海底捞	服务	餐饮	1321	96.97	127.64
78	阿里巴巴	服务	信息技术	1229	2705.92	2865.17
79	红星美凯龙	服务	零售	977	188.36	792.06
80	兴业银行	服务	金融	933	364.58	426.53
81	百度	服务	信息技术	833	1342.75	1512.26
82	国旅	服务	旅游服务	325	708.72	816.95
83	华夏保险	服务	金融	303	170.45	233.76
84	中青旅	服务	旅游服务	297	202.85	241.64
85	阳光保险	服务	金融	175	186.82	235.61
86	众信旅游	服务	旅游服务	171	123.76	148.51
87	首旅集团	服务	旅游服务	170	584.97	701.96
88	全聚德	服务	餐饮	138	221.15	258.12
89	青岛银行	服务	金融	126	72.68	105.89
90	联华超市	服务	零售	61	198.45	236.24
91	徐工	工业品	机械	1609	602.18	713.65
92	中国中车	工业品	机械	1321	1205.73	1213.75

续表

编号	品牌	产品类别	主营行业	报道量（条）	累积品牌资产（亿元）	
					2018 年	2019 年
93	鞍钢	工业品	钢铁	722	635.28	765.58
94	中联重科	工业品	机械	562	585.73	701.98
95	沙钢	工业品	钢铁	498	351.71	405.08
96	中国航天科工	工业品	航天防务	443	935.78	1216.69
97	上海电气	工业品	机械	434	705.68	812.76
98	玉柴	工业品	机械	389	415.98	505.69
99	宝武	工业品	钢铁	351	686.15	786.58
100	正泰	工业品	机械	338	312.39	373.61
101	临工	工业品	机械	328	280.56	336.67
102	山推	工业品	机械	319	57.99	69.58
103	中国建材	工业品	建材	259	735.86	1012.75
104	雷沃	工业品	机械	259	581.95	688.75
105	太钢	工业品	钢铁	217	186.61	222.82
106	海螺水泥	工业品	建材	213	435.49	487.26
107	潍柴动力	工业品	机械	191	324.98	415.21
108	中国常柴	工业品	机械	150	73.13	84.79
109	东方电气	工业品	机械	137	352.57	403.83
110	忠旺	工业品	铝加工	127	111.37	133.64
111	华新水泥	工业品	建材	125	455.86	556.29
112	北新建材	工业品	建材	121	582.18	698.68
113	亨通光电	工业品	机械	110	247.69	253.05
114	湘电	工业品	机械	108	187.92	208.15
115	人民电器	工业品	机械	59	367.08	451.36
116	许继	工业品	机械	45	146.11	172.81
117	中天钢铁	工业品	钢铁	48	208.16	253.12

注：117 个品牌基于以上样本标准进行选择，其产品类别来自研究者根据主营行业判断，主营行业来自《世界 500 最具价值品牌》排行榜提供的主营行业，报道量来自下载清洗后的数据，累积品牌资产来自 2018 年和 2019 年排行榜中提供的品牌价值数据。

确定以上品牌样本后，采用本书课题组自行开发的百度新闻标题爬虫软件下载品牌样本的 2018 年新闻标题，下载工作全部于 2019 年 1 月完成，经过数据清洗后共有177130条有效新闻标题。然后按照第二章的“样本处理步骤”进行样本处理。

（二）编码、变量测量与计算

117个样本各自形成一定数量的模块，每个模块都由一定数量的关键词构成的词簇表示。本节的编码工作与一般的内容分析编码相同，由除笔者外的两位博士生独立完成。两位编码员按照议题定义、表2-3及附录中已编码完成的模块作为编码依据，将所有模块分别编码为相应的一级议题和二级议题；它们的总体信度达到0.91，每个二级议题的信度都在0.85以上。再由笔者与两位编码员组成的共同编码小组对编码不一致的模块进行讨论和统一编码。编码完成后，按照第二章和第四章的报道量、议题比例、报道情感指数、议题情感指数和品牌资产的测量方式量化数据，并进行描述分析、方差分析、回归分析。

三、研究结果

（一）四类品牌的议题比例分析

1. 四类品牌的议题比例描述分析

以双层饼图分别呈现快消品、耐用品、服务和工业品四类品牌的议题比例，并进行内部比较，可以比较直观地看出每类品牌的重点报道议题。

（1）快消品品牌。其新闻报道的议题比例如图5-1所示。

1）活动营销议题比例在一级议题中最高（达33.95%），其他营销活动议题比例在二级议题中最高（达22.55%），这符合快消品品牌注重活动营销推广的现状。消费者对于快消品的购买习惯是简单、迅速、冲动、感性的，它们很容易受到零售终端市场活动的影响，因此快消品品牌举办多样化的线上或线下活动有利于提升品牌知名度、塑造品牌形象，进而快速地转化为销售成绩。

2）品牌发展议题比例（23.20%）紧随其后，其下属的品牌业绩、品牌规划和品牌荣誉3个二级议题的比例较为突出，这体现了快消品品牌倾向于将所获得的成绩和未来规划向外公布。品牌发展议题是品牌主动建构品牌形象、丰富品牌联想的有力手段，这一议题呈现出品牌欣欣向荣的发展势头。

3）市场竞争的议题比例（13.00%）较高，这是因为快消品行业的技术含量和准入门槛较低、产品同质化程度较高，加上外资企业的积极进入，造成了我国快消品市场的激烈竞争局面。另外，市场环境议题比例（9.15%）较大，反映了快消品行业的生存环境较为恶劣，尤其快消品打击假货类的事件常见于报道不利于快消品品牌的形象建立。

4）股市行情的议题比例为 10.30%，这主要是因为股市波动的议题比例（8.37%）较大。这种泛信息化的新闻报道为受众提供了更多实用信息，也是新闻价值的实用性取向在快消品品牌报道中的体现。

5）其他 5 个一级议题的比例在 3.5%～4.82%；其他二级议题的比例也较低，尤其是员工管理、政府合作、新人招聘等议题的比例接近零，这可能是因为快消品品牌在这些方面的报道事件较少，也可能是因为没有获得相应的媒体关注。

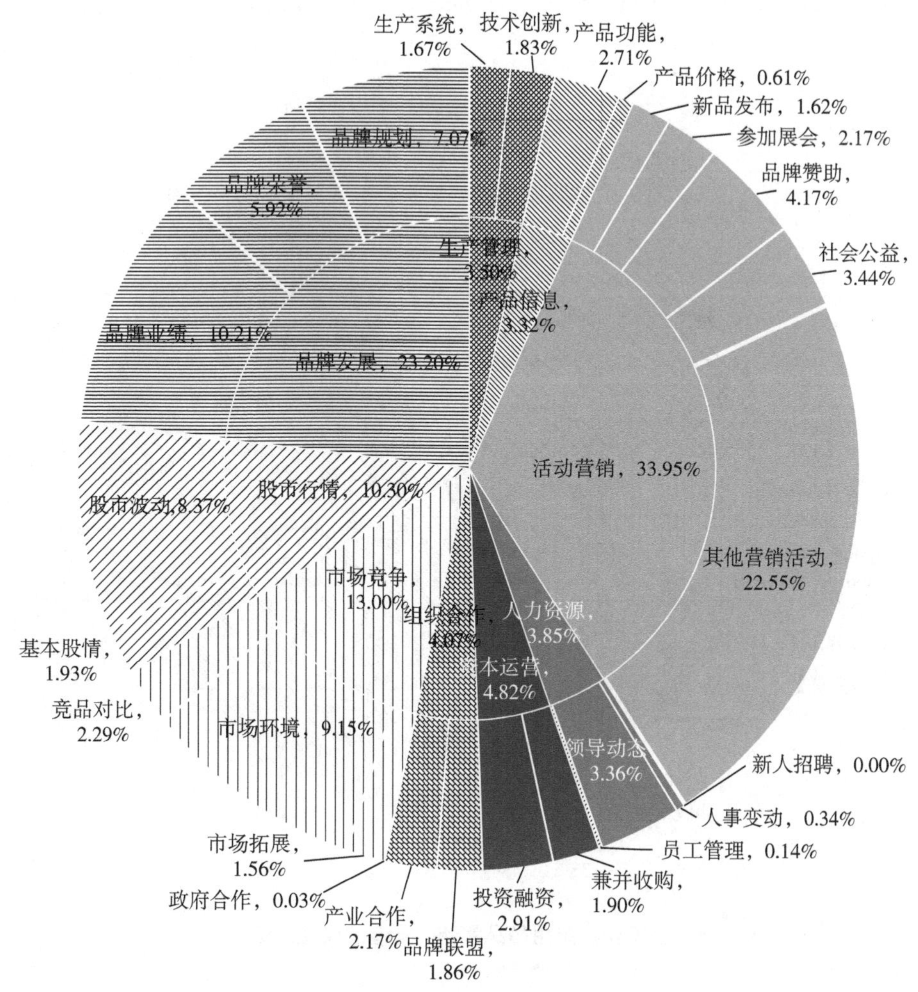

图 5-1　快消品品牌新闻报道的议题比例

(2) 耐用品品牌。其新闻报道的议题比例如图 5-2 所示。

1) 活动营销议题比例在一级议题中最高(达 33.40%),其他营销活动议题比例在二级议题中最高(达 21.91%),另外,新品发布议题比例达到 7.15%,这体现出耐用品品牌经常推出新品的营销现状。尽管耐用品的使用年限较长,但其技术含量较高、技术进步较快;企业倾向于通过加速产品的更新换代促进销量、扩大市场份额;通过线上或线下的发布方式将新品信息告知消费者,这是耐用品品牌常用的营销手段。

2) 品牌发展议题比例(19.13%)紧随其后,但更偏向于品牌业绩和品牌规划 2 个二级议题。在品牌规划议题中,耐用品品牌从提高消费者生活质量的角度出发,将"物联网""智能"制定为品牌的主要发展方向。

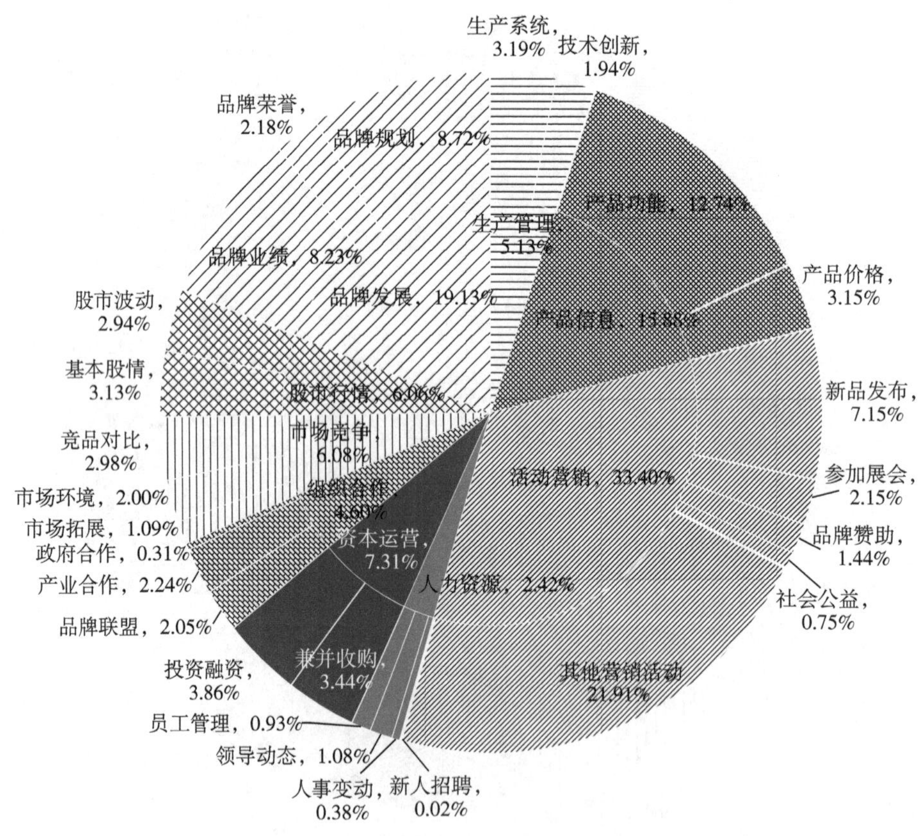

图 5-2 耐用品品牌新闻报道的议题比例

3) 产品信息议题是耐用品品牌被报道较多的议题(15.88%),这主要是由于耐用品的技术含量较高、更新换代较快，因此，耐用品品牌经常通过新闻报道来详细说明产品的升级和改进之处，为消费者提供产品特点、性能、配置、使用方法等与产品有关的信息。

4）其他6个一级议题的比例在2.42%~7.31%，其他二级议题的比例较低，尤其是员工管理、社会公益、人事变动、政府合作、新人招聘这几个议题的比例低于1%，这是新闻媒体对耐用品品牌关注较少的议题。

（3）服务品牌。其新闻报道的议题比例如图5-3所示。

1）生产管理议题比例在一级议题中最高（达21.45%），生产系统比例在二级议题中最高（达17.75%），这可能是由服务的不可分割性导致的。服务通常是直接"销售"给消费者，其生产与消费同时发生，如餐饮店的上菜和就餐服务、航空公司的乘机和飞行服务、银行的办卡和汇款服务等，都是在品牌与消费者的互动中完成服务的生产制造过程，因此服务创造过程的相关报道便最多。

2）品牌发展议题比例（16.99%）紧随其后，同样偏向于品牌业绩和品牌规划两个二级议题。在品牌规划议题中，服务品牌主要从使消费者更便捷和舒适地享受服务的角度出发，以提升服务质量、创新服务方式从而提供更加人性化的服务为宗旨制订品牌发展计划。

3）同样，活动营销议题及下属的其他营销活动议题是服务品牌被报道较多的议题（分别为14.92%和8.25%）。服务品牌的营销活动重在消费者体验从而提升消费者价值，这是因为服务的无形性和异质性决定了消费者只有在真实参与服务流程中才能对服务质量有完整确切的感知，而体验式营销活动则有助于消费者真实体验服务过程。

4）8.52%的投资融资议题和5.67%的产业合作议题，使服务品牌的资本运营议题和组织合作议题被报道较多，这两个议题说明服务品牌倾向于频繁与外界沟通，或进行金融的交易往来、或进行业务的合作互助，从而拓展品牌的经营版图。

5）其他4个一级议题的比例在1.78%~9.17%。产品信息的议题比例低于2%，主要是因为服务品牌的有形产品较少，这少量的产品信息议题主要涉及电脑游戏的操作指南、通信公司的话费套餐说明、银行的黄金价格和机票的价格信息等。另外，9.17%的市场竞争议题体现出服务品牌的竞争较为激烈。

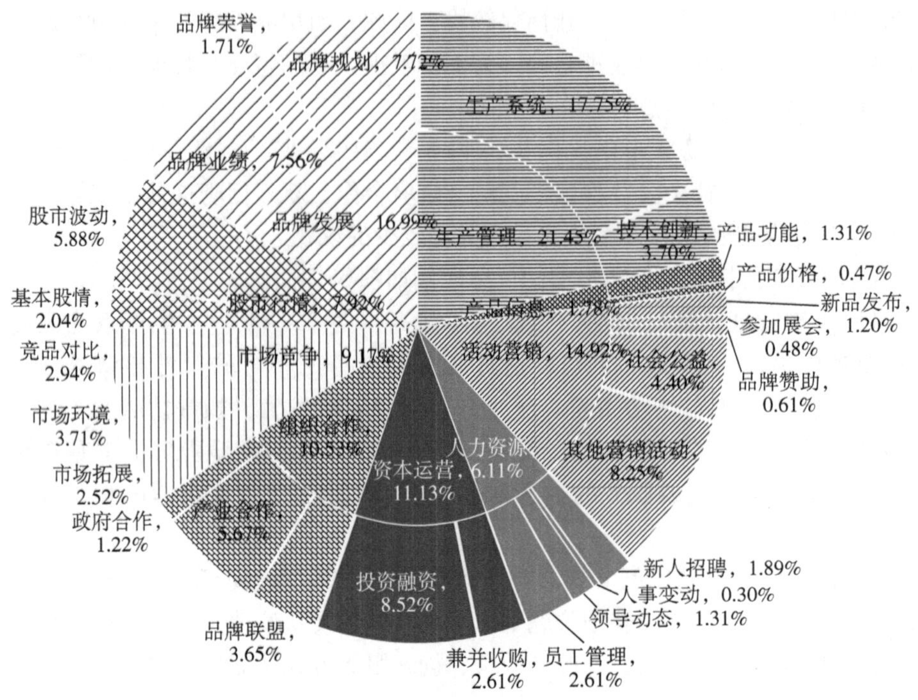

图 5-3　服务品牌新闻报道的议题比例

（4）工业品品牌。其新闻报道的议题比例如图 5-4 所示。

1）股市行情议题比例在一级议题中最高（达 20.81%），股市波动议题比例在二级议题中最高（达 15.97%）。一方面，工业品行业是为国民经济各部门提供基础生产资料的行业，其发展规模和技术水平是体现国力的重要标志；股市是国民经济的晴雨表，新闻媒体对于工业品行业的股市行情更为关注。另一方面，体现出新闻媒体对于工业品品牌其他行为的关注少于股市表现。

2）品牌发展议题比例（17.75%）紧随其后，但更偏向于品牌业绩议题。作为国民经济的支柱行业，新闻媒体对于工业品品牌的净利润等财务指标的关注多过其在其他方面的表现。

3）生产管理及其两个二级议题生产系统、技术创新都是工业品品牌被报道较多的议题（分别为 15.38%、9.54%和 5.84%）。工业品是实现社会扩大再生产的物质基础，只有工业品生产和技术的不断进步，才能促进后续消费资料生产的发展，这符合生产资料生产优先增长的一般规律（刘熙钧，2015）。因此，不管是加大固定资产、基地建设、生产计划等方面的投入，还是加强生产、工艺、产品等方面的创新力度，都是工业品品牌注重自身生产管理进步的体现。

4）6.47%的产业合作议题和6.08%的其他营销活动议题，使工业品品牌的组织合作议题和活动营销议题被报道较多。这说明工业品品牌逐渐更新营销观念与方式，正在慢慢改掉不重视营销的习惯，摒弃品牌无用论的思想，努力探寻工业品品牌建设的方法。

5）其他4个一级议题的比例在4.41%~6.43%。总体而言，工业品品牌的议题比例比前三类品牌的分布均衡。二级议题中，新品发布和人事变动的议题比例都低于1%，竞品对比和新人招聘的议题比例为0，这些都是工业品品牌较少被报道的议题。

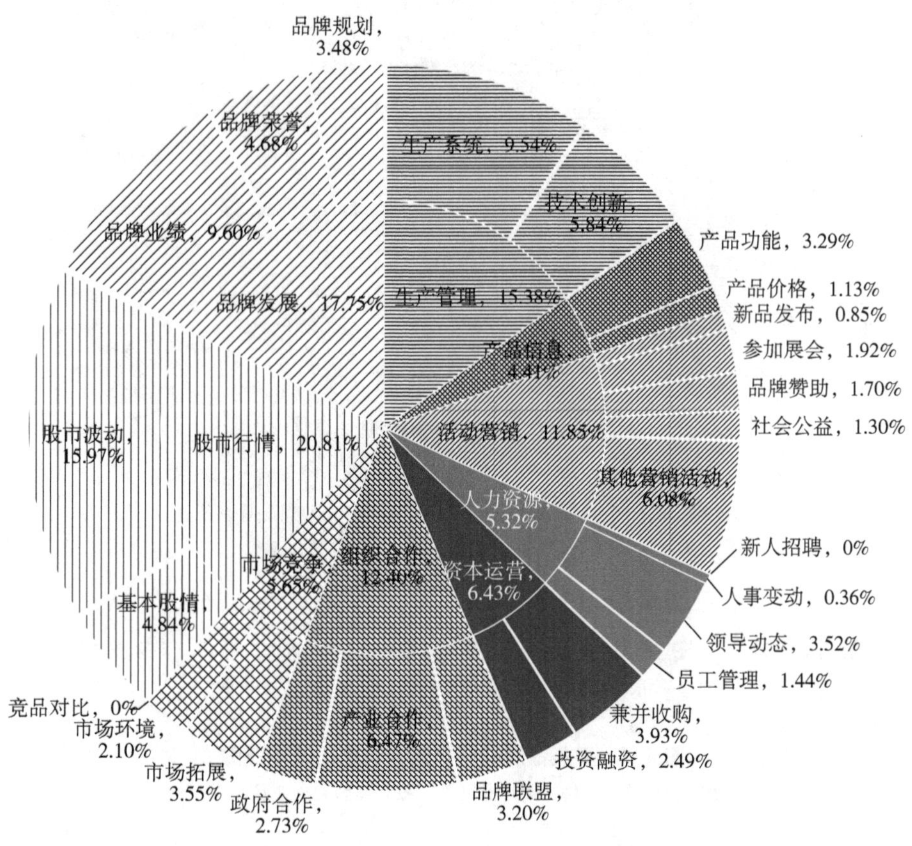

图5-4　工业品品牌新闻报道的议题比例

2. 四类品牌的议题比例差异分析

将四类品牌的一级议题比例制成图5-5，从图中能够比较直观地发现，在四类品牌中，快消品品牌的活动营销议题、耐用品品牌的产品信息议题、服务品牌的生产管理议题、工业品品牌的股市行情议题等最多，但需要通过方差检验来判断这些结果是否具有统计学意义。

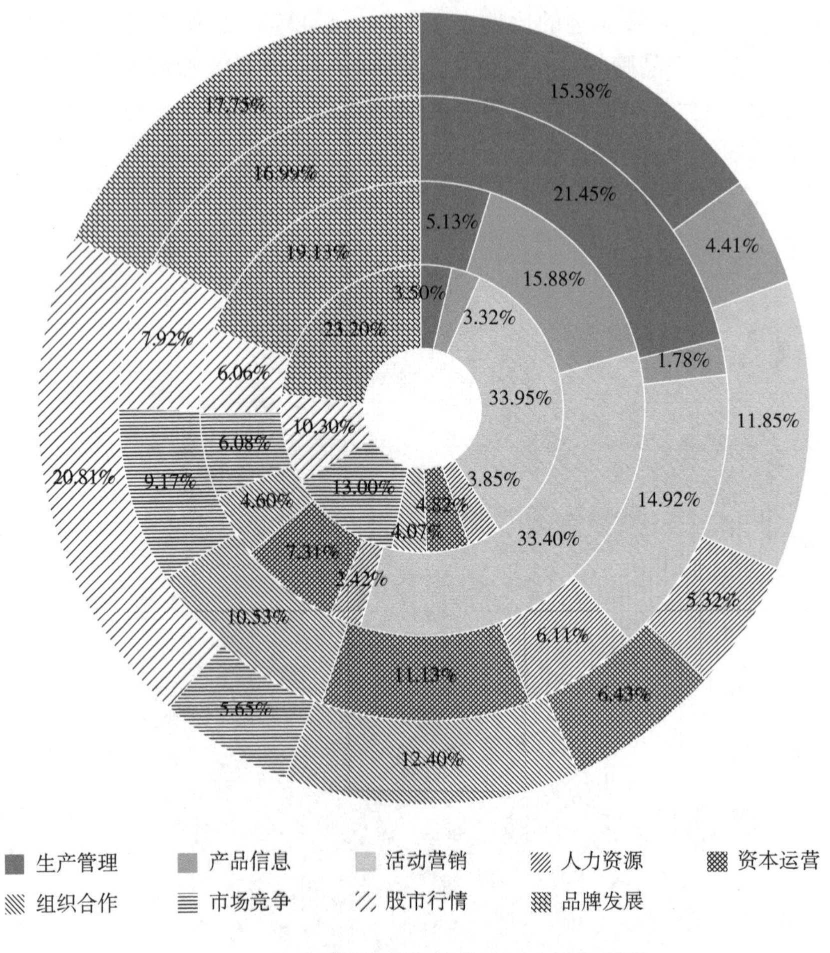

图 5-5 四类品牌新闻报道的议题比例环形图

注：从内环到外环依次为快消品品牌、耐用品品牌、服务品牌和工业品品牌。

下面将对四类品牌的每一种议题按照比例进行方差检验，并根据是否符合方差齐性的原则采取不同的检验方法处理：若数据符合方差齐性（即 Levene 统计量>0.05），则采用 F 检验进行方差分析，并结合 LSD 法进行两两比较分析；若数据不符合方差齐性（即 Levene 统计量≤0.05），则采用 Welch 检验进行方差分析，并结合 Dunnett's T3 法进行两两比较分析。Welch 分布近似 F 分布，且

Welch 检验对方差齐性没有要求，所以当数据不符合方差齐性时，Welch 检验比 F 检验更稳妥（张小山，2010；董海军，2015）。

（1）生产管理议题。四类品牌在生产管理议题上的比例均值、标准差、方差分析和两两比较结果如表 5-2 所示。总体来看，生产管理、生产系统和技术创新 3 个议题的方差都不符合齐性要求，因此采用 Welch 检验；结果显示，四类品牌在生产管理［Welch（3，113）= 15.180，p<0.001］和生产系统［Welch（3，113）= 12.051，p<0.001］两个议题具有显著性差异，而在技术创新议题差异不显著。进一步采用两两比较分析 Dunnett's T3 法，具体分析如下：

表 5-2　四类品牌生产管理议题的方差分析和两两比较

议题	比例均值和标准差（%）				方差齐性检验	F 检验	Welch 检验
	快消品	耐用品	服务	工业品			
生产管理	3.50 (4.91)	5.13 (5.31)	21.45 (17.94)	15.38 (12.15)	15.042***	16.678***	15.180***
生产系统	1.67 (3.05)	3.19 (4.20)	17.75 (17.58)	9.54 (10.57)	21.845***	14.326***	12.051***
技术创新	1.83 (3.80)	1.94 (2.91)	3.70 (6.23)	5.84 (8.32)	4.621**	3.136*	2.382

议题	两两比较	
	LSD	Dunnett's T3
生产管理	服务>工业品* 服务>耐用品*** 服务>快消品*** 工业品>耐用品** 工业品>快消品***	服务>耐用品*** 服务>快消品*** 工业品>耐用品** 工业品>快消品***
生产系统	服务>工业品** 服务>耐用品*** 服务>快消品*** 工业品>耐用品* 工业品>快消品**	服务>耐用品** 服务>快消品*** 工业品>耐用品* 工业品>快消品**
技术创新	工业品>耐用品* 工业品>快消品**	不显著

注：***、**、*分别表示 p<0.001、p<0.01、p<0.05；为了便于查看，表中直接以快消品、耐用品、服务和工业品分别代替 $S_{快消品}$、$S_{耐用品}$、$S_{服务}$和 $S_{工业品}$这四类品牌的议题比例。

在四类品牌的生产管理议题比例均值中，服务（21.45%）与工业品（15.38%）显著高于耐用品（5.13%）与快消品（3.50%），这表示服务和工业品两类品牌更重视生产管理。如前文所述，这可能是因为服务的不可分割性以及工业品的物质基础性促使其更加关注自身的生产管理。但是服务与工业品两类品牌之间、耐用品与快消品两类品牌之间在这一议题没有显著性差异。

生产系统议题与生产管理议题的两两比较结果相同，在四类品牌的生产系统议题比例均值中，服务（17.75%）与工业品（9.54%）显著高于耐用品（3.19%）与快消品（1.67%）；服务与工业品两类品牌之间、耐用品与快消品两类品牌之间在这一议题没有显著性差异。生产系统议题之间的差异应该是导致生产管理议题之间差异的主要原因。

尽管工业品品牌的技术创新议题比例（5.84%）在四类品牌中最高，但 Dunnett's T3 法两两比较分析结果显示，四类品牌在这一议题没有显著性差异。

（2）产品信息议题。四类品牌在产品信息议题上的比例均值、标准差、方差分析和两两比较结果如表 5-3 所示。总体来看，产品信息、产品功能和产品价格 3 个议题的方差都不符合齐性要求，因此采用 Welch 检验；结果显示，四类品牌在产品信息［Welch（3，113）= 7.028，p<0.001］和产品功能［Welch（3，113）= 5.726，p<0.01］两个议题具有显著性差异，而在产品价格议题差异不显著。进一步两两比较分析采用 Dunnett's T3 法，具体分析如下：

在四类品牌的产品信息议题比例均值中，耐用品品牌（15.88%）显著高于其他三类品牌。如前文所述，因为耐用品的技术进步较快，以及为了吸引更多消费者，使得耐用品的更新换代较快，这也促使耐用品品牌倾向于通过新闻报道为消费者提供产品信息。但工业品（4.41%）、快消品（3.32%）与服务（1.78%）三类品牌之间在这一议题没有显著性差异，说明新闻媒体对这三类品牌的产品信息议题关注程度较为一致。

产品功能议题与产品信息议题的两两比较结果相同，在四类品牌的产品功能议题比例均值中，耐用品品牌（12.74%）显著高于其他三类品牌；而工业品（3.29%）、快消品（2.71%）与服务（1.31%）三类品牌之间在这一议题没有显著性差异。产品功能议题的差异应该是导致产品信息议题差异的主要原因。

尽管耐用品品牌的产品价格议题比例（3.15%）在四类品牌中最高，但是 Dunnett's T3 法两两比较分析结果显示四类品牌在这一议题没有显著性差异。

（3）活动营销议题。四类品牌在活动营销议题上的比例均值、标准差、方差分析和两两比较结果如表 5-4 所示。总体来看，活动营销议题符合方差齐性要求，采用 F 检验；结果显示，四类品牌在活动营销议题（F（3，113）= 9.692，p<0.001）具有显著性差异。进一步采用 LSD 法进行两两比较分析，其下属的五

表 5-3　四类品牌产品信息议题的方差分析和两两比较

议题	比例均值和标准差（%）				方差齐性检验	F 检验	Welch 检验
	快消品	耐用品	服务	工业品			
产品信息	3.32 (6.24)	15.88 (17.16)	1.78 (2.94)	4.41 (9.72)	19.530***	11.347***	7.028***
产品功能	2.71 (6.05)	12.74 (15.27)	1.31 (2.76)	3.29 (9.17)	15.431***	8.980***	5.726**
产品价格	0.61 (2.39)	3.15 (10.91)	0.47 (1.50)	1.13 (4.26)	5.528**	1.249	0.741

议题	两两比较	
	LSD	Dunnett's T3
产品信息	耐用品>工业品*** 耐用品>快消品*** 耐用品>服务***	耐用品>工业品* 耐用品>快消品** 耐用品>服务**
产品功能	耐用品>工业品*** 耐用品>快消品*** 耐用品>服务***	耐用品>工业品* 耐用品>快消品* 耐用品>服务**
产品价格	不显著	不显著

注：***、**、*分别表示 $p<0.001$、$p<0.01$、$p<0.05$；为了便于查看，表中直接以快消品、耐用品、服务和工业品分别代替 $S_{快消品}$、$S_{耐用品}$、$S_{服务}$ 和 $S_{工业品}$ 这四类品牌的议题比例。

个二级议题则不符合方差齐性要求，采用 Welch 检验；结果显示，四类品牌在新品发布［Welch（3，113）=7.677，p<0.001］、参加展会［Welch（3，113）=3.133，p<0.05］和其他营销活动［Welch（3，113）=8.099，p<0.001］三个议题具有显著性差异，而在品牌赞助和社会公益两个议题差异不显著。进一步结合 Dunnett's T3 法进行两两比较分析。

在四类品牌的活动营销议题比例均值中，快消品（33.95%）与耐用品（33.40%）显著高于服务（14.92%）与工业品（11.85%）。这体现出同属消费品行业的快消品和耐用品两类品牌明显更重视通过活动营销提升品牌知名度、塑造品牌形象。但快消品与耐用品两类品牌之间、服务与工业品两类品牌之间在这一议题没有显著性差异。

在四类品牌的新品发布议题比例均值中，耐用品品牌（7.15%）显著高于其他三类品牌。如前文所述，耐用品品牌倾向于通过线上或线下的新品发布方式将新品信息告知消费者。但是，快消品（1.62%）、服务（1.20%）与工业品（0.85%）

表 5-4　四类品牌活动营销议题的方差分析和两两比较

议题	比例均值和标准差（%）				方差齐性检验	F 检验	Welch 检验
	快消品	耐用品	服务	工业品			
活动营销	33.95 (23.12)	33.40 (23.34)	14.92 (16.46)	11.85 (17.13)	2.371	9.692***	9.643***
新品发布	1.62 (2.63)	7.15 (6.76)	1.20 (2.61)	0.85 (2.32)	34.124***	15.948***	7.677***
参加展会	2.17 (4.52)	2.15 (3.37)	0.48 (1.57)	1.92 (5.11)	5.349**	1.314	3.133*
品牌赞助	4.17 (7.30)	1.44 (2.88)	0.61 (1.84)	1.70 (5.15)	9.997***	3.095*	2.680
社会公益	3.44 (6.75)	0.75 (2.71)	4.40 (8.78)	1.30 (4.66)	6.369**	2.303	2.592
其他营销活动	22.55 (20.70)	21.91 (21.94)	8.25 (9.59)	6.08 (10.25)	5.853**	7.895***	8.099***

议题	两两比较	
	LSD	Dunnett's T3
活动营销	快消品>服务*** 快消品>工业品*** 耐用品>服务** 耐用品>工业品***	快消品>服务** 快消品>工业品** 耐用品>服务** 耐用品>工业品**
新品发布	耐用品>快消品*** 耐用品>服务*** 耐用品>工业品***	耐用品>快消品** 耐用品>服务*** 耐用品>工业品***
参加展会	不显著	不显著
品牌赞助	快消品>耐用品* 快消品>服务**	不显著
社会公益	服务>耐用品*	不显著
其他营销活动	快消品>服务** 快消品>工业品*** 耐用品>服务** 耐用品>工业品**	快消品>服务** 快消品>工业品** 耐用品>服务* 耐用品>工业品**

注：***、**、*分别表示 $p<0.001$、$p<0.01$、$p<0.05$；为了便于查看，表中直接以快消品、耐用品、服务和工业品分别代替 $S_{快消品}$、$S_{耐用品}$、$S_{服务}$和 $S_{工业品}$这四类品牌的议题比例。

三类品牌之间在新品发布议题没有显著性差异，这可能是因为：一方面这三类品牌的技术更新较慢导致上市的新品频率低，另一方面即使有新品上市也不一定通过活动发布的方式推向市场。

其他营销活动议题是活动营销议题的主要成分，它的两两比较结果与一级议题结果相同，即在四类品牌的其他营销活动议题比例均值中，快消品（22.55%）与耐用品（21.91%）显著高于服务（8.25%）与工业品（6.08%），但快消品与耐用品两类品牌之间、服务与工业品两类品牌之间没有显著性差异。

Dunnett's T3 法两两比较分析结果显示，四类品牌在参加展会、品牌赞助和社会公益三个二级议题没有显著性差异。但从数据可以发现，服务品牌的参加展会议题比例（0.48%）在四类品牌中最低，这可能是因为服务品牌并无实体产品因而较少进行参会类活动；快消品品牌的品牌赞助议题比例（4.17%）在四类品牌中最高，这仍然与快消品品牌倾向于借助赞助行为提升知名度和好感度有关；服务品牌的社会公益议题比例（4.40%）在四类品牌中最高，这可能与服务品牌注重与消费者的互动，通过公益活动能够树立品牌人性化形象并拉近与消费者的距离。

（4）人力资源议题。四类品牌在人力资源议题上的比例均值、标准差、方差分析和两两比较结果如表 5-5 所示。总体来看，人力资源和人事变动两个议题的方差符合齐性要求，采用 F 检验；结果显示，四类品牌在这两个议题差异不显著。进一步采用 LSD 法进行两两比较分析，新人招聘、领导动态和员工管理三个议题的方差不符合齐性要求，采用 Welch 检验；结果显示，四类品牌在员工管理［Welch（3，113）= 3.279，$p<0.05$］议题具有显著性差异，在领导动态议题差异不显著；而在新人招聘议题则由于快消品品牌和工业品品牌的数值为零，无法进行 Welch 检验。进一步结合 Dunnett's T3 法进行两两比较分析。

LSD 法两两比较结果显示，议题比例最高的服务品牌（6.11%）与最低的耐用品品牌（2.42%）在人力资源议题具有显著性差异，其他两两之间的差异不显著。这一结果可以理解为，服务作为与人交流的行业，更注重品牌经营过程中的人事管理工作。

除服务品牌的新人招聘议题比例为 1.89%，其他三类品牌的这一议题比例趋近于 0，可见这是大多数品牌都较少被报道的议题。

LSD 法两两比较分析结果显示四类品牌在人事变动议题没有显著性差异；人事变动意味着企业管理层的不稳定，因此四类品牌在这一议题的报道均较少。Dunnett's T3 法两两比较分析结果显示四类品牌在领导动态和员工管理两个议题也没有显著性差异。

表 5-5　四类品牌人力资源议题的方差分析和两两比较

议题	比例均值和标准差（%）				方差齐性检验	F 检验	Welch 检验
	快消品	耐用品	服务	工业品			
人力资源	3.85 (6.65)	2.42 (4.37)	6.11 (6.89)	5.32 (6.62)	2.240	2.056	2.539
新人招聘	0.00 (0.00)	0.02 (0.12)	1.89 (2.99)	0.00 (0.00)	54.829***	11.509***	—
人事变动	0.34 (1.12)	0.38 (1.19)	0.30 (1.06)	0.36 (1.32)	0.160	0.028	0.030
领导动态	3.36 (6.53)	1.08 (2.63)	1.31 (2.05)	3.52 (5.82)	9.308***	2.284	2.184
员工管理	0.14 (0.76)	0.93 (3.21)	2.61 (5.62)	1.44 (3.68)	7.515***	2.298	3.279*

议题	两两比较	
	LSD	Dunnett's T3
人力资源	服务>耐用品*	不显著
新人招聘	服务>耐用品*** 服务>工业品*** 服务>服务***	服务>耐用品* 服务>工业品* 服务>服务*
人事变动	不显著	不显著
领导动态	不显著	不显著
员工管理	服务>快消品*	不显著

注：***、**、* 分别表示 $p<0.001$、$p<0.01$、$p<0.05$；为了便于查看，表中直接以快消品、耐用品、服务和工业品分别代替 $S_{快消品}$、$S_{耐用品}$、$S_{服务}$和 $S_{工业品}$这四类品牌的议题比例。

（5）资本运营议题。四类品牌在资本运营议题上的比例均值、标准差、方差分析和两两比较结果如表 5-6 所示。总体来看，资本运营、兼并收购和投资融资三个议题的方差都符合齐性要求，因此采用 F 检验；结果显示，四类品牌在投资融资［$F(3, 113) = 4.426$，$p<0.01$］议题具有显著性差异，而在资本运营和兼并收购两个议题差异不显著。进一步两两比较分析采用 LSD 法，具体分析如下：

议题比例最高的服务品牌（11.13%）与最低的快消品品牌（4.82%）在资本运营议题具有显著性差异，其他两两之间的差异不显著。这说明服务品牌更倾向于通过对资本本身的技巧性运作和科学性运动实现价值增值。

LSD 法两两比较分析结果显示四类品牌在兼并收购议题没有显著性差异，表示四类品牌可能对于兼并收购事件的重视程度相近，导致新闻媒体对其报道议题程度相近。

在四类品牌的投资融资议题比例均值中，服务品牌（8.52%）显著高于其他三类品牌，这在一定程度上显示出我国服务品牌的发展势头较好，通过投资或融资的方式扩张企业资本的行为较多。另外，耐用品（3.86%）、快消品（2.91%）与工业品（2.49%）三类品牌之间在这一议题没有显著性差异。

表 5-6 四类品牌资本运营议题的方差分析和两两比较

议题	比例均值和标准差（%）				方差齐性检验	F 检验	Welch 检验
	快消品	耐用品	服务	工业品			
资本运营	4.82 (8.47)	7.31 (10.91)	11.13 (10.38)	6.43 (9.58)	0.678	2.189	2.229
兼并收购	1.90 (3.78)	3.44 (7.27)	2.61 (5.41)	3.93 (7.19)	1.758	0.633	0.758
投资融资	2.91 (6.19)	3.86 (6.99)	8.52 (9.62)	2.49 (4.71)	1.883	4.426**	3.174*

议题	两两比较	
	LSD	Dunnett's T3
资本运营	服务>快消品*	不显著
兼并收购	不显著	不显著
投资融资	服务>耐用品* 服务>快消品** 服务>工业品**	服务>工业品*

注：***、**、*分别表示 $p<0.001$、$p<0.01$、$p<0.05$；为了便于查看，表中直接以快消品、耐用品、服务和工业品分别代替 $S_{快消品}$、$S_{耐用品}$、$S_{服务}$ 和 $S_{工业品}$ 表示这四类品牌的议题比例。

（6）组织合作议题。四类品牌在组织合作议题上的比例均值、标准差、方差分析和两两比较结果如表 5-7 所示。总体来看，组织合作议题与其下属的三个二级议题都不符合方差齐性要求，因此采用 Welch 检验；结果显示，四类品牌在组织合作 [Welch (3, 113) = 6.379, p<0.01]、产业合作 [Welch (3, 113) = 4.395, p<0.01] 和政府合作 [Welch (3, 113) = 3.248, p<0.05] 三个议题具有显著性差异，而在品牌联盟议题差异不显著。进一步采用两两比较分析 Dunnett's T3 法，具体分析如下：

在四类品牌的组织合作议题比例均值中，工业品（12.40%）与服务（10.53%）显著高于耐用品（4.60%）与快消品（4.07%），原因可能是工业品作为基础性生产资料能够与许多组织或机构形成合作关系，而服务的无形性使得其在合作关系中具有更好的灵活性，这使得工业品与服务两类品牌的组织合作议题更突出。另外，工业品与服务两类品牌之间、耐用品与快消品两类品牌之间在这一议题没有显著性差异。

在四类品牌的产业合作议题比例均值中，工业品（6.47%）显著高于耐用品（2.24%）、快消品（2.17%），但服务（5.67%）与其他三类品牌均无显著性差异，原因可能是工业品与消费品相比，本身就是由组织购买，这种购买行为即为一种产业合作行为，自然工业品品牌在这一议题的比例最高。

Dunnett's T3 法两两比较分析结果显示四类品牌在品牌联盟和政府合作两个议题没有显著性差异。从数据可以发现，快消品品牌在这两个议题的比例都较低，尤其在政府合作议题的比例趋近于0，提醒快消品品牌应该多增强与外界尤其政府的合作。

（7）市场竞争议题。四类品牌在市场竞争议题上的比例均值、标准差、方差分析和两两比较结果如表5-8所示。总体来看，市场竞争议题与其下属的三个二级议题都不符合方差齐性要求，因此采用Welch检验；结果显示，四类品牌在市场竞争［Welch（3，113）=2.782，$p<0.05$］和市场环境［Welch（3，113）=3.361，$p<0.05$］两个议题具有显著性差异，在市场拓展议题差异不显著；而在竞品对比议题则由于工业品品牌的数值为零，无法进行Welch检验。进一步结合Dunnett's T3法进行两两比较分析。

在四类品牌的市场环境议题比例均值中，快消品（9.15%）显著高于工业品（2.10%）、耐用品（2.00%），但服务（3.71%）与其他三类品牌均无显著性差异。如前文所述，因为技术含量和准入门槛较低导致快消品行业的激烈竞争形势，加上容易被假冒等原因造成快消品品牌的生存环境较为恶劣。

工业品品牌的竞品对比议题比例为0，可能是因为工业品的购买专业性较强，其购买行为一般依靠销售人员与采购方的一对一面谈，新闻媒体难以获得工业品品牌之间的产品比较情况；其他三类品牌在这一议题没有显著性差异。

Dunnett's T3法两两比较分析结果显示四类品牌在市场竞争和市场拓展两个议题没有显著性差异。但从数据可以发现，快消品品牌的市场竞争议题比例（13.00%）在四类品牌中最高，体现了快消品行业是这四个行业中竞争最为激烈的事实；工业品品牌的市场拓展议题比例（3.55%）略高于其他三类品牌，原因可能是“一带一路”倡议加大了工业品品牌“走出去”拓展海外市场的力度。

表 5-7　四类品牌组织合作议题的方差分析和两两比较

议题	比例均值和标准差（%）				方差齐性检验	F 检验	Welch 检验
	快消品	耐用品	服务	工业品			
组织合作	4.07 (5.58)	4.60 (5.29)	10.53 (9.58)	12.40 (12.27)	10.984***	6.912***	6.379**
品牌联盟	1.86 (3.39)	2.05 (3.05)	3.65 (4.85)	3.20 (6.06)	3.620*	1.132	1.170
产业合作	2.17 (4.72)	2.24 (3.87)	5.67 (7.27)	6.47 (6.53)	3.984**	4.457**	4.395**
政府合作	0.03 (0.15)	0.31 (1.43)	1.22 (3.17)	2.73 (6.49)	10.919***	3.256*	3.248*

议题	两两比较	
	LSD	Dunnett's T3
组织合作	工业品>耐用品** 工业品>快消品*** 服务>耐用品** 服务>快消品**	工业品>耐用品* 工业品>快消品* 服务>耐用品* 服务>快消品*
品牌联盟	不显著	不显著
产业合作	工业品>耐用品** 工业品>快消品** 服务>耐用品* 服务>快消品*	工业品>耐用品* 工业品>快消品*
政府合作	工业品>耐用品* 工业品>快消品**	不显著

注：***、**、*分别表示 $p<0.001$、$p<0.01$、$p<0.05$；为了便于查看，表中直接以快消品、耐用品、服务和工业品分别代替 $S_{快消品}$、$S_{耐用品}$、$S_{服务}$ 和 $S_{工业品}$ 这四类品牌的议题比例。

表 5-8　四类品牌市场竞争议题的方差分析和两两比较

议题	比例均值和标准差（%）				方差齐性检验	F 检验	Welch 检验
	快消品	耐用品	服务	工业品			
市场竞争	13.00 (13.38)	6.08 (8.36)	9.17 (9.02)	5.65 (7.69)	3.740*	3.443*	2.782*
市场拓展	1.56 (4.35)	1.09 (2.26)	2.52 (3.88)	3.55 (6.17)	6.785***	1.799	1.925

续表

议题	比例均值和标准差（%）				方差齐性检验	F 检验	Welch 检验
	快消品	耐用品	服务	工业品			
市场环境	9.15 (12.72)	2.00 (3.50)	3.71 (5.42)	2.10 (5.44)	11.192***	5.694**	3.361*
竞品对比	2.29 (3.85)	2.98 (5.82)	2.94 (4.82)	0.00 (0.00)	10.487***	2.98*	—

议题	两两比较	
	LSD	Dunnett's T3
市场竞争	快消品>耐用品** 快消品>工业品**	不显著
市场拓展	工业品>耐用品*	不显著
市场环境	快消品>服务** 快消品>工业品** 快消品>耐用品***	快消品>工业品* 快消品>耐用品*
竞品对比	耐用品>工业品* 服务>工业品* 快消品>工业品*	耐用品>工业品* 服务>工业品* 快消品>工业品*

注：***、**、*分别表示 $p<0.001$、$p<0.01$、$p<0.05$；为了便于查看，表中直接以快消品、耐用品、服务和工业品分别代替 $S_{快消品}$、$S_{耐用品}$、$S_{服务}$和 $S_{工业品}$这四类品牌的议题比例。

（8）股市行情议题。四类品牌在股市行情议题上的比例均值、标准差、方差分析和两两比较结果如表 5-9 所示。总体来看，股市行情、基本股情和股市波动三个议题的方差都不符合齐性要求，因此采用 Welch 检验；结果显示，四类品牌在股市行情［Welch（3，113）= 3.900，$p<0.05$］和股市波动［Welch（3，113）= 5.195，$p<0.01$］两个议题具有显著性差异，而在基本股情议题差异不显著。进一步采用 Dunnett's T3 法进行两两比较，具体分析如下：

议题比例最高的工业品品牌（20.81%）与最低的耐用品品牌（6.06%）在股市行情议题具有显著性差异，其他两两之间的差异不显著。新闻媒体对于工业品品牌的股市行情更为关注：一方面是工业品行业作为国民经济的重要组成部分，其股市发展更受到媒体关注；另一方面是工业品品牌在其他方面的表现较少，所得到的媒体关注自然就少。

股市波动议题与股市行情议题的两两比较结果相同，议题比例最高的工业品品牌（15.97%）与最低的耐用品品牌（2.94%）在股市波动议题具有显著性差异，其他两两之间的差异不显著。股市波动议题的差异应该是导致股市行情议题差异的主要原因。

尽管工业品品牌的基本股情议题比例（4.84%）仍然在四类品牌中最高，但Dunnett's T3法两两比较分析结果显示四类品牌在这一议题没有显著性差异。

表 5-9　四类品牌股市行情议题的方差分析和两两比较

议题	比例均值和标准差（%）				方差齐性检验	F 检验	Welch 检验
	快消品	耐用品	服务	工业品			
股市行情	10.30 (13.94)	6.06 (7.06)	7.92 (11.08)	20.81 (22.3)	11.303***	5.799**	3.900*
基本股情	1.93 (3.41)	3.13 (5.81)	2.04 (4.91)	4.84 (6.56)	3.483*	1.845	1.594
股市波动	8.37 (13.47)	2.94 (4.24)	5.88 (9.55)	15.97 (19.83)	11.008***	5.295**	5.195**

议题	两两比较	
	LSD	Dunnett's T3
股市行情	工业品>快消品** 工业品>服务** 工业品>耐用品***	工业品>耐用品*
基本股情	工业品>服务* 工业品>快消品*	不显著
股市波动	工业品>快消品* 工业品>服务** 工业品>耐用品***	工业品>耐用品*

注：***、**、*分别表示 $p<0.001$、$p<0.01$、$p<0.05$；为了便于查看，表中直接以快消品、耐用品、服务和工业品分别代替 $S_{快消品}$、$S_{耐用品}$、$S_{服务}$和 $S_{工业品}$这四类品牌的议题比例。

（9）品牌发展议题。四类品牌在品牌发展议题上的比例均值、标准差、方差分析和两两比较结果如表 5-10 所示。总体来看，品牌发展、品牌业绩和品牌规划三个议题符合方差齐性要求，采用 F 检验；结果显示，四类品牌在以上三个议题都差异不显著；并进一步采用 LSD 法进行两两比较分析。品牌荣誉议题不符合方差齐性要求，采用 Welch 检验；结果显示，四类品牌在品牌荣誉议题［Welch (3, 113) = 3.824, $p<0.05$］具有显著性差异；并进一步结合 Dunnett's T3 法进行两两比较分析。

LSD 法两两比较结果显示，议题比例最高的耐用品品牌（8.72%）与最低的工业品品牌（3.48%）在品牌规划议题具有显著性差异，其他两两之间的差异不显著。这可能是因为耐用品的发展紧跟技术的进步，耐用品品牌需要不断地强调其品牌的未来和发展方向。

LSD 法两两比较分析结果显示四类品牌在品牌发展和品牌业绩议题没有显著性差异，Dunnett' s T3 法两两比较分析结果显示四类品牌在品牌荣誉议题也没有显著性差异。结合表 5-10 可以发现，四类品牌都比较重视宣传品牌业绩和品牌规划。

表 5-10　四类品牌品牌发展议题的方差分析和两两比较

议题	比例均值和标准差（%）				方差齐性检验	F 检验	Welch 检验
	快消品	耐用品	服务	工业品			
品牌发展	23.20 (16.73)	19.13 (13.32)	16.99 (13.22)	17.75 (13.34)	0.581	1.137	0.934
品牌业绩	10.21 (9.27)	8.23 (6.97)	7.56 (8.68)	9.60 (8.77)	1.069	0.617	0.566
品牌荣誉	5.92 (8.84)	2.18 (5.09)	1.71 (3.02)	4.68 (4.97)	9.744^{***}	3.456^{*}	3.824^{*}
品牌规划	7.07 (11.09)	8.72 (8.79)	7.72 (9.50)	3.48 (7.04)	1.499	1.696	2.430

议题	两两比较	
	LSD	Dunnett' s T3
品牌发展	不显著	不显著
品牌业绩	不显著	不显著
品牌荣誉	快消品>耐用品 * 快消品>服务 **	不显著
品牌规划	耐用品>工业品 *	不显著

注：***、**、*分别表示 $p<0.001$、$p<0.01$、$p<0.05$；为了便于查看，表中直接以快消品、耐用品、服务和工业品分别代替 $S_{快消品}$、$S_{耐用品}$、$S_{服务}$ 和 $S_{工业品}$ 这四类品牌的议题比例。

（二）四类品牌的新闻报道与品牌资产关系研究

1. 报道量与品牌资产

将四类品牌的报道量与品牌资产分别进行回归分析，结果如表 5-11 所示。除工业品品牌外，快消品、耐用品、服务三类品牌的报道量对品牌资产的解释力分别为52.9%［F（1，28）=33.533，p<0.001］、20.5%［F（1，28）=8.495，p<0.05］、16.2%［F（1，28）=6.613，p<0.01］，且回归模型都具有统计学意义。

对于快消品（β=0.738，p<0.001）、耐用品（β=0.482，p<0.01）、服务（β=0.437，p<0.05）三类品牌来说，报道量的增加能直接促进品牌资产，但报道量的增加不能提升工业品品牌的品牌资产。这可能是因为工业品属于组织购买，客户数量少且较为集中，但单个客户购买量很大，导致买卖双方的依赖性较强，买卖关系不易建立也不易解除，因此新闻报道这一变量与工业品品牌的品牌资产关系不显著。

表5-11　四类品牌的报道量与品牌资产的回归分析

回归系数		快消品	耐用品	服务	工业品
		0.738***	0.482**	0.437*	0.125
模型摘要	R^2	0.545	0.233	0.191	0.016
	调整后的 R^2	0.529	0.205	0.162	-0.024
	F	33.533***	8.495*	6.613**	0.397

注：***、**、*分别表示p<0.001、p<0.01、p<0.05。

2. 报道情感与品牌资产

将四类品牌的报道情感指数与品牌资产分别进行回归分析，结果如表5-12所示。除工业品品牌外，快消品、耐用品、服务三类品牌的报道情感指数对品牌资产的解释力分别为52.2%［F（3，26）=11.543，p<0.001］、25.1%［F（3，26）=4.237，p<0.05］、31.9%［F（3，26）=5.521，p<0.01］，且回归模型都具有统计学意义。结合自变量的回归系数进行分析如下：

表5-12　四类品牌的报道情感与品牌资产的回归分析

		快消品	耐用品	服务	工业品
自变量回归系数	正面	-0.313	0.665	1.389**	0.127
	中性	1.346*	-0.238	-0.908	0.031
	负面	-0.343	0.206	0.125	-0.163
模型摘要	R^2	0.571	0.328	0.389	0.054
	调整后的 R^2	0.522	0.251	0.319	-0.007
	F	11.543***	4.237*	5.521**	0.436

注：***、**、*分别表示p<0.001、p<0.01、p<0.05。

（1）正面报道。服务品牌具有显著的正回归系数（$\beta = 1.389$，$p<0.01$），快消品品牌的回归系数为负但不显著，耐用品品牌和工业品品牌的回归系数为正也不显著。快消品品牌的正面报道主要涉及业绩方面的成功如“双十一销量第一”等捷报，较为明显地呈现出品牌追求经济收益的一面，可能对品牌资产造成了一些负面影响但不显著。耐用品品牌的正面报道主要涉及科技方面的进步和创新如智能化生产等，这对于提升消费者的品牌资产具有一些正面作用但不显著。服务品牌的正面报道主要涉及一些强调感性营销的行为，如公益、梦想、时尚等方面的主题活动，以感性的方式引起消费者的情绪反应，从而拉近与消费者的关系，因此对品牌资产具有促进作用。工业品品牌的正面报道主要涉及股价上涨、股市利好消息等，也可能对品牌资产具有一些正向影响。

（2）中性报道。快消品品牌具有显著的正回归系数（$\beta = 1.346$，$p<0.05$），耐用品品牌和服务品牌的回归系数为负但不显著，工业品品牌的回归系数为正也不显著。耐用品品牌和服务品牌的回归系数虽不显著，但与上文的系数方向一致，依然是与过量的中性报道所引起的消费者广告侵入感有关。而中性报道与快消品品牌显著正相关则可能是快消品品牌的报道量普遍较小，其适可而止的中性报道能够在一定程度上提升消费者的品牌意识。同样地，工业品品牌的总体报道量较小，有相对适中的中性报道量。

（3）负面报道。快消品品牌和工业品品牌的回归系数为负但不显著，耐用品品牌和服务品牌的回归系数为正也不显著。快消品品牌的负面报道反映了快消品竞争激烈的生存环境如查获假冒伪劣产品、行业主管部门发现不合格产品等，这些对品牌资产造成了一些损失，尽管统计学上不显著。耐用品品牌和服务品牌的负面报道主要涉及的是资本和股市方面的问题，尽管也存在过产品或服务质量问题，但随着紧急召回或者服务补救等方式，对品牌资产进行一定程度的挽救，从而负面报道并未对这两类品牌造成负向影响。工业品品牌的负面报道主要涉及股价下跌，以及少部分的工厂整改类事件。

3. 报道内容与品牌资产

（1）一级议题与品牌资产的回归分析。将四类品牌的 9 个一级议题情感指数作为自变量，对应的品牌资产作为因变量，采用进入法进行多元线性回归分析，以检验各自变量对因变量的解释力。结果如表 5-13 所示，快消品品牌的 9 个一级议题情感指数对品牌资产具有高度的解释力（调整后的 $R^2=0.839$），且 $F(9, 20) = 17.811$，$p<0.001$，具有统计学意义；同样，耐用品品牌的因果关系解释力为 72.5%，$F(9, 20) = 9.512$，$p<0.001$，具有统计学意义；服务品牌的因果关系解释力为 33.7%，$F(9, 20) = 2.639$，$p<0.05$，具有统计学意义；但工业品品牌的因果关系无统计学意义。下面结合四类品牌的各自变量回顾系数来分

析各议题与品牌资产的关系。

表 5-13 四类品牌的一级议题与品牌资产的回归分析

		快消品	耐用品	服务	工业品
自变量回归系数	生产管理	-0.179	0.489*	0.418	0.398
	产品信息	-0.144	-0.099	-0.608	0.477
	活动营销	-0.045	-0.343	1.243**	0.223
	人力资源	-0.012	0.544*	-0.673	0.463
	资本运营	-0.067	0.074	0.325	0.565
	组织合作	1.177***	0.617**	0.975	-0.787*
	市场竞争	0.134	-0.738**	-0.542	0.344
	股市行情	0.263	-0.344	-0.09	0.211
	品牌发展	0.234	0.576*	-0.88	-0.764
模型摘要	R^2	0.889	0.811	0.543	0.418
	调整后的 R^2	0.839	0.725	0.337	0.110
	F	17.811***	9.512***	2.639*	1.358

注：***、**、*分别表示 $p<0.001$、$p<0.01$、$p<0.05$。

1）生产管理议题。耐用品品牌具有显著的正回归系数（$\beta=0.489$，$p<0.05$），快消品品牌的回归系数为负但不显著，服务品牌和工业品品牌的回归系数为正也不显著。快消品品牌的生产管理议题主要包括两部分内容：一是新生产基地的建立过程，如新工厂的立项、进度、开业和投产等；二是产品配方的调整或生产线的升级。快消品品牌的这些生产管理行为难以带给消费者直观的感受，如食品或日用品配方的改变都是较难区分的，这会降低消费者的品牌态度，因而快消品品牌的生产管理议题可能对品牌资产产生抑制作用。相比之下，尽管耐用品品牌的生产管理议题也主要是包括新生产基地的建立和产品相关的技术创新，但这些新产品或新技术都是消费者能够直接体验和受益的，如手机的指纹解锁和人脸识别功能、自动驾驶汽车、智能家电等，这些为生活带来更多便利的创新才真正地丰富品牌联想、提升品牌态度，进而增加品牌资产。服务品牌的生产管理议题比例虽高，其中不乏建设数据中心从而优化客户服务、提升用户体验的技术创新，但在这一议题中也夹杂着过多的日常服务维护性报道，如航空服务调整（航班取消和延误）、金融服务的日常网点建设等，这些多方面报道引起的综合效应使得服务品牌的生产管理议题对品牌资产的影响不显著。工业品品牌都是国家的重工业品牌，也是国家自主创新的主力军，工业品品牌在这一议题的主要内

容同样涉及智能制造和自主创新两方面，如中国航天科工铷原子钟、中国中车中速磁浮列车都是完全自主知识产权的创新产品，此方面的报道对品牌资产具有促进作用。

2）产品信息议题。快消品、耐用品和服务三类品牌的回归系数为负但都不显著，工业品品牌的回归系数为正也不显著。产品信息议题中的主要报道内容在产品功能方面，对产品价格的报道较少。例如，快消品品牌报道涉及食品口味说明、日用品使用说明、保健品功能等，耐用品品牌报道涉及产品配置的全面详细介绍，服务品牌报道涉及服务调整的介绍，工业品品牌报道涉及产品特点说明等。对于回归系数均不显著这一结果，可能的原因为产品信息相关报道与广告软文的区别较不明显，可能会带给消费者广告侵入感而有损品牌资产。但这些结果并不显著，且与上文中产品信息议题与品牌资产显著正相关的研究结果也不一致，可能是存在其他的调节变量对结果产生影响，也可能是在回归模型中四类品牌 9 个自变量的相互作用机制不同。

3）活动营销议题。服务品牌具有显著的正回归系数（$\beta=1.243$，$p<0.01$），快消品品牌和耐用品品牌的回归系数为负但不显著，工业品品牌的回归系数为正也不显著。四类品牌在营销活动的方式上存在一些差异，这可能是导致活动营销议题与四类品牌的品牌资产关系不同的原因。快消品品牌的名人代言和节庆主题活动较多，目的在于刺激消费者的冲动和感性购物行为；耐用品品牌在新品发布、软文营销、电商促销的活动较多，这是因为耐用品的技术含量较高，需要以更多的营销方式传播消费知识。这两类品牌营销活动的目的性较强，也许能够促进当时的销售成绩，但对于增长品牌资产来说效果欠佳，甚至可能带来负向影响。相比之下，服务品牌的营销活动重在体验和关系，使消费者对服务有更真切的体验并拉近与消费者的关系，为消费者带来更长远的品牌互动，因此能够有效促进品牌资产。另外，工业品品牌主要是举办项目启动大会、产品推广会之类的营销活动，通过活动搭建工业品品牌与采购方的沟通平台，对品牌资产可能具有一定促进作用。

4）人力资源议题。耐用品品牌具有显著的正回归系数（$\beta=0.544$，$p<0.05$），快消品品牌和服务品牌的回归系数为负但不显著，工业品品牌的回归系数为正也不显著。而耐用品品牌在领导动态方面一般报道的都是企业家出席某活动或被采访等相关事件，并且在员工管理方面的报道也体现出员工的福利而有利于塑造积极正面的品牌形象，如格力董事长的每人一套房承诺、海尔的“人单合一”管理模式，因此耐用品品牌的人力资源议题对品牌资产具有促进作用。服务品牌的人力资源议题比例较高，但在报道内容上却比较日常，在新人招聘方面的报道就是直接地发布招聘信息，而在员工管理方面的报道主要涉及员工的日常培

训和党建工作，较缺乏新闻价值，这些可能会对品牌资产产生抑制作用。工业品品牌的人力资源议题主要涉及领导的调研走访和员工的表彰大会等，较偏向于正面，因此可能增加品牌资产。

5）资本运营议题。快消品品牌的回归系数为负但不显著，耐用品品牌、服务品牌和工业品品牌的回归系数为正也不显著。快消品品牌的资本运营议题主要涉及收购海外企业，如汤臣倍健收购澳大利亚的益生菌品牌、张裕收购澳大利亚酒庄等，而快消品品牌大多是具有中国特色的民族品牌，这种收购式扩张虽能够促进品牌增值，但也可能损害品牌形象。其他三类品牌在资本运营方面主要以国内同行收购和投资融资为主，尤其是服务品牌的资本运营议题比例较高。投资作为企业获得某种预期回报而进行的经济活动，是企业实现多元化经营、增加企业销售和盈余稳定性的方式之一，如顺丰投资小米、万达投资中信医疗。融资则是以信用为担保，对资金余缺进行调剂整合的经济活动，经常发生在企业计划上市的阶段，如海底捞的上市融资行为。

6）组织合作议题。快消品品牌（$\beta=1.177$，$p<0.001$）和耐用品品牌（$\beta=0.617$，$p<0.01$）都具有显著的正回归系数，工业品品牌（$\beta=-0.787$，$p<0.05$）具有显著的负回归系数，服务品牌的回归系数为正但不显著。快消品品牌和耐用品品牌的结果不仅显著，而且与上文中组织合作议题与品牌资产显著负相关的研究结果相反。另外，尽管工业品品牌的回归模型不具有统计学意义，但组织合作议题与工业品品牌的品牌资产显著负相关。是存在其他调节变量还是现有自变量间的相互影响不同，这可能是后续需要进行深入研究的问题，而就品牌合作而言，确实可能为企业或品牌带来诸多经济效益。首先，消费者群体、营销渠道等品牌资源之间的互补性能够为品牌双方赢得规模效益，降低销售成本、增大销售量；从消费者的利益出发考虑各项合作细节，其合作成果也能更好地满足市场需要。其次，品牌通过跨界合作能够克服在多样化经营上资源和能力的不足；借助合作伙伴在管理、资源和技术上的支持，能够降低进入新市场的门槛和风险，从而扩张经营范围。最后，知识作为一种特殊资源，是品牌竞争力的核心要素；品牌合作的作用之一就是能够获取彼此的品牌知识，不仅实现合作双方知识含量的增加，还有助于品牌各方面能力的提升。从这个角度来看，品牌合作是科技发展之后跨知识领域合作的趋势要求。

7）市场竞争议题。耐用品品牌具有显著的负回归系数（$\beta=-0.738$，$p<0.01$），快消品品牌和工业品品牌的回归系数为正但不显著，服务品牌的回归系数为负也不显著。快消品品牌的市场竞争议题比例较高，尤其体现在因同质化严重引起的品牌较量和因容易造假导致的恶劣生存环境，在竞品比较中胜利带来的品牌形象提升和假货导致的品牌形象受损有所中和，从而快消品品牌的市场竞争

议题与品牌资产的关系不显著。耐用品品牌的市场竞争议题除涉及日常竞品对比和受行业监管等，还涉及开拓海外市场，如小米、奇瑞都计划进军欧洲市场，激烈的竞争形势和未知的国际市场对品牌资产的积累造成一定的负面影响。伴随消费者对于服务升级的迫切需要，服务品牌在互联网快速发展的大环境下，面临更多的是时代变化带来的竞争，如通过人工智能提升服务体验等，因此可能对品牌资产产生一些抑制作用。工业品品牌市场竞争议题有两个特点：一是没有竞品对比议题，可能是因为工业品的购买专业性较强，其购买行为一般依靠销售人员与采购方的一对一面谈，新闻媒体难以获得工业品品牌之间的产品比较情况；二是海外市场拓展的现象也较明显，原因可能是“一带一路”倡议加大了工业品品牌“走出去”拓展海外市场的力度，对品牌资产具有促进作用。

8）股市行情议题。快消品品牌和工业品品牌的回归系数为正但不显著，耐用品品牌和服务品牌的回归系数为负也不显著。股市行情议题主要涉及基本股情和股市波动两方面的报道，基本股情中以融资融券信息、买入评级、信息公告为主，而股市波动中则通过报道股东行为和股价变化情况等为主，尤其股东行为能够调整上市企业存量股份的结构，改变市场存量资源的配置，进而改变交易市场的股票供求关系，影响股价波动。股市报道一般是发挥信息中介作用为投资者提供信息，对于不关注股市、只关心产品和品牌的普通消费者而言，这些报道对品牌资产和购买意愿的影响并不明显。而对不同品牌的回归系数正负不同的原因可能是，股价本身包含的企业层面信息及所反映的实际价值本就不同。

9）品牌发展议题。耐用品品牌具有显著的正回归系数（$\beta = 0.576$，$p < 0.05$），快消品品牌和工业品品牌的回归系数为正但不显著，服务品牌的回归系数为负也不显著。四类品牌在品牌业绩方面的报道比较雷同，都是关于销售量、净利润等财务增长的说明，但在品牌荣誉和品牌规划方面存在一些报道差异。快消品品牌在规划方面重在打造品牌文化和品牌精神、丰富品牌联想，且获得了较多行业类荣誉，可能对品牌资产具有一定的促进作用。耐用品品牌在规划方面从提高消费者生活质量的角度出发，将“物联网”“智能”制定为品牌的主要发展方向，并配合一些行业类荣誉，有助于积累品牌资产。服务品牌以提升服务质量、创新服务方式，从而提供以更加人性化的服务为宗旨进行品牌规划，可能由于其服务的无形性，难以使消费者真实地感受或触摸到“产品”的升级和变化，因此与品牌资产的关系不显著。工业品品牌在规划方面注重产业升级和转型，在荣誉方面所获奖项来源丰富，如中国工业大奖、中国优秀工业设计金奖、中国品牌价值百强等，可能对品牌资产具有一定促进作用。

（2）二级议题与品牌资产的回归分析。为进一步分析二级议题与四类品牌的品牌资产之间的关系，将回归系数显著的一级议题下属的二级议题与对应的品牌资产以逐步法进行多元线性回归分析。因为工业品品牌的一级议题与品牌资产的回归分析模型不显著，所以此处不再进行工业品品牌的二级议题与品牌资产的回归分析；事实上，笔者依然进行了工业品品牌中回归系数唯一显著的组织合作议题下属的三个二级议题与品牌资产的回归分析，但回归模型依然不显著。因此，下文只有快消品、耐用品、服务三类品牌的二级议题与品牌资产回归分析结果说明。

1）快消品品牌。将快消品品牌的组织合作议题下属的三个二级议题与品牌资产进行回归分析发现，只有产业合作议题（$\beta=0.901$，$p<0.001$）进入了回归模型，且调整后的 $R^2=0.805$，$F(1,28)=120.462$，$p<0.001$，具有统计学意义。产业合作议题突出了产业链上下游之间的合作关系。快消品随时面临着消耗和更换，这不仅意味着快消品的流通性很强，而且因为消费者不愿意花费太多时间和精力去做快消品的购买决策，使得那些能够帮助消费者节约时间和经济成本的便捷购买方式容易获得青睐。因此，对于快消品品牌而言，渠道的重要性不言而喻。快消品品牌经常通过组织经销商大会等形式来团结经销商、与经销商达成有效合作。再加上与供应商等的良性合作，不论从报道层面还是实际的产业合作行为，都对品牌资产具有促进作用。

2）耐用品品牌。将耐用品品牌中与品牌资产具有显著相关关系的五个一级议题下属的共 15 个二级议题进行回归分析，结果如表 5-14 所示。有八个二级议题进入了回归模型，且调整后的 $R^2=0.895$，$F(8,21)=32.055$，$p<0.001$，具有统计学意义。这八个自变量的回归系数表明，品牌荣誉（$\beta=0.154$，$p<0.05$）、员工管理（$\beta=0.465$，$p<0.001$）、产业合作（$\beta=1.194$，$p<0.001$）、品牌规划（$\beta=0.448$，$p<0.001$）、竞品对比（$\beta=0.349$，$p<0.05$）五个议题与品牌资产呈显著正相关关系；而市场环境（$\beta=-0.876$，$p<0.001$）、市场拓展（$\beta=-0.727$，$p<0.001$）、人事变动（$\beta=-0.257$，$p<0.01$）三个议题与品牌资产呈显著负相关关系。

在这八个二级议题中，品牌荣誉和品牌规划属于品牌发展、产业合作属于组织合作，都是与品牌资产显著正相关的一级议题。人力资源与品牌资产显著正相关，但其两个二级议题员工管理和人事变动却与品牌资产具有相反的关系。市场竞争与品牌资产显著负相关，其三个二级议题中市场环境和市场拓展也与品牌资产显著负相关，但竞品对比与品牌资产显著正相关，具体分析如下：

耐用品品牌获得的荣誉主要是行业类奖项，体现了行业对该产品品牌的肯定，也是对其产品质量的最好宣传，能够在新闻报道中起到营销传播的作用，帮助品牌塑造产品可靠和行业认证的品牌形象。另外，耐用品品牌在发展规划方面主要重视两点：一是通过对产品智能升级，使产品在人机互动过程中发挥更多的机器自主性，提升消费者的使用体验；二是主动求新求变，对现有的体制机制、运行模式等进行大范围的调整和改革，使之成为符合当前发展要求的新模式。因此，品牌荣誉和品牌规划这两个二级议题对品牌资产具有促进作用。

表 5-14　耐用品品牌的二级议题与品牌资产的回归分析

自变量：二级议题	因变量：品牌资产		
	β	t	p
品牌荣誉	0.154	2.150	0.043
员工管理	0.465	7.004	0.000
产业合作	1.194	10.087	0.000
市场环境	−0.876	−6.231	0.000
市场拓展	−0.727	−5.194	0.000
品牌规划	0.448	5.026	0.000
人事变动	−0.257	−3.197	0.004
竞品对比	0.349	2.417	0.025
模型摘要：$R^2=0.924$，调整后的 $R^2=0.895$ $F(8, 21)=32.055$，$p<0.001$			

耐用品品牌通过与其他组织或机构的合作，满足其产业需要和业务扩张需要。其与供应商或经销商的合作更讲究战略合作方针，合作双方基于整体利益最大化的角度，考虑如何照顾彼此的利益实现互利共赢，进而保持长期、深度的合作。例如，华为的合作对象覆盖领域广泛，且多进行深入的战略合作，足以体现其版图扩张的雄心。因此，耐用品品牌的产业合作相关报道对品牌资产具有促进作用。

耐用品品牌在员工管理方面的报道体现出了企业的人文关怀，以及物质激励和精神激励并存的管理方式，有利于塑造企业良好雇主的形象，也有利于塑造积极的品牌形象。但在人事变动方面的报道则涉及较多高层调整，可能会增加消费者对企业内部不稳定的品牌联想。因此，员工管理和人事变动与品牌资产产生一正一负的相关关系。

耐用品品牌的市场环境具有两个特点，一是处理一些涉法事件来维护专利、商标或其他使用权；二是受到行业主管部门的监控。在市场拓展方面，耐用品品牌则是在国际市场的发展道路上探索着“走出去”的步伐。残酷的生存环境和海外竞争为品牌资产带来负向影响。在竞品对比方面，媒体常通过深度报道的方式来剖析竞争双方或多方的综合情况，这使得消费者不仅通过报道了解产品的许多细节，还能根据报道内容结合自身的需求做出购买决策，因此对品牌资产具有促进作用。

3）服务品牌。将服务品牌的活动营销议题下属的五个二级议题与品牌资产进行回归分析发现，社会公益议题（$\beta=0.631$，$p<0.001$）和其他营销活动议题（$\beta=0.284$，$p<0.05$）进入了回归模型，且调整后的 $R^2=0.460$，$F(1, 28)=13.360$，$p<0.001$，具有统计学意义。服务品牌的社会公益行为以扶贫为主，许多服务品牌响应国家精准扶贫的号召，投入金融扶贫、科技扶贫、教育扶贫的项目中，使消费者产生共情心理从而增加品牌信任和情感。另外，服务品牌在其他营销活动的形式上主要以提升消费者体验或拉近与消费者关系为主，如主题航班、便捷支付、周年回馈式活动等都能够提高消费者的品牌忠诚。因此，这两类营销方式都有利于品牌资产的积累。

四、小结与讨论

本章将产品类别这一变量纳入品牌的新闻报道研究，以《中国 500 最具价值品牌》中的 30 个快消品品牌、30 个耐用品品牌、30 个服务品牌和 27 个工业品品牌为样本，下载其 2018 年百度新闻标题 177130 条，继续沿用前几章的样本处理和数据分析方法，对四类品牌的议题比例进行描述分析和差异分析，并继续从报道量、报道情感、报道内容三方面来比较四类品牌的新闻报道与品牌资产的关系。

（一）四类品牌在品牌发展、活动营销的报道较多又各具特色

四类品牌的品牌发展议题比例基本维持在 20%左右，主要体现在新闻媒体对品牌业绩和品牌规划的关注。宣传品牌的已有成绩和未来规划有利于建构品牌积极发展和向前进步的形象，让消费者了解品牌的发展历程和未来趋势。在业绩方面，四类品牌比较雷同，都是注重销售量、净利润等财务指标；在规划方面，不同品牌的未来布局存在一些差异：快消品品牌重在打造品牌文化和品牌精神、耐用品品牌重在推进产品智能化、服务品牌重在服务提质和创新服务方式、工业品品牌重在产业升级和转型。

四类品牌的活动营销议题比例均超过 10%，尤其快消品品牌和耐用品品牌在这一议题的比例高于 33%，可见各类品牌都很重视通过营销活动提升品牌的知名

度、美誉度和影响力，并促进企业的销售。四类品牌在营销活动方式上存在一些差异，快消品品牌的名人代言和节庆主题活动较多，目的在于刺激消费者的冲动和感性购物行为；耐用品品牌在新品发布、软文营销、电商促销的活动较多，这是因为耐用品的技术含量较高，需要以更多的营销方式传播消费知识；服务品牌的营销活动重在体验和关系，使消费者对服务有更真切的体验并拉近与消费者的关系；工业品品牌主要是举办项目启动大会、产品推广会之类的营销活动，通过活动搭建工业品品牌与采购方的沟通平台。

四类品牌在报道议题上具有自身的特点。快消品行业由于产品同质化程度较高、市场准入门槛较低等原因，其形成的激烈竞争形势体现为快消品品牌的市场竞争议题较为突出。耐用品行业善于通过新闻媒体发布产品的特点、性能、配置等信息，体现为耐用品品牌的产品信息议题较为突出。由于服务的不可分割性，服务过程即是服务的生产制造过程，体现为服务品牌的生产管理议题较为突出。工业品行业作为国民经济的支柱性产业，新闻媒体对其股市变化的关注多过其他方面，体现为工业品品牌的股市行情议题最为突出。

人力资源议题下属的几个二级议题是四类品牌被报道较少的议题，尤其像新人招聘议题比例在快消品、耐用品和工业品三类品牌都为零；人事变动议题比例在四类品牌也均为零。另外，快消品品牌和耐用品品牌在政府合作议题比例趋于零，说明这两类消费品品牌在政府合作的事件还较少。有些议题被忽视了不一定效果就不好；反之，有些议题非常突出也不一定就有好的效果。

另外，对四类品牌报道的议题比例进行方差分析发现，四类品牌在品牌发展、人力资源和资本运营三个议题比例上差异不显著，生产管理、产品信息、活动营销、组织合作、市场竞争、股市行情六个议题均在议题比例上差异显著。描述分析中发现的快消品品牌和耐用品品牌在活动营销报道较多，服务品牌和工业品品牌在组织合作报道较多等结果获得了统计学支持。

（二）产品类型对新闻报道与品牌资产的关系具有调节作用

从报道量、报道情感、报道内容三方面分析四类品牌的新闻报道与品牌资产关系表明：①快消品品牌：报道量与品牌资产显著正相关；中性报道与品牌资产显著正相关；组织合作（产业合作）与品牌资产显著正相关。②耐用品品牌：报道量与品牌资产显著正相关；三类报道情感与品牌资产的关系均不显著；生产管理、人力资源（员工管理）、组织合作（产业合作）、品牌发展（品牌荣誉、品牌规划）、竞品对比与品牌资产显著正相关，市场竞争（市场环境、市场拓展）、人事变动与品牌资产显著负相关。③服务品牌：报道量与品牌资产显著正相关；正面报道与品牌资产显著正相关；活动营销（社会公益、其他营销活动）

与品牌资产显著正相关。④工业品品牌：报道量、报道情感、报道内容三方面与品牌资产的关系都不显著。

综合四类品牌的议题比例比较及报道内容对品牌资产的关系两方面结果发现：①同类议题对不同品牌的品牌资产影响不同，主要是因为产品类别不同使得企业对品牌的经营思路和策略不同，进而导致企业在各种品牌行为中的差异，并体现为报道内容的差别。对报道内容的分析发现，一般具有新闻价值且与消费者利益较相关的报道内容对品牌资产的影响较为显著，而日常的新闻通稿则对品牌资产的影响不显著。②四类品牌的报道议题对品牌资产的影响作用存在一些偏差，即比例较高的议题对品牌资产并没有促进作用，而那些比例较低的议题却具有一定效果。例如，快消品品牌和耐用品品牌的活动营销、服务品牌的生产管理等比例较高的议题与各自品牌资产的关系均不显著；而快消品品牌的组织合作、耐用品品牌的生产管理和人力资源、服务品牌的活动营销等议题比例都较靠后，却与品牌资产显著正相关。这其中的原因可能还要从品牌行为、媒介现实到消费者思维的信息互动过程进行探索。

第六章　结语

一、研究贡献

（一）理论贡献

本书基于品牌资产的理论视角对品牌新闻报道内容进行研究，主要的理论贡献在以下几方面：

首先，将看品牌相关的新闻视作品牌行为、媒介现实到消费者思维之间的信息互动过程，对应于传播学研究中的三种现实——客观现实、媒介现实和受众现实。理清了新闻报道与品牌资产的理论逻辑关系，新闻报道作为品牌行为事实的扩音器，建构了品牌与消费者之间的媒介现实，这层媒介现实逐渐影响消费者对品牌的意识、联想、态度、忠诚、参与等消费者思维，消费者思维既形成了消费者的品牌资产，也逐渐影响基于市场表现和财务价值的品牌资产，构建了完整的品牌价值链。

其次，框架一直被认为是一个非常抽象的概念，学者们试图按照自己的理解和方法提炼出其研究对象的报道框架，形成了一定的研究范式。随着网络数据的应用，自然语言处理相关方法进入到框架分析的研究中，计算机辅助分析法就是结合这些方法通过探测新闻文本中某些关键词的存在或缺失来识别框架。本书借鉴前人研究成果，基于品牌网络新闻数据的研究需要，选择词典方法取向的语义网络分析法来提取议题框架，并借鉴扎根理论的迭代式编码思想对议题进行命名，对品牌的报道内容进行了有效分类，为网络数据研究背景下有效提取报道框架做出了尝试。

最后，以网络新闻数据为研究资料，在使用自然语言处理的相关方法对文本数据进行处理的同时，构建了议题比例、议题情感指数、报道情感指数等指标量化报道内容和报道情感。前人研究中多以篇为研究单位，通过内容分析方法将每篇报道编码为属于哪种议题、哪种情感等；本书则是借鉴自然语言处理的算法思维，以模块中的词簇为单位，以词簇的词频和结合报道量、高频词词频总和等数据构建指标，且在议题情感指数构建中引入了一条负面信息需要五条正面信息中和的思想对关键词进行词性赋值。

总之，传统的实证研究通常采用调查法或实验法人工收集数据，容易出现研究者主观性对研究结果产生干扰的情况。网络数据的应用拓展了人文社科理论研究的验证空间，为人文社科研究的知识发现和现象整理提供了新的方法。研究者对这些先于研究而存在的资料进行非介入性分析，能够保证研究过程的客观性，也会随着研究的深入而扩展个人经验。本书对新闻报道与品牌资产的关系展开研究，结合网络新闻数据在研究思路和方法上做出了一些有益探索，也得出了一些有理论和实践价值的结论。

（二）实践启示

现代企业的竞争不仅存在于产品、客户、渠道、份额等市场领域，还存在于媒体关系、政府关系等非市场领域。企业作为拥有着经济、象征、社会和传播等资本的组织，能够对当下的新闻生产具有一定影响力。以经济资本来说，企业能够通过信息贴补、股权控制、广告投放、公共关系等方式影响媒体的新闻生产（邓理峰，2014）。企业和媒体在市场规则的运行过程中，都应该认识到只有有效的新闻传播才能够助力品牌发展。本书发现报道量确实对品牌资产具有促进作用，但过量的新闻价值较低的报道可能会增加消费者的广告侵入感而有损品牌资产，而且关于有些内容（如股市行情）的报道较多不一定对品牌资产具有正向影响，因此媒体只有发布那些确实具有新闻价值且与消费者利益有关的报道，才更有利于品牌和媒体自身的良性发展。

媒体对品牌的新闻报道源于品牌的行为事实，因此本书的研究结果对于企业在品牌经营方面如何积累品牌资产具有一些实践启示：①将创新视为引领品牌发展的第一动力，发挥技术与创新在品牌发展过程中所起的助力作用，无论是使用新技术创造新产品，还是借助新技术提高生产力，都是企业寻求创新和突破的体现，在提高产能的同时提升了消费者的品牌认可。②生产符合市场需求产品的同时保证产品质量，产品质量是品牌的生命，优秀的产品质量才能建立消费者的品牌忠诚，出现关于产品质检不合格的新闻报道，对品牌资产的负面影响也是较为明显的。③了解品牌的核心价值与核心形象，在资本运营、合作洽谈方面选择与已有品牌形象较为匹配的方式或项目，从而维持或适度丰富品牌的核心价值，以免因为项目策划的不恰当性造成消费者的认知失调，而对品牌资产产生负向影响。④维护媒体关系，能够将品牌需要输出的信息最大限度地传播出去，通过新闻报道适当宣传品牌的营销方案、荣誉和规划等，可以增进消费者的品牌参与感。

另外，将产品类别纳入新闻报道与品牌资产的关系研究中，研究结果对于实际应用具有更好的针对性。首先，快消品品牌的产业合作报道与品牌资产显著正相关，对于快消品这类消耗和更换较快、竞争相对激烈的行业来说，与经销商达成有效合作来增进铺货的广泛性仍是当下品牌经营的重要手段。其次，耐用品是为消费者同时提供功能价值和象征价值的产品，本书的研究结果对于耐用品品牌的资产产生影响的议题较多，这充分说明消费者对于耐用品的购买行为相对理性和谨慎。耐用品品牌在经营过程中应努力发挥良好的员工管理、深度的产业合作，保持行业品牌荣誉、创新的品牌规划、产品比较优势等在积累品牌资产方面的正向影响，也要警惕如卷入诉讼事件、快速的市场扩张、频繁的人事调整等对品牌资产具有负向影响的因素。再次，服务品牌的社会公益和其他营销活动报道与品牌资产显著正相关，对于以体验和关系营销为主的服务品牌而言，需多策划一些增加消费者品牌信任和情感的营销活动。最后，报道内容、报道情感和报道量与工业品品牌的品牌资产关系都不显著，新闻报道对工业品品牌发挥的作用比较有限，如何提升新闻报道对工业品品牌建设的作用需结合工业品营销相关理论进一步探讨。

二、研究局限与未来展望

本书在新闻报道与品牌资产的关系方面得到了一些有价值的发现，具有重要的理论贡献和实践启示，但研究仍存在一些局限之处，而这些局限正是未来可以改进的研究方向和内容。

首先，当前的品牌新闻报道内容可能是在媒体基于新闻价值和品牌公关的博弈下呈现出来的。本书的重点在于直接分析已有的新闻报道内容，而没有去考察内容背后的新闻生产。新闻报道可能是各种权力机构和个人因素相互竞争的结果，且互联网冲击带来的传播环境变化使得新闻生产更加复杂。因此去探究品牌新闻报道内容背后的新闻生产流程和选择对于全面认识品牌新闻具有重要意义，这类研究主要是使用参与式观察、深度访谈等方法来研究新闻工作者及其新闻生产活动，或者从企业切入来探索品牌公关与新闻媒体的互动关系。

其次，语义网络分析法的一个局限是遗漏了文本中丰富而深入的细节。尽管笔者在阐释关系背后的原因时对报道内容进行了大量人工阅读，但仍需探索更多方法提升结论的有效性。一方面，可尝试跨学科合作的方式，与计算机科学、信息技术等专业的研究者共同改进自然语言处理方法，如结合情感分析、逆文本频率指数等方法提升文本识别的有效性。另一方面，可尝试结合阐释学或语言学等定性的框架分析方法，对品牌新闻进行多案例研究，以丰富报道内容的解释。

再次，根据品牌价值链理论，品牌价值的创造始于企业的营销计划投资，这将影响消费者对品牌的看法，进而影响品牌的市场表现，并最终体现为财务价值。本书从消费者如何理解新闻报道中的品牌行为这个角度来解释新闻报道与品牌资产关系背后的原因，但并未进行消费者的相关研究。如果能考虑消费者接触的媒体类型、消费者对产品的熟悉度和卷入度等因素，再考察相应新闻报道对消费者思维的影响，进而到市场表现和财务价值的影响，那么将对拓宽和延伸新闻报道与品牌资产的关系研究具有重要推进。

最后，由于笔者理论知识和实践经验的局限，可能导致对研究中一些现象和结果的解释有限、对文本或数据信息的挖掘不够充分，而错过部分有意义的发现。对此，笔者将会继续提升理论知识和实践水平、精进研究能力，在这个研究领域积极探索以寻求新突破。

参考文献

[1] Aaker D A, Jacobson R. The financial information content of perceived quality [J]. Journal of Marketing Research, 1994, 31 (2): 191-201.

[2] Aaker D A. Managing brand equity: Capitalizing on the value of a brand name [M]. New York: Free Press, 1991.

[3] Abdul K W. Price reduction strategy: Effect of consumers' price unfairness perceptions of past purchase on brand equity [J]. Asia Pacific Journal of Marketing and Logistics, 2017, 29 (3): 634-652.

[4] Aggarwal P. The effects of brand relationship norms on consumer attitudes and behavior [J]. Journal of Consumer Research, 2004 (31): 87-101.

[5] Ahluwalia R, Burnkrant R E, Unnava H R. Consumer response to negative publicity: The moderating role of commitment [J]. Journal of Marketing Research, 2000, 37 (2): 203-214.

[6] Ailawadi K L, Neslin S A, Lehmann D R. Revenue premium as an outcome measure of brand equity [J]. Journal of Marketing, 2003, 67 (4): 1-17.

[7] Ansary A, Hashim N M H N. Brand image and equity: The mediating role of brand equity drivers and moderating effects of product type and word of mouth [J]. Review of Managerial Science, 2017, 12 (4): 969-1002.

[8] Anselmsson J, Bondesson N, Melin F. Customer-based brand equity and human resource management image: Do retail customers really care about HRM and the employer brand? [J]. European Journal of Marketing, 2016, 50 (7/8): 1185-1208.

[9] Arndt J. Role of product-related conversations in the diffusion of a new product [J]. Journal of Marketing Research, 1967, 4 (8): 291-295.

[10] Atteveldt W V. Semantic network analysis: Techniques for extracting representing and querying media content [D]. Amsterdam: Amsterdam Vrije Universiteit, 2008.

［11］ Augusto M， Torres P. Effects of brand attitude and eWOM on consumers' willingness to pay in the banking industry：Mediating role of consumer-brand identification and brand equity ［J］ . Journal of Retailing and Consumer Services， 2018 (42)： 1-10.

［12］ Barber B M， Odean T. All that glitters：The effect of attention and news on the buying behavior of individual and institutional investors ［J］ . Review of Financial Studies， 2008， 21 (2)： 785-818.

［13］ Barnett G A， Woelfel J. Readings in the Galileo system：Theory， methods and applications ［M］ . Dubuque， IA：Kendall/Hunt， 1988.

［14］ Berger D. The FCB grid ［C］ // Proceedings of the Advertising Research Foundation 31st Annual Conference， 1985.

［15］ Berry L L. Cultivating service brand equity ［J］ . Journal of the Academy of Marketing Science， 2000， 28 (1)： 128-137.

［16］ Blankston M. Observations：Building brand equity by managing the brand' s relationships ［J］ . Journal of Advertising Research， 1992 (5/6)： 79-83.

［17］ Boeuf B， Darveau J. An ethical perspective on necro-advertising：The moderating effect of brand equity ［J］ . Journal of Business Ethics， 2019， 155 (4)： 1077-1099.

［18］ Brasco T C. How brand name are valued for acquisitions ［R］ . Boston：Marketing Science Institute， 1988.

［19］ Bresciani S， Del Ponte P. New brand logo design：Customers' preference for brand name and icon ［J］ . Journal of Brand Management， 2017， 24 (5)： 375-390.

［20］ Brodie R J， Glynn M S， Little V. The service brand and the service dominant logic：Missing fundamental premise or the need for stronger theory ［J］ . Marketing Theory， 2006， 6 (3)： 363-379.

［21］ Burscher B， Odijk D， Vliegenthart R. Teaching the computer to code frames in news：Comparing two supervised machine learning approaches to frame analysis ［J］ . Communication Methods and Measures， 2014， 8 (3)： 190-206.

［22］ Bushee B J， Core J E， Guay W， Hamm S. The role of the business press as an information intermediary ［J］ . Journal of Accounting Research， 2010， 48 (1)： 1-19.

［23］ Campbell M C. Building brand equity ［J］ . International Journal of Medical Marketing， 2002， 2 (3)： 208-218.

[24] Carroll A B. Corporate social responsibility evolution of a definitional construct [J] . Business and Society, 1999, 38 (3): 268-295.

[25] Carroll C E, McCombs M. Agenda-setting effects of business news on the public's images and opinions about major corporations [J] . Corporate Reputation Review, 2003, 6 (1): 36-46.

[26] Cassell J, Tversky D. The language of online intercultural community formation [J] . Journal of Computer-Mediated Communication, 2005, 10 (2): 1-30.

[27] Chakraborty U. The Impact of source credible online reviews on purchase intention: The mediating roles of brand equity dimensions [J] . Journal of Research in Interactive Marketing, 2019, 13 (2): 142-161.

[28] Charmaz K. Constructing grounded theory: A practical guide through qualitative analysis [M] . Thousand Oaks, CA: Sage, 2006.

[29] Cian L, Krishna A, Elder R S. This logo moves me: Dynamic imagery from static images [J] . Journal of Marketing Research, 2014, 51 (2): 184-197.

[30] Cobb-Walgren C J, Ruble C A, Donthu N. Brand equity, brand preference, and purchase intent [J] . Journal of Advertising, 1995, 24 (3): 25-40.

[31] Cole J T, Greer J D. Audience response to brand journalism [J] . Journalism & Mass Communication Quarterly, 2013 (90): 673-690.

[32] Collins A M, Quillian M R. Experiments on semantic memory and language comprehension [J] . L. W. Gregg Cognition in Learning & Memory, 1972.

[33] Copeland M T. The relationship of consumers' buying habits to marketing methods [J] . Harvard Business Review, 1921, 1 (4): 282-289.

[34] Crowley A E, Spangenberg E R, Hughes K R. Measuring the hedonic and utilitarian dimensions of attitudes toward product categories [J] . Marketing Letters, 1992, 3 (3): 239-249.

[35] D'Angelo P. News framing as a multiparadigmatic research program: A response to entman [J] . Journal of Communication, 2002, 52 (4): 870-888.

[36] Day G S. The capabilities of market-driven organizations [J] . The Journal of Marketing, 1994, 58 (4): 37-52.

[37] De Chernatony L, Drury S, Segal-Horn S. Identifying and sustaining services brands values [J] . Journal of Marketing Communications, 2004, 10 (2): 73-93.

[38] Dimitrova D V, Kaid L L, Williams A P, et al. War on the web [J] . International Journal of Press/Politics, 2005, 10 (1): 22-44.

［39］ Ding C G, Tseng T H. On the relationships among brand experience, hedonic emotions, and brand equity ［J］. European Journal of Marketing, 2015, 49 (7/8): 994-1015.

［40］ Doerfel M L, Barnett G A. A semantic network analysis of the international communication association ［J］. Human Communication Research, 1999 (25).

［41］ Dolbec P Y, Chebat J C. The impact of a flagship vs. a brand store on brand attitude, brand attachment and brand equity ［J］. Journal of Retailing, 2013, 89 (4): 460-466.

［42］ Dong R, Gleim M R. High or low: The impact of brand logo location on consumers product perceptions ［J］. Food Quality and Preference, 2018 (69): 28-35.

［43］ Downs D. Representing gun owners: Frame identification as social responsibility in news media discourse ［J］. Written Communication, 2002, 19 (1): 44-75.

［44］ Doyle P. Building successful brands: The strategic options ［J］. Journal of Consumer Marketing, 1989, 5 (1): 77-95.

［45］ Dyck A, Volchkova N, Zingales L. The corporate governance role of the media: Evidence from russia ［J］. The Journal of Finance, 2008, 63 (3): 1093-1135.

［46］ Dyck A, Zingales L. The media and asset prices ［R］. Working Paper, 2003.

［47］ Ehmer E A, Kothari A. Coverage of burmese refugees in Indiana news media: An analysis of textual and visual frames ［J］. Journalism, 2018, 19 (11): 1552-1569.

［48］ Eisend M, Kuster F. The effectiveness of publicity versus advertising: A meta-analytic investigation of its moderators ［J］. Journal of the Academy of Marketing Science, 2011, 39 (6): 906-921.

［49］ Elena G M, William P. Framing political news in the chilean press: The persistence of the conflict frame ［J］. International Journal of Communication, 2017 (11): 2940-2963.

［50］ Entman R M, Matthes J, Pellicano L. Nature, sources, and effects of news framing ［J］. The Handbook of Journalism Studies, 2009 (1): 175-190.

［51］ Entman R M. Framing U. S. Coverage of international news: Contrast in narratives of the KAL and Iran air incidents ［J］. Journal of Communication, 1991, 41

(4): 6-27.

[52] Entman R M. Framing: Toward clarification of a fractured paradigm [J]. Journal of Communication, 1993, 43 (4): 51-58.

[53] Fang L, Peress J. Media coverage and the cross-section of stock returns [J]. The Journal of Finance, 2009, 64 (5): 2023-2052.

[54] Farquhar P H. Managing brand equity [J]. Journal of Advertising Research, 1990 (4): 7-12.

[55] Farquhar P H. Managing brand equity [J]. Marketing Research, 1989, 1 (3): 24-33.

[56] Faseur T, Geuens M. On the effectiveness of ego-and other-focused ad-evoked emotions: The moderating impact of product type and personality [J]. International Journal of Advertising, 2012, 31 (3): 529-546.

[57] Ferguson N, Guo J, Lam N, Philip D. Media sentiment and UK stock returns [Z]. Working Paper, Durham University, 2011.

[58] Gamson W A, Modigliani A. Media discourse and public opinion on nuclear power: A constructionist approach [J]. American Journal of Sociology, 1989, 95 (1): 1-37.

[59] Gearhart S, Trumbly L T. The scoop on health: How native american newspapers frame and report health news [J]. Health Communication, 2016: 1-8.

[60] Gelb D B, Rangarajan D. Employee contributions to brand equity [J]. California Management Review, 2014, 56 (2): 95-112.

[61] Giddens A. New rules of sociological method: A positive critique of interpretative sociologies [M]. New York, NY: Basic Books, 1976.

[62] Gitlin T. The whole world is watching: Mass media in the making and unmaking of the new left [M]. Berkeley, CA: University of California Press, 1980.

[63] Glaser B, Strauss A L. The discovery of grounded theory: Strategies for qualitative research [M]. Chicago: Aldine, 1967.

[64] Godey B, Manthiou A, Pederzoli D, et al. Social media marketing efforts of luxury brands: Influence on brand equity and consumer behavior [J]. Journal of Business Research, 2016, 69 (12): 5833-5841.

[65] Gorp V B. Where is the frame? Victims and intruders in the belgian press coverage of the asylum issue [J]. European Journal of Communication, 2005, 20 (4): 484-507.

[66] Grewal D T, Krishnan J B, Borin N. The effect of store name, brand name

and price discounts on consumers' evaluations and purchase intentions [J]. Journal of Retailing, 1998, 74 (3): 331-352.

[67] Grubor A, Djokic I, Milovanov O. The influence of social media communication on brand equity: The evidence for environmentally friendly products [J]. Applied Ecology and Environmental Research, 2017, 15 (3): 963-983.

[68] Guzman A L. Evolution of news frames during the 2011 Egyptian revolution: Critical discourse analysis of Fox News's and CNN's framing of protesters, Mubarak, and the Muslim brotherhood [J]. Journalism & Mass Communication Quarterly, 2016, 93 (1): 80-98.

[69] Gwinner K. A model of image creation and image transfer in event sponsorship [J]. International Marketing Review, 1997, 14 (3): 145-158.

[70] Hagtvedt H. The impact of incomplete typeface logos on perceptions of the firm [J]. Journal of Marketing, 2011, 75 (4): 86-93.

[71] Haller B, Ralph S. Not worth keeping alive? News framing of physician-assisted suicide in the United States and Great Britain [J]. Journalism Studies, 2001, 2 (3): 407-421.

[72] Hamzaoui-Essoussi L, Merunka D, Bartikowski B. Brand origin and country of manufacture influences on brand equity and the moderating role of brand typicality [J]. Journal of Business Research, 2011, 64 (9): 973-978.

[73] Hanaysha J R, Loon L K, Abu B Z. Food quality and price promotion as key success factors for building strong brand equity [J]. Advanced Science Letters, 2017, 23 (9): 8877-8881.

[74] Hanson E C. Framing the world news: The Times of India in changing times [J]. Political Communication, 1995 (12): 371-393.

[75] Hellsten L, Dawson J, Leydesdorff L. Implicit media frames automated analysis of public debate on artificial sweeteners [J]. Public Understanding of Science, 2010, 19 (5): 590-608.

[76] Hilgenkamp H, Shanteau J. Functional measurement analysis of brand equity: Does brand name affect perceptions of quality? [J]. Psicológica, 2010, 31 (3):93-100.

[77] Holbrook M B, Hirschman E C. The experiential aspects of consumption: Consumer fantasies, feelings, and fun [J]. Journal of Consumer Research, 1982, 9 (2): 132.

[78] Hovland C I, Weiss W. The influence of source credibility on communica-

tion effectiveness [J]. Public Opinion Quarterly, 1951, 15 (4): 635-650.

[79] Hunting K, Grumbein A, Cahill M. Watch and learn: Gendered discrepancies in educational messages on television channels targeted at boys versus girls [J]. Mass Communication and Society, 2018 (21): 115-141.

[80] Hur W M, Kim H, Woo J. How CSR leads to corporate brand equity: Mediating mechanisms of corporate brand credibility and reputation [J]. Journal of Business Ethics, 2014, 125 (1): 75-86.

[81] Igartua J J, Cheng L, Muniz C. Framing Latin America in the Spanish press a cooled down friendship between two fraternal lands [J]. Communication, 2005 (30): 359-372.

[82] Iyengar S. Television news and citizens' explanations of national affairs [J]. The American Political Science Review, 1987 (81): 815-832.

[83] Iyer G R, Kalita J K. The Impact of country-of-origin and country-of-manufacture cues on consumer perceptions of quality and value [J]. Journal of Global Marketing, 1997, 11 (1): 7-28.

[84] Jamal A, Anastasiadou K. Investigating the effects of service quality dimensions and expertise on loyalty [J]. European Journal of Marketing, 2009, 43 (3/4): 398-420.

[85] Jasperson A E, Shah D V, Watts M D, Faber R J, Fan D P. Framing and the public agenda: Media effects on the importance of the federal budget deficit [J]. Political Communication, 1998, 15 (2): 205-224.

[86] Jeong J. Advertising vs. R&D: Relative effectiveness on brand equity [J]. South African Journal of Business Management, 2015, 46 (3): 31-42.

[87] Jiang K, Barnett G A, Taylor L D. Dynamics of culture frames in international news coverage: A semantic network analysis [J]. International Journal of Communication, 2016 (10): 3710-3736.

[88] Jimnez F R, Mendoza N A. Too popular to ignore: The influence of online reviews on purchase intentions of search and experience products [J]. Journal of Interactive Marketing, 2013, 27 (3): 226-235.

[89] Johnson K R, Holmes B M. Contradictory messages: A content analysis of hollywood-produced romantic comedy feature films [J]. Communication Quarterly, 2009, 57 (3): 352-373.

[90] Joris W, Puustinen L, d'Haenens L. More news from the euro front: How the press has been framing the Euro crisis in five EU countries [J]. International Com-

munication Gazette, 2018, 80 (6): 532–550.

[91] Kang J W, Namkung Y. The effect of corporate social responsibility on brand equity and the moderating role of ethical consumerism: The case of Starbucks [J]. Journal of Hospitality & Tourism Research, 2018, 42 (7): 1130–1151.

[92] Keller K L, Lehmann D. How do brands create value [J]. Marketing Management, 2003 (5/6): 26–31.

[93] Keller K L. Conceptulizing, measuring, and managing customer-based brand equity [J]. Journal of Marketing, 1993, 57 (1): 1–22.

[94] Kim J H, Hyun Y J. A model to investigate the influence of marketing–mix efforts and corporate image on brand equity in the IT software sector [J]. Industrial Marketing Management, 2011, 40 (3): 424–438.

[95] Kim P. A perspective on brands [J]. Journal of Consumer Marketing, 1990, 7 (4): 62–67.

[96] Kim S Y, Choi M I, Reber B H, et al. Tracking public relations scholarship trends: Using semantic network analysis on PR Journals from 1975 to 2011 [J]. Public Relations Review, 2014, 40 (1): 116–118.

[97] Kirmani A, Wright P. Money talks: Perceived advertising expense and expected product quality [J]. Journal of Consumer Research, 1989, 16 (3): 344–353.

[98] Labrecque L I, Milne G R. Exciting red and competent blue: The importance of color in marketing [J]. Journal of the Academy of Marketing Science, 2012, 40 (5): 711–727.

[99] Lai Y Y, Ren J F. The effect of social media advertising on consumer–based brand equity and behavioral intension: A case of wechat news feed advertisements in China [A] //In Tao M A. International conference on management science and engineering–annual conference proceedings [C]. 2016.

[100] Lambiotte R, Delvenne J C, Barahona M. Laplacian dynamics and multiscale modular structure in networks [J]. Physics, 2009 (4): 1–21.

[101] Lebar E D, Buehler P, Keller K L, et al. Brand equity implications of joint branding programs [J]. Journal of Advertising Research, 2006, 45 (4): 413–425.

[102] Lee C W, Suh Y G, Moon B J. Product country image: The role of country-of-origin and country-of-target in consumers' prototype product evaluations [J]. Journal of International Consumer Marketing, 2001, 13 (3): 47–62.

[103] Lee H M, Lee C C, Wu C C. Brand image strategy affects brand equity after M&A [J]. European Journal of Marketing, 2011, 45 (7/8): 1091-1111.

[104] Lee H, Lee Y A, Park S A, et al. What are Americans seeing? Examining the message frames of local television health news stories [J]. Health Communication, 2013, 28 (8): 846-852.

[105] Lewis B. The waste products of the American Dream: Framing black cultural pathology in the dominant news media in times of crisis [J]. Critical Studies in Media Communication, 2019, 36 (4): 390-406.

[106] Lieven T, Hildebrand C. The impact of brand gender on brand equity findings from a large-scale cross-cultural study in ten countries [J]. International Marketing Review, 2016, 33 (2): 178-195.

[107] Liu W L, Lai C H, Xu W. Tweeting about emergency: A semantic network analysis of government organizations' social media messaging during hurricane harvey [J]. Public Relations Review, 2018, 44 (5): 807-819.

[108] Liu X, Burns A C, Hou Y. An investigation of brand-related user-generated content on twitter [J]. Journal of Advertising, 2017, 46 (2): 236-247.

[109] Liu X, Lischka H M, Kenning P, et al. Asymmetric cognitive, emotional and behavioural effects of values-related and performance-related negative brand publicity [J]. Journal of Product & Brand Management, 2018, 27 (2): 128-145.

[110] Loureiro S M C, Kaufmann H R. Advertising and country-of-origin images as sources of brand equity and the moderating role of brand typicality [J]. Baltic Journal of Management, 2017, 12 (2): 153-170.

[111] Luffarelli J, Stamatogiannakis A, Yang H. The visual asymmetry effect: An interplay of logo design and brand personality on brand equity [J]. Journal of Marketing Research, 2019, 56 (1): 89-103.

[112] Maher M T. Framing: An emerging paradigm or a phase of agenda setting? [C] // Reese S D, Gandy O H, Grant A E. Framing public life: Perspectives of media and our understanding of the social world, 2001.

[113] Maja S. Relationships between social web, IMC and overall brand equity: An empirical examination from the cross-cultural perspective [J]. European Journal of Marketing, 2017, 51 (3): 646-667.

[114] Matthes J, Kohring M. The content analysis of media frames: Toward improving reliability and validity [J]. Journal of Communication, 2008, 58 (2): 258-279.

［115］ McCracken G. Who is the celebrity endorser? Cultural foundations of the endorsement process ［J］ . Journal of Consumer Research, 1989, 16 (3): 310-321.

［116］ McGuire W J. Attitudes and attitude change ［A］ //In Gardner L, Elliot A. Handbook of Social Psychology, New York: Random House, 1985: 233-346.

［117］ Meijer M M, Kleinnijenhuis J. Issue news and corporate reputation: Applying the theories of agenda setting and issue ownership in the field of business communication ［J］ . Journal of Communication, 2006, 56 (3): 543-559.

［118］ Menon G, Jewell R D, Unnava H R. When a company does not respond to negative publicity: Cognitive elaboration VS. negative affect perspective ［J］ . Advances in Consumer Research, 1999 (26): 325-329.

［119］ Mercado M T, Crespo E M, Alvarez A. Exploring news frames, sources and editorial lines on newspaper coverage of nuclear energy in Spain ［J］ . Environmental Communication, 2019, 13 (4): 546-559.

［120］ Meyer D S. Framing national security: Elite public discourse on nuclear weapons during the cold war ［J］ . Political Communication, 1995, 12 (2): 173-192.

［121］ Miller M M, Andsager J, Riechert B P. Framing the candidates in presidential primaries: Issues and images in press releases and news coverage ［J］ . Journalism & Mass Communication Quarterly, 1998 (75): 312-324.

［122］ Miller M M. Frame mapping and analysis of news coverage of contentious issues ［J］ . Social Science Computer Review, 1997 (15): 367-378.

［123］ Miracle G E. Product characteristics and marketing strategy ［J］ . Journal of Markting, 1965, 29 (1): 18-24.

［124］ Mizik N, Jacobson R. The financial value impact of perceptual brand attributes ［J］ . Journal of Marketing Research, 2008, 45 (1): 15-32.

［125］ Monga A B, John D R. When does negative brand publicity hurt? The moderating influence of analytic versus holistic thinking ［J］ . Journal of Consumer Psychology, 2008, 18 (4): 320-332.

［126］ Moon R. A corpus-linguistic analysis of news coverage in Kenya' s Daily Nation and The Times of London ［J］ . International Journal of Communication, 2016 (10): 2381-2401.

［127］ Moore E S, Wilkie W L, Lutz R J. Passing the torch: Intergenerational influences as a source of brand equity ［J］ . Journal of Marketing, 2002, 66 (2):

17-37.

[128] Morris S, Shin H S. Social value of public information [J] . The American Economic Review, 2002, 92 (5): 1521-1534.

[129] Mullen M, Mainz A. Brands and balance sheet: Putting a price on protected products [J] . Acquisitions Monthly, 1989 (24): 26-27.

[130] Muller B, Kocher B, Crettaz A. The effects of visual rejuvenation through brand logos [J] . Journal of Business Research, 2013, 66 (1): 82-88.

[131] Mussol S, Aurier P, De Lanauze G S. Developing in-store brand strategies and relational expression through sales promotions [J] . Journal of Retailing and Consumer Services, 2019 (47): 241-250.

[132] Nelson P. Information and consumer behavior [J] . Journal of Political Economy, 1970, 78 (2): 311-329.

[133] Olofsson K L, Weible C M, Heikkila T, Martel J C. Using nonprofit narratives and news media framing to depict air pollution in Delhi, India [J] . Environmental Communication, 2018, 12 (7): 956-972.

[134] Orth U R, Malkewitz K. Holistic package design and consumer brand impressions [J] . Journal of Marketing, 2008, 72 (3): 64-81.

[135] Orth U R, Rose G M, Merchant A. Preservation, rejuvenation, or confusion? Changing package designs for heritage brands [J] . Psychology and Marketing, 2019, 36 (9): 831-843.

[136] Palazon V M, Delgado B E. Sales promotions effects on consumer-based brand equity [J] . International Journal of Market Research, 2005, 47 (2): 179-204.

[137] Pan P L, Meng J, Zhou S. Morality or equality? Ideological framing in news coverage of gay marriage legitimization [J] . Social Science Journal, 2010, 47 (3): 630-645.

[138] Pan Z, Kosicki G. Framing analysis: An approach to news discourse [J] . Political Communication, 1993, 10 (1): 55-75.

[139] Pappu R, Quester P G, Cooksey R W. Consumer-based brand equity and country-of-origin relationships [J] . European Journal of Marketing, 2006, 40 (5/6): 696-717.

[140] Pappu R, Quester P G, Cooksey R W. Consumer-based brand equity: Improving the measurement-empirical evidence [J] . The Journal of Product and Brand Management, 2005, 14 (2/3): 143-154.

[141] Prahalad C K, Ramaswamy V. Co-creating unique value with customers [J]. Strategy and Leadership, 2004, 32 (3): 4-9.

[142] Pullig C, Netemeyer R G, Biswas A. Attitude basis, Certainty, and Challenge alignment: A case of negative brand publicity [J]. Journal of the Academy of Marketing Science, 2006, 34 (4): 528-542.

[143] Quinsaat S. Competing news frames and hegemonic discourses in the construction of contemporary immigration and immigrants in the United States [J]. Mass Communication and Society, 2014, 17 (4): 573-596.

[144] Rae A G, Scott P. Schizophrenia in the news: The role of news frames in shaping online reader dialogue about mental illness [J]. Health Communication, 2018, 33 (8): 954-961.

[145] Raggio R D, Leone R P. The theoretical separation of brand equity and brand value: Managerial implications for strategic planning [J]. Journal of Brand Management, 2007, 14 (5): 380-395.

[146] Rahman M, Angeles R S M, Lambkin M. Brand equity and firm performance: The complementary role of corporate social responsibility [J]. Journal of Brand Management, 2019, 26 (6): 691-704.

[147] Reese S D. The framing project: A bridging model for media research revisited [J]. Journal of Communication, 2007, 57 (1): 148-154.

[148] Richey M H, Koenigs R J, Richey H W, et al. Negative salience in impressions of character: Effects of unequal proportions of positive and negative information [J]. The Journal of Social Psychology, 1975, 97 (2): 233-241.

[149] Rifon N J, Choi S M, Trimble C S, Li H. Congruence effects in sponsorship [J]. Journal of Advertising, 2004, 33 (1): 29-42.

[150] Roth M S, Romeo J B. Matching product catgeory and country image perceptions: A framework for managing country-of-origin effects [J]. Journal of International Business Studies, 1992, 23 (3): 477-497.

[151] Round G, Roper S, Lee N, et al. When and why does the name of the brand still matter? Developing the temporal dimension of brand name equity theory [J]. European Journal of Marketing, 2017, 51 (11/12): 2118-2137.

[152] Schooler R D. Product bias in the central American common market [J]. Journal of Marketing Research, 1965, 2 (4): 394-397.

[153] Schultz F, Kleinnijenhuis J, Oegema D, et al. Strategic Framing in the BP crisis: A semantic network analysis of associative frames [J]. Public Relations

Review，2012，38（1）：97-107.

［154］Semetko H A，Valkenburg P M. Framing European politics：A content analysis of press and television news［J］. Journal of Communication，2000，50（2）：93-109.

［155］Sevin E H. Understanding cities through city brands：City branding as a social and semantic network［J］. Cities，2014（38）：47-56.

［156］Shah D V，Watts M D，Domke D，Fan D F. News framing and cueing of issue regimes：Explaining clinton's public approval in spite of scandal［J］. Public Opinion Quarterly，2002，66（3）：339-370.

［157］Shahin S. Framing "BAD NEWS" culpability and innocence in news coverage of tragedies［J］. Journalism Practice，2016，10（5）：645-662.

［158］Sheldon O. The social responsibility of management［M］. London：Sir Isaac Pitman and Sons，1924.

［159］Sherrell D L，Reidenbach R E，Moore E M，et al. Exploring consumer response to negative publicity［J］. Public Relations Review，1985，11（1）：13-28.

［160］Shim J，Park C，Wilding M. Identifying policy frames through semantic network analysis：An examination of nuclear energy policy across six countries［J］. Policy Sciences，2015，48（1）：51-83.

［161］Simon A，Xenos M. Media Framing and effective public deliberation［J］. Political Communication，2000，17（4）：363-376.

［162］Simon C J，Sullivan M W. The measurement and determinants of brand equity：A financial approach［J］. Marketing Science，1993，12（1）：28-52.

［163］Skard S，Helge T. Is publicity always better than advertising? The role of brand reputation in communicating corporate social responsibility［J］. Journal of Business Ethics，2014，124（1）：149-160.

［164］Solomon M R. Marketing：Real people，Real choices［M］. New Jersey：Prentice Hall，Inc.，2011：147-148.

［165］Spotts H E，Weinberger M G，Weinberger M F. How publicity and advertising spending affect marketing and company performance［J］. Journal of Advertising Research，2015，55（4）：416-432.

［166］Stobart P. Alternative methods of brand valuation［A］//Murphy J. Brand valuations：Establishing a true and fair view［C］. London：The Interbrand Group，1989.

[167] Strahilevitz M, Myers J. Donations to Charity as Purchase Incentives: How Well They Work May Depend on What You Are Trying to Sell [J]. Journal of Consumer Research, 1998, 24 (4): 434-436.

[168] Strauss A, Corbin J. Basics of qualitative research: Grounded theory procedures and techniques [M]. Newbury Park, CA: Sage, 1990.

[169] Sundar A, Kellaris J. How logo colors influence shoppers' judgments of retailer ethicality: The mediating role of perceived eco-friendliness [J]. Journal of Business Ethics, 2017, 146 (3): 685-701.

[170] Tang L, Bie B, Zhi D. Tweeting about measles during stages of an outbreak: A semantic network approach to the framing of an emerging infectious disease [J]. American Journal of Infection Control, 2018, 46 (12): 871-882.

[171] Tankard J W, Hendrickson L, Silverman J, Bliss K, Ghanem S. Media frames: Approaches to conceptualization and measurement [C] //Paper Presented at the Annual Meeting of the Association for Education in Journalism and Mass Communication. Boston, Massachusetts, 1991.

[172] Tankard J W. The empirical approach to the study of media framing [C] // Reese S D, Gandy O H, Grant A E. Framing public life: Perspectives of media and our understanding of the social world, 2001: 95-106.

[173] Tasci A D A, Guillet B D. It affects, it affects not: A quasi-experiment on the transfer effect of co-branding on consumer-based brand equity of hospitality products [J]. International Journal of Hospitality Management, 2011, 30 (4): 774-782.

[174] Tauber E M. Brand leverage: Strategy for growth in a cost control world [J]. Journal of Advertising Research, 1988 (8): 26-30.

[175] Tavassoli N T, Sorescu A, Chandy R. Employee-based brand equity: Why firms with strong brands pay their executives less [J]. Journal of Marketing Research, 2014, 51 (6): 676-690.

[176] Tetlock P C. Giving content to investor sentiment: The role of media in the stock market [J]. Journal of Finance, 2007, 62 (3): 1139-1168.

[177] Tian Y, Stewart C M. Framing the SARS crisis: A computer-assisted text analysis of CNN and BBC online news reports of SARS [J]. Asian Journal of Communication, 2005, 15 (3): 289-301.

[178] Till B D, Busler M. The match-up hypothesis: Physical attractiveness, expertise, and the role of fit on brand attitude, purchase intent and brand beliefs

[J] . Journal of Advertising, 2000, 29 (3): 1-13.

[179] Titah R, Titah R, Hess T. Differential effects of provider recommendations and consumer reviews in E-commerce transactions: An experimental study [J] . Journal of Management Information Systems, 2012, 29 (1): 237-272.

[180] Tokutake M, Kajiyama T, Ouchi N. A method for revising package image colors to express brand perceptions better [J] . Color Research & Application, 2019, 44 (5): 798-810.

[181] Toni G. L. A. van der Meer, Verhoeven P, Beentjes H, et al. When frames align: The interplay between PR, news media, and the public in times of crisis [J] . Public Relations Review, 2014, 40 (5): 751-761.

[182] Tsang N K F, Lee L Y S, Li F X H. An examination of the relationship between employee perception and hotel brand equity [J] . Journal of Travel & Tourism Marketing, 2011, 28 (5): 481-497.

[183] Van Riel A C R, De Mortanges C P, Streukens S. Marketing antecedents of industrial brand equity: An empirical investigation in specialty chemicals [J] . Industrial Marketing Management, 2005, 34 (8): 841-847.

[184] Venkatraman N, Ramanujam V. Measurement of business performance in strategy research: A comparison of approaches [J] . Academy of Management Review, 1986, 11 (4): 801-814.

[185] Vincent D B, Jean-loup G, Renaud L, et al. Fast unfolding of communities in large networks [J] . Journal of Statistical Mechanics: Theory and Experiment, 2008 (10): 1-12.

[186] Vincze H O. The Crisis' as a journalistic frame in Romanian news media [J] . European Journal of Communication, 2014, 29 (5): 567-582.

[187] Wang W R. Stigma and counter-stigma frames, cues, and exemplification: Comparing news coverage of depression in the English-and Spanish-language media in the US [J] . Health Communication, 2019, 34 (2): 172-170.

[188] Winer R S. A reference price model of brand choice for frequently purchased products [J] . Journal of Consumer Research, 1986 (13): 250-256.

[189] Woo H, Jung S, Jin B E. How far can brands go to defend themselves? The extent of negative publicity impact on proactive consumer behaviors and brand equity [J] . Business Ethics: A European Review, 2020, 29 (1): 193-211.

[190] Xiao T. Creation of brand equity in the Chinese clothing market [D] . University of Missouri-Columbia, 2006.

［191］Xiong Y，Cho M，Boatwright B. Hashtag activism and message frames among social movement organizations：Semantic network analysis and thematic analysis of Twitter during the #Metoo movement［J］. Public Relations Review，2019，45（1）：10-23.

［192］Yang J，Basile K. The impact of corporate social responsibility on brand equity［J］. Marketing Intelligence & Planning，2019，37（1）：2-17.

［193］Yang Y C，Zhao X. Exploring the relationship of green packaging design with consumers' green trust，and green brand attachment［J］. Social Behavior and Personality，2019，47（8）：1-10.

［194］Yao Q，Huang L W，Li M L. The effects of tech and non-tech innovation on brand equity in China：The role of institutional environments［J］. Plos One，2019，14，（5）：1-24.

［195］Yoo B，Donthu N，Lee S. An examination of selected marketing mix elements and brand equity［J］. Journal of the Academy of Marketing Science，2000，28（2）：195-211.

［196］Yu M，Liu F，Lee J A. Consumers' responses to negative publicity：The influence of culture on information search and negative word-of-mouth［J］. Journal of Brand Management，2018，26（2）：141-156.

［197］Zajonc R B. Attitudinal effects of mere exposure［J］. Journal of Personality and Social Psychology，1968，9（2）：1-27.

［198］Zeithaml V A，Parasuraman A，Berry L L. Problems and strategies in services marketing［J］. Journal of Marketing，1985，49（2）：33-46.

［199］Zhang J，Jiang Y X，Shabbir R Du M F. Building industrial brand equity by leveraging firm capabilities and co-creating value with customers［J］. Industrial Marketing Management，2015（51）：47-58.

［200］Zhang Y，Feick L，Price L J. The impact of self-construal on aesthetic preference for angular versus roundedshapes［J］. Personality and Social Psychology Bulletin，2006，32（6）：794-805.

［201］Zywica J，Danowski J. The faces of facebookers：Investigating social enhancement and social compensation hypotheses；Predicting Facebook™ and offline popularity from sociability and self-esteem，and mapping the meanings of popularity with semantic networks［J］. Journal of Computer-Mediated Communication，2008，14（1）：1-34.

［202］艾·里斯，杰克·特劳特．定位［M］．王恩冕，于少蔚，译．北

京：中国财政经济出版社，2002.

［203］编委会．现代管理词典编委会．现代管理词典第 3 版［M］．武汉：武汉大学出版社，2012：455.

［204］标准普尔，摩根斯坦利公司．全球行业分类标准［S］.2016.

［205］蔡骐，吴梦．我国精准扶贫报道中的主体形象与话语框架解析（2013-2018）［J］．新闻记者，2019（6）：70-76.

［206］操慧，王晓冉．我国党报党代会的新闻框架分析——以《人民日报》党代会报道为例（1956~2012 年）［J］．西南民族大学学报（人文社会科学版），2014，35（3）：149-154.

［207］曹廷求，张光利．上市公司高管辞职的动机和效果检验［J］．经济研究，2012，47（6）：73-87.

［208］陈阳．大众传播学研究方法导论［M］．北京：中国人民大学出版社，2007：317.

［209］陈阳．青年典型人物的建构与嬗变——《人民日报》塑造的雷锋形象（1963-2003）［J］．国际新闻界，2008（3）：18-22，72.

［210］陈子清．市场营销理论与实务［M］．上海：上海财经大学出版社，2018：156.

［211］褚建勋，纪娇娇，黄晟鹏．微信公众平台的转基因新闻报道框架偏向性研究［J］．情报科学，2016，34（11）：140-145.

［212］邓理峰，张宁．媒体对企业声誉的议程设置效果：企业社会责任报道的研究［J］．现代传播（中国传媒大学学报），2013，35（5）：119-125.

［213］邓理峰．声音的竞争　解构企业公共关系影响新闻生产的机制［M］．北京：中国传媒大学出版社，2014：125-130.

［214］邓珞华．词频分析——一种新的情报分析研究方法［J］．大学图书馆通讯，1988（2）：18-25.

［215］丁柏铨．论舆论监督和正面宣传的辩证统一关系［J］．新闻爱好者，2016（3）：4-7.

［216］董海军．社会调查与统计［M］．武汉：武汉大学出版社，2015：285.

［217］董天策．网络媒体在新闻价值取向上的变化［J］．现代传播，2004（6）：86-88.

［218］杜建刚，陈昱润，曹花蕊．基于 Meta 分析的品牌资产前置要素整合研究［J］．南开管理评论，2019，22（6）：50-61.

［219］杜晓．三鹿之死能否换来乳业重生［N］．法制日报，2008-12-29（008）.

［220］多萝西·A. 鲍尔斯，黛安娜·L. 博登．创造性的编辑（第 3 版）［M］．北京：中国人民大学出版社，2008：239.

［221］范秀成．品牌权益及其测评体系分析［J］．南开管理评论，2000（1）：9-15.

［222］菲利普·科特勒，凯文·莱恩·凯勒．工商管理经典译丛营销管理全球版原书（第 14 版）［M］．北京：中国人民大学出版社，2012.

［223］冯叔君．产品智造　企业如何创新创优［M］．上海：东方出版中心，2018：190.

［224］付家柏．成败于“题”——兼对读题现象的释解［J］．新闻爱好者，2003（9）：21-22.

［225］龚玲，蓝燕玲，雷莉，黄合水．网络口碑对受者品牌态度的影响［J］．新闻与传播研究，2008，15（5）：84-89，96.

［226］龚艳萍，欧阳清，岳歆婷，李见．创意中插广告特征对消费者购买意愿的影响研究［J］．管理现代化，2020（1）：68-72.

［227］古安伟．基于消费者关系视角的品牌资产概念模型及其驱动关系研究［D］．吉林大学，2012.

［228］郭庆光．传播学教程第二版［M］．北京：中国人民大学出版社，2011：208-212.

［229］郭锐，严良，苏晨汀，周南．不对称品牌联盟对弱势品牌稀释研究：“攀龙附凤”还是“引火烧身”？［J］．中国软科学，2010（2）：132-141.

［230］韩慧林，孙国辉．品牌价值对上市公司股票价格的影响研究［J］．价格理论与实践，2016（1）：143-145.

［231］韩经纶，赵军．论品牌定位与品牌延伸的关系［J］．南开管理评论，2004（2）：46-50.

［232］韩娜，李健．企业社会责任对品牌资产的影响分析——以信息获取方式为调节变量［J］．浙江工商大学学报，2014（1）：91-100.

［233］韩书庚．新闻标题语言研究［M］．北京：知识产权出版社，2014：13.

［234］何佳讯，秦翕嫣，才源源．中国文化背景下消费行为的反向代际影响：一种新的品牌资产来源及结构［J］．南开管理评论，2012，15（4）：129-140.

［235］何佳讯．中外企业的品牌资产差异及管理建议——基于 CBRQ 量表的实证研究［J］．中国工业经济，2006（8）：109-116.

［236］何志毅．中国消费者的产品利益偏好研究——基于耐用消费品的探索性研究［J］．管理世界，2005（3）：115-121.

［237］贺爱忠，易婧莹．虚拟品牌社区类社会互动对价值共创互动行为的影

响研究［J］．软科学，2019，33（9）：108-112.

［238］侯治平，黄少杰，廉同辉，李昕宸．基于语义关联分析的学术网络舆情传播研究——以科学网屠呦呦获诺贝尔奖博文为例［J］．情报杂志，2017，36（5）：118-123.

［239］胡介埙．分销渠道管理［M］．沈阳：东北财经大学出版社，2015：269.

［240］胡彦蓉，刘洪久，吴冲．产品属性对品牌资产影响实证研究——基于顾客心智的视角［J］．商业经济研究，2015（4）：58-61.

［241］黄合水．2013年中国市场品牌健康监测报告［M］．厦门：厦门大学出版社，2014.

［242］黄合水．2014年中国市场品牌健康度监测报告［M］．厦门：厦门大学出版社，2017.

［243］黄合水．2015年中国市场品牌健康度监测报告［M］．厦门：厦门大学出版社，2017.

［244］黄合水，彭聃龄．论品牌资产——一种认知的观点［J］．心理科学进展，2002（3）：350-359.

［245］黄合水，彭丽霞．基于新闻大数据的中国城市时尚形象研究［J］．厦门大学学报（哲学社会科学版），2019（4）：131-140.

［246］黄合水，彭丽霞．全国各省市的媒体镜像——基于网络新闻大数据［M］．厦门：厦门大学出版社，2018.

［247］黄合水．产品评价的来源国效应［J］．心理科学进展，2003（6）：692-699.

［248］黄辉．媒体负面报道、市场反应与企业绩效［J］．中国软科学，2013（8）：104-116.

［249］黄敏学，李小玲，朱华伟．企业被“逼捐”现象的剖析：是大众“无理”还是企业“无良”？［J］．管理世界，2008（10）：115-126.

［250］黄胜兵，卢泰宏．品牌的阴阳二重性—品牌形象的市场研究方法［J］．南开管理评论，2000（2）：27-30.

［251］纪娇娇，褚建勋．基于语义网络和BOW模型的中文议题框架量化分析［J］．情报科学，2017，35（5）：100-105.

［252］贾旭东，衡量．基于“扎根精神”的中国本土管理理论构建范式初探［J］．管理学报，2016，13（3）：336-346.

［253］贾旭东，谭新辉．经典扎根理论及其精神对中国管理研究的现实价值［J］．管理学报，2010，7（5）：656-665.

［254］江明华，董伟民．价格促销的折扣量影响品牌资产的实证研究

[J]．北京大学学报（哲学社会科学版），2003（5）：48-56.

[255] 姜天，赵静．工业品市场营销策略研究［J］．中国市场，2018（27）：118-119，125.

[256] 蒋红云，尹清非．我国城镇居民耐用消费品消费的发展历程及趋势［J］．企业经济，2018，37（9）：42-52.

[257] 金苗，自国天然，纪娇娇．意义探索与意图查核——“一带一路”倡议五年来西方主流媒体报道 LDA 主题模型分析［J］．新闻大学，2019（5）：13-29，116-117.

[258] 靳代平，王新新，姚鹏．品牌粉丝因何而狂热？——基于内部人视角的扎根研究［J］．管理世界，2016（9）：102-119.

[259] 景奉杰，石华瑀，牛亚茹．品牌标识边框对消费者品牌态度的影响机制探究［J］．经济与管理评论，2019，35（1）：45-56.

[260] 李海波，郭建斌．事实陈述 vs. 道德评判：中国大陆报纸对“老人摔倒”报道的框架分析［J］．新闻与传播研究，2013，20（1）：51-66，127.

[261] 李宏岳．市场营销学［M］．广州：中山大学出版社，2016：258.

[262] 李培功，沈艺峰．媒体的公司治理作用：中国的经验证据［J］．经济研究，2010，45（4）：14-27.

[263] 李艳红，胥学跃．通信新业务基础［M］．北京：北京邮电大学出版社，2015：87-88.

[264] 李永森，陆超，卫剑波，徐悦．增持、减持和回购：基于市场动态平衡的制度设计［J］．金融监管研究，2013（3）：33-56.

[265] 廖以臣，许传哲，龚璇．网络环境下广告怀旧有助于品牌的口碑传播吗？基于情感双维度视角［J］．心理学报，2019，51（8）：945-957.

[266] 林常荣．消费者视角的企业社会责任对品牌资产的影响研究［D］．山东大学，2012.

[267] 林晖．媒体多元条件下的多元新闻框架——以企业报道等为例［J］．新闻记者，2007（4）：18-22.

[268] 林念修．创新是引领发展的第一动力［J］．行政管理改革，2015（10）：21-25.

[269] 刘军．社会网络分析手册（上）［M］．重庆：重庆大学出版社，2018：15.

[270] 刘萌玥，陈效萱，吴建伟，赵玉宗，唐顺英．旅游景区网络舆情指标体系构建——基于马蜂窝网全国百家 5A 级景区的游客评论［J］．资源开发与市场，2017，33（1）：80-84.

[271] 刘熙钧．政治经济学 资本主义部分 [M]．厦门：厦门大学出版社，2015：161.

[272] 刘向强，李沁洋，孙健．媒体语气会影响股票收益吗？——基于互联网媒体的经验证据 [J]．科学决策，2017 (6)：41-54.

[273] 刘章勇，王翅．渠道管理 [M]．北京：北京理工大学出版社，2018：4.

[274] 柳旭东，窦俊娥．中国国家电视媒体食品安全议题报道的框架研究——基于对中央电视台《新闻联播》十年报道的实证分析 [J]．现代传播（中国传媒大学学报），2015，37 (1)：55-60.

[275] 罗彪，丛日飞．留、传、搜、用：消费者行为视角下的电子口碑研究综述与展望 [J]．外国经济与管理，2015，37 (8)：54-64.

[276] 罗子明．品牌传播研究 [M]．北京：企业管理出版社，2015：6-7.

[277] 买忆媛，李逸．新创企业的广告投入和 R&D 投入对品牌资产的影响 [J]．科研管理，2016，37 (1)：137-144.

[278] 毛章清，张至谦．厦大新闻学茶座 (5) 黄合水教授：解读新闻中的新闻 [J]．国际新闻界，2015，37 (2)：175-176.

[279] 潘雯．本地与全球：中英文媒体与澳门城市形象——框架理论的视角 [J]．国际新闻界，2018，40 (8)：156-165.

[280] 钱明辉，陈丹，郎玲玉，李祺．中华老字号品牌评价研究：基于新闻文本的量化分析 [J]．商业研究，2017 (1)：1-12.

[281] 秦勇．营销渠道管理理论、方法与实践 [M]．北京：中国发展出版社，2015：252.

[282] 申琦，赵鹿鸣．管窥百年普利策：基于普利策新闻奖嘉奖辞的词频分析 (1917-2016) [J]．国际新闻界，2017，39 (12)：88-105.

[283] 盛光华，岳蓓蓓，龚思羽．绿色广告诉求与信息框架匹配效应对消费者响应的影响 [J]．管理学报，2019，16 (3)：439-446.

[284] 舒伯阳．服务运营管理 [M]．北京：中国旅游出版社，2016：19.

[285] 孙瑾，林海超．唯男子与小物可诱也？品牌名称暗示性对消费者决策的影响研究 [J]．北京工商大学学报（社会科学版），2017，32 (4)：34-44.

[286] 孙瑾，张红霞．品牌名称暗示性对消费者决策选择的影响：认知需要和专业化水平的调节作用 [J]．心理学报，2012，44 (5)：698-710.

[287] 孙娟，李艳军．植入广告传播效果及影响因素：品牌资产的视角 [J]．广东财经大学学报，2015，30 (3)：64-73.

[288] 陶可，张维．媒体报道与资产价格：一个文献综述 [J]．金融评论，

2018，10（3）：112-121，126.

［289］陶力．“爆炸门”致业绩滑铁卢　三星将往何处去？［N］．21 世纪经济报道，2016-10-28（008）．

［290］田敏，李纯青，萧庆龙．企业社会责任行为对消费者品牌评价的影响［J］．南开管理评论，2014，17（6）：19-29.

［291］万新娜．框架理论下新疆的媒介形象建构——以《人民日报》近 10 年报道为例［J］．当代传播，2014（6）：107-108.

［292］王国华，吴丹，王戈，闵晨，魏程瑞．框架理论视域下的虚假新闻传播研究——基于“上海女孩逃离江西农村”事件的内容分析［J］．情报杂志，2016，35（6）：56-64.

［293］王海忠，于春玲，赵平．品牌资产的消费者模式与产品市场产出模式的关系［J］．管理世界，2006（1）：106-119.

［294］王俊仙．长生生物假疫苗接二连三连续 5 跌停　市值蒸发近百亿［N］．华夏时报，2018-07-23（011）．

［295］王树义，廖桦涛，吴查科．基于情感分类的竞争企业新闻文本主题挖掘［J］．数据分析与知识发现，2018，2（3）：70-78.

［296］王秀丽，韩纲，帕梅拉·J. 休梅克．《新闻调查》1996—2005：一种框架分析［J］．国际新闻界，2011，33（12）：78-84.

［297］王宇．框架视野下的食品安全报道——以《人民日报》近 10 年的报道为例［J］．现代传播（中国传媒大学学报），2012，34（2）：43-47.

［298］维克托·迈尔-舍恩伯格，肯尼思·库克耶．大数据时代：生活、工作与思维的大变革［M］．盛杨燕，周涛，译．杭州：浙江人民出版社，2013：9.

［299］卫海英，雷超．产品与服务的品牌资产比较研究［J］．财贸经济，2010（5）：109-115.

［300］卫海英，刘桂瑜．互动对服务品牌资产影响的实证研究［J］．软科学，2009，23（11）：43-47.

［301］卫海英，王贵明．品牌资产与经营策略因子关系的回归分析——对 105 家大中型企业的问卷调查［J］．学术研究，2003（7）：63-65.

［302］魏华，汪涛，周宗奎，冯文婷，丁倩．叠音品牌名称对消费者知觉和偏好的影响［J］．心理学报，2016，48（11）：1479-1488.

［303］温韬．营销问题［M］．北京：商务印书馆，2012：106-108.

［304］辛杰．论企业社会责任对品牌资产的影响——基于消费者 CSR 感知的视角［J］．深圳大学学报（人文社会科学版），2012，29（6）：93-99.

［305］徐康宁，郭昕炜．企业能力理论评析［J］．经济学动态，2001（7）：

57-60.

［306］徐连明．中国大众传媒独生子女新闻框架分析［J］．广西民族大学学报（哲学社会科学版），2011，33（5）：35-40.

［307］徐水华．《资本论》生产力理论及其在当代中国的实践研究［M］．济南：山东人民出版社，2015：98.

［308］许鑫，蔚海燕，姚占雷．并购事件中的网络口碑研究——基于吉利收购沃尔沃的新浪微博实证［J］．图书情报工作，2011，55（12）：36-40.

［309］许鑫．基于文本特征计算的信息分析方法［M］．上海：上海科学技术文献出版社，2015.

［310］许正林．新闻编辑［M］．上海：上海大学出版社，2009：87.

［311］严碧容，方明．财务管理学［M］．杭州：浙江大学出版社，2016：162-163.

［312］严家明，李生校．工业品营销［M］．上海：上海财经大学出版社，2013.

［313］颜梅，庄剑峰．框架理论视野下的电视法制新闻报道研究——以“药家鑫案”的报道为例［J］．国际新闻界，2012，34（8）：61-66.

［314］杨击，吴桐．母题制造和框架建构：“宝马撞人案”媒介报道话语分析［J］．新闻大学，2013（3）：54-59.

［315］杨击，叶柳．“胡润百富榜”媒体报道话语分析——富豪报道叙事框架的框架装置与推理装置（下）［J］．新闻记者，2012（12）：78-84.

［316］杨兴凯．跨境电子商务［M］．沈阳：东北财经大学出版社，2018：73.

［317］杨雪．网络营销［M］．西安：西安电子科技大学出版社，2017：20.

［318］姚杰．幽默诉求广告对品牌态度产生的影响——基于 OTC 药品的探讨［J］．南京社会科学，2009（11）：54-58.

［319］叶柳，杨击．“胡润百富榜”媒体报道话语分析——富豪报道叙事框架的框架装置与推理装置（上）［J］．新闻记者，2012（8）：71-77.

［320］尹连根．邓玉娇案的框架分析：网上公共舆论如何影响网下媒体报道［J］．国际新闻界，2010，32（9）：25-31.

［321］余呈先，魏遥．服务营销与管理［M］．合肥：中国科学技术大学出版社，2015：47.

［322］余明阳，杨芳平．品牌学教程［M］．上海：复旦大学出版社，2009：5-7.

［323］余霞，赵斓．流变、共建与重构：争议性科技议题的新闻框架——基于《人民日报》、《科技日报》、新浪网 PX 报道［J］．中国出版，2018（8）：

43-47.

［324］喻国明，宋美杰．传媒经济研究的热点、局限与未来期待——2011年传媒经济研究综述［J］．国际新闻界，2012，34（1）：13-18.

［325］臧国仁．新闻媒体与消息来源　媒介框架与真实建构之论述［M］．北京：三民书局股份有限公司，1999：51.

［326］曾凡斌，陈荷．基于谷歌图书语料库大数据的百年传播学发展研究［J］．现代传播（中国传媒大学学报），2018，40（3）：135-145.

［327］曾繁旭，戴佳，郑婕．框架争夺、共鸣与扩散：PM2.5 议题的媒介报道分析［J］．国际新闻界，2013，35（8）：96-108.

［328］曾宪聚，张雅慧，冯耕中．注意力视角下媒体报道对股价的影响模型研究［J］．运筹与管理，2019，28（7）：144-152.

［329］张驰，黄升民．中国品牌发展的反思［J］．新闻与传播评论，2019，72（1）：62-71.

［330］张辉，白长虹，郝胜宇．品牌资产管理新视角——基于员工的品牌资产研究述评［J］．外国经济与管理，2011，33（9）：34-42.

［331］张辉，牛振邦，张新圣．酒店品牌资产述评：兼论基于员工的品牌资产的管理［J］．旅游学刊，2016，31（3）：70-78.

［332］张克旭，臧海群，韩纲，何婕．从媒介现实到受众现实——从框架理论看电视报道我驻南使馆被炸事件［J］．新闻与传播研究，1999（2）：2-10，94.

［333］张黎明，陈雪阳．市场营销学（第 5 版）［M］．成都：四川大学出版社，2017：179.

［334］张梦中，马克·霍．定性研究方法总论［J］．中国行政管理，2001（11）：39-42.

［335］张薇．高管增持、市场反应与企业短期绩效［J］．财会通讯，2018（12）：59-63，129.

［336］张小山．社会统计学与 SPSS 应用［M］．武汉：华中科技大学出版社，2010：294.

［337］张晓艳，徐艳华．市场营销学：理论与实务［M］．北京：北京航空航天大学出版社，2016：305.

［338］张扬．京沪穗三地雾霾报道的框架分析——以《北京晚报》《新民晚报》《羊城晚报》为例［J］．新闻记者，2014（1）：88-92.

［339］张燚，刘进平，张锐．负面危机事件对品牌来源国认知的影响——基于产品类型差异的调节作用［J］．江西社会科学，2016，36（1）：205-213.

［340］张咏华，殷玉倩．框架建构理论透视下的国外主流媒体涉华报道——以英国《卫报》2005 年关于中国的报道为分析样本［J］．新闻记者，2006（8）：15-18.

［341］张悦．品牌网络负面新闻事件的标签化现象研究［D］．厦门大学，2018.

［342］郑志刚，丁冬，汪昌云．媒体的负面报道、经理人声誉与企业业绩改善——来自我国上市公司的证据［J］．金融研究，2011（12）：163-176.

［343］中国互联网信息中心．第 44 次中国互联网络发展状况统计报告（2019）［R］．北京：中国互联网信息中心，2019.

［344］钟帅，章启宇．基于关系互动的品牌资产概念、维度与量表开发［J］．管理科学，2015，28（2）：69-79.

［345］周世禄，王文博．西门子冰箱门事件的微博内容框架分析——微博对新闻报道影响初探［J］．新闻与传播研究，2013，20（3）：83-95，127-128.

［346］周小曼，叶生洪，厉佳，黄赞．斜不胜正？品牌标识形状对消费者产品评价的影响研究［J］．外国经济与管理，2019，41（2）：84-98.

［347］周彦文．最新经济用语词典［M］．北京：经济科学出版社，1990：198.

［348］朱翊敏．在线品牌社群成员参与程度对其社群认同的影响——产品类型和品牌熟悉度的调节［J］．商业经济与管理，2019（2）：51-61.

［349］朱永明，李佳佳，姜红丙．CSR 对品牌资产的作用机制研究——以短视频行业的经验数据为证［J］．会计之友，2019（22）：10-16.

［350］朱振中，刘福，Haipeng（Allan）CHEN．能力还是热情？广告诉求对消费者品牌认同和购买意向的影响［J］．心理学报，2020，52（3）：357-370.

［351］资庆元．中国新闻标题研究［M］．昆明：云南大学出版社，2003：1.

附录　品牌新闻报道议题框架提取的编码结果

1. 华为

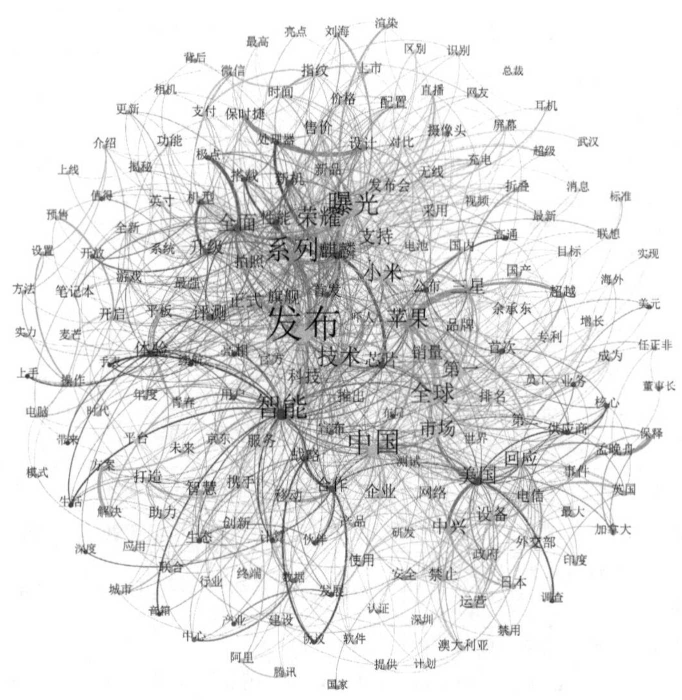

华为语义网络图

华为议题框架的归纳提取过程及比例计算结果

编号	关键词	初始编码	二级议题	一级议题	词频和（个）	频率（%）
1	发布、正式、售价、服务、国内、全新、麦芒、平台、上线、终端、最高	线上新品发布	新品发布	活动营销	2310	7.30

续表

编号	关键词	初始编码	二级议题	一级议题	词频和（个）	频率（%）
2	设计、保时捷	产品组合	品牌联盟	组织合作	477	1.51
3	系列、旗舰、拍照、京东、官方、网友、最强、实力、年度、相机、超级	产品配置	产品功能	产品信息	2096	6.63
4	苹果、三星、折叠、超越	产品对比	竞品对比	市场竞争	1207	3.82
5	回应、孟晚舟、任正非、保释、事件、员工、外交部、深圳、加拿大、董事长	行业监管	市场环境	市场竞争	1376	4.35
6	麒麟、芯片、首发、性能、搭载、处理器、高通	产品配置	产品功能	产品信息	1464	4.63
7	曝光、价格、配置、屏幕、刘海、摄像头、采用、渲染	产品配置	产品功能	产品信息	1520	4.80
8	全面、评测、新机、极点、值得	产品测评	产品功能	产品信息	1174	3.71
9	智慧、打造、方案、携手、助力、解决、联合、建设、城市	未来布局	品牌规划	品牌发展	1012	3.20
10	技术、科技、背后、游戏、吓人、揭秘	产品创新	技术创新	生产管理	1114	3.52
11	合作、战略、生态、发展、深度、产业、伙伴、协议	产业推进	产业合作	组织合作	976	3.08
12	全球、第一、销量、余承东、第二、世界、成为、专利、排名、目标	经营成绩	品牌业绩	品牌发展	1728	5.46
13	升级、用户、宣布、机型、开放	产品创新	技术创新	生产管理	812	2.57
14	中国、企业、移动、研发、创新、未来、阿里、行业、腾讯、软件	产品组合	品牌联盟	组织合作	1671	5.28
15	市场、增长、海外、实现	海外市场	市场拓展	市场竞争	591	1.87
16	小米、联想、品牌、国产、标准	产品对比	竞品对比	市场竞争	932	2.95
17	平板、笔记本电脑、英寸、台式电脑、青春、模式	产品特点	产品功能	产品信息	784	2.48
18	中兴、设备、产品、日本、网络、使用、政府、电信、运营、英国、禁止、最大、澳大利亚、禁用、提供	海外市场	市场拓展	市场竞争	1929	6.10
19	安全、国家、认证	行业监管	市场环境	市场竞争	285	0.90
20	开启、操作、时代、应用、设置、预售、方法、介绍	产品用法	产品功能	产品信息	889	2.81
21	支持、推出、指纹、无线、充电、电池、支付、计划、耳机、识别、微信	产品创新	技术创新	生产管理	1294	4.09

续表

编号	关键词	初始编码	二级议题	一级议题	词频和（个）	频率（%）
22	智能、体验、亮相、续航、生活、计算、上手、手表、音箱、布局、带来	线上新品发布	新品发布	活动营销	1686	5.33
23	美国、业务、美元、调查	行业监管	市场环境	市场竞争	847	2.68
24	荣耀、对比、最新、武汉、区别、消息、总裁	产品对比	竞品对比	市场竞争	1245	3.94
25	发布会、上市、新品、时间、视频、直播、亮点	线下新品活动	新品发布	活动营销	991	3.13
26	公布、供应商、首次、核心	供需合作	产业合作	组织合作	480	1.52
27	数据、中心	基地建设	生产系统	生产管理	188	0.59
28	功能、系统、测试、印度、更新	基地建设	生产系统	生产管理	559	1.77

2. 滴滴

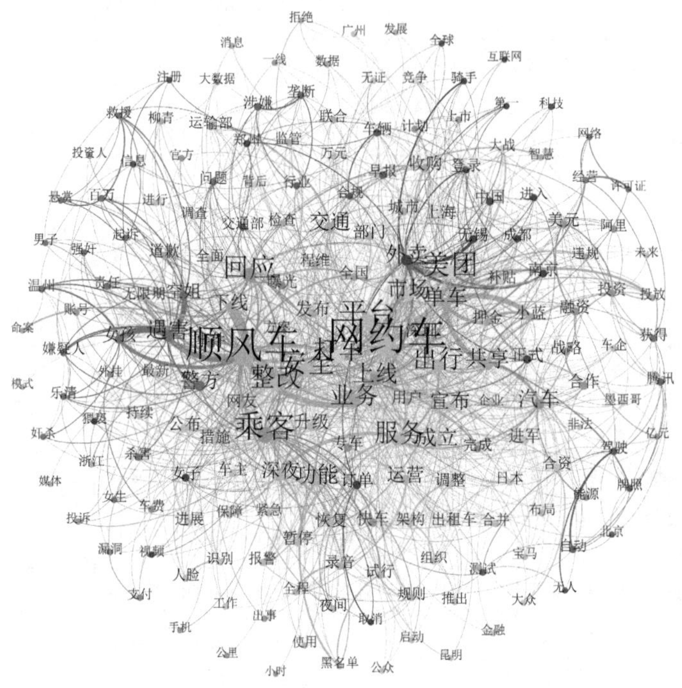

滴滴语义网络图

滴滴议题框架的归纳提取过程及比例计算结果

编号	关键词	初始编码	二级议题	一级议题	词频和（个）	频率（%）
1	中国、早报、科技、全球、互联网	行业趋势	市场环境	市场竞争	476	1.67
2	顺风车、业务、下线、程维、全国、道歉、无限期、命案、模式、媒体、柳青、浙江	客户服务	生产系统	生产管理	2857	10.00
3	美团、打车、补贴、上海、大战、背后、竞争	服务对比	竞品对比	市场竞争	2067	7.23
4	订单、女子、取消、视频、猥亵	客户服务	生产系统	生产管理	551	1.93
5	外卖、无锡、南京、正式、登录、郑州、成都、进入、第一、骑手	生产控制	生产系统	生产管理	1627	5.69
6	出行、企业、未来、合并、布局、车企、宝马	未来布局	品牌规划	品牌发展	915	3.20
7	单车、共享、收购、小蓝、用户、深圳、押金、投放、违规、消息	横向收购	兼并收购	资本运营	2131	7.46
8	服务、深夜、恢复、暂停、推出、夜间、启动	产品用法	产品功能	产品信息	1282	4.49
9	网约车、平台、万元、昆明、无证、非法、广州、公众	行业监管	市场环境	市场竞争	1910	6.68
10	汽车、合作、战略、能源	多面合作	品牌联盟	组织合作	617	2.16
11	安全、升级、保障、持续、工作	服务创新	技术创新	生产管理	966	3.38
12	市场、成立、出租车、进军、调查、日本、合资、进行、金融、大众、墨西哥	海外市场	市场拓展	市场竞争	1443	5.05
13	上线、一线	城市拓展	市场拓展	市场竞争	492	1.72
14	乘客、回应、快车、专车、事件、投资人、官方、出事、账号、大数据、手机、小时、投诉、千米	客户服务	生产系统	生产管理	2724	9.53
15	宣布、调整、架构、组织	架构调整	人事变动	人力资源	415	1.45
16	功能、报警、试行、使用、黑名单、规则、紧急	服务创新	技术创新	生产管理	937	3.28
17	经营、获得、网络、许可证	行业监管	市场环境	市场竞争	354	1.24
18	整改、车主、公布、措施、全面、进展、人脸、最新、识别、方案	服务创新	技术创新	生产管理	1417	4.96
19	驾驶、牌照、自动、腾讯、无人、北京、测试	产品组合	品牌联盟	组织合作	591	2.07

续表

编号	关键词	初始编码	二级议题	一级议题	词频和（个）	频率（%）
20	交通、部门、城市、发布、联合、检查、智能、发展、运输部	助力城市发展	政府合作	组织合作	1162	4.07
21	网友、运营、录音、全程	服务创新	技术创新	生产管理	584	2.04
22	问题、行业、垄断、交通部、涉嫌	行业监管	市场环境	市场竞争	543	1.90
23	美元、融资、投资、阿里、上市、完成、计划、亿元	上市融资	投资融资	资本运营	1235	4.32
24	监管、数据、拒绝	行业监管	市场环境	市场竞争	295	1.03
25	车辆、注册、合规、信息	行业监管	市场环境	市场竞争	462	1.62
26	曝光、支付、车费、外挂、漏洞	客户服务	生产系统	生产管理	521	1.82

3. 中国一汽

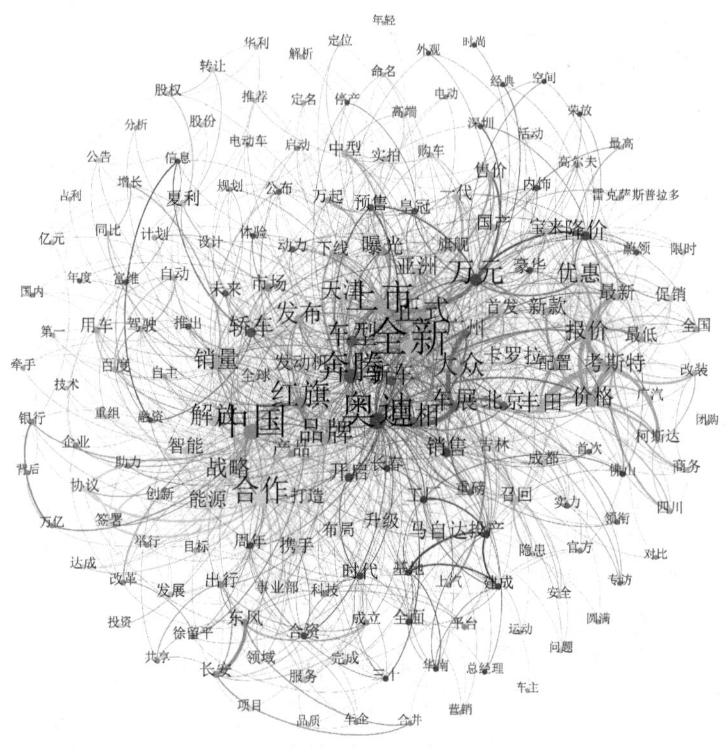

中国一汽语义网络图

中国一汽议题框架的归纳提取过程及比例计算结果

编号	关键词	初始编码	二级议题	一级议题	词频和（个）	频率（%）
1	考斯特、丰田、柯斯达、改装、商务、四川、广汽	产品特点	产品功能	产品信息	1646	6.35
2	报价、价格、最新、新款、最低、全国、高尔夫、团购	促销活动	其他营销活动	活动营销	1783	6.87
3	升级、打造、携手、智能、吉林、成都、服务、发展、品质	服务创新	技术创新	生产管理	868	3.35
4	上市、正式、售价、万起、下线、定名	线上新品发布	新品发布	活动营销	1712	6.60
5	车型、动力、未来、推出、公布、年度	线上新品发布	新品发布	活动营销	737	2.84
6	车展、亮相、广州、北京、重磅、实力、专访、首次、领衔	行业展会	参加展会	活动营销	1338	5.16
7	全新、宝来、一代、实拍、首发、设计、全球、解析、年轻	线上新品发布	新品发布	活动营销	1454	5.61
8	合作、战略、能源、协议、签署、布局、达成、投资、领域、项目	产业推进	产业合作	组织合作	1154	4.45
9	万元、降价、皇冠、蔚领、豪华、内饰、空间、时尚、荣放、外观、深圳、停产、经典	产品特点	产品功能	产品信息	1426	5.50
10	东风、长安、出行、平台、成立、车企、科技、合并、共享、官方	基建共享	品牌联盟	组织合作	902	3.48
11	奔腾、新车、预售、体验	促销活动	其他营销活动	活动营销	1286	4.96
12	中国、市场、万亿、银行、企业、国内、背后、举行	行业趋势	市场环境	市场竞争	1080	4.16
13	红旗、徐留平、改革、助力、启动	转型升级	品牌规划	品牌发展	759	2.93
14	奥迪、开启、销售、时代、合资、周年、三十、总经理	主题活动	其他营销活动	活动营销	1428	5.51
15	优惠、促销、购车、最高、活动、推荐、普拉多、限时	促销活动	其他营销活动	活动营销	749	2.89
16	投产、工厂、基地、长春、佛山、全面、建成、华南	基地建设	生产系统	生产管理	742	2.86
17	大众、上汽、对比	产品对比	竞品对比	市场竞争	481	1.85
18	品牌、发布、自主	产品创新	技术创新	生产管理	689	2.66
19	解放、发动机、事业部、创新、技术	生产创新	技术创新	生产管理	620	2.39

续表

编号	关键词	初始编码	二级议题	一级议题	词频和（个）	频率（%）
20	曝光、产品、配置、电动、规划	产品特点	产品功能	产品信息	613	2.36
21	召回、卡罗拉、隐患、安全、问题	产品质量	产品功能	产品信息	538	2.07
22	天津、夏利、股权、公告、转让、华利、股份、亿元、重组	资本转让	投资融资	资本运营	914	3.52
23	中型、命名、高端、定位	产品简介	产品功能	产品信息	299	1.15
24	销量、马自达、增长、目标、同比、营销、车主、第一、圆满、完成、吉利、分析、运动	利润分析	品牌业绩	品牌发展	1264	4.87
25	用车、驾驶、自动、计划、百度、牵手	产品组合	品牌联盟	组织合作	384	1.48
26	轿车、融资、富维、信息	资本信息	投资融资	资本运营	520	2.00
27	亚洲、国产、旗舰、雷克萨斯、电动车	产品简介	产品功能	产品信息	552	2.13

4. 苏宁

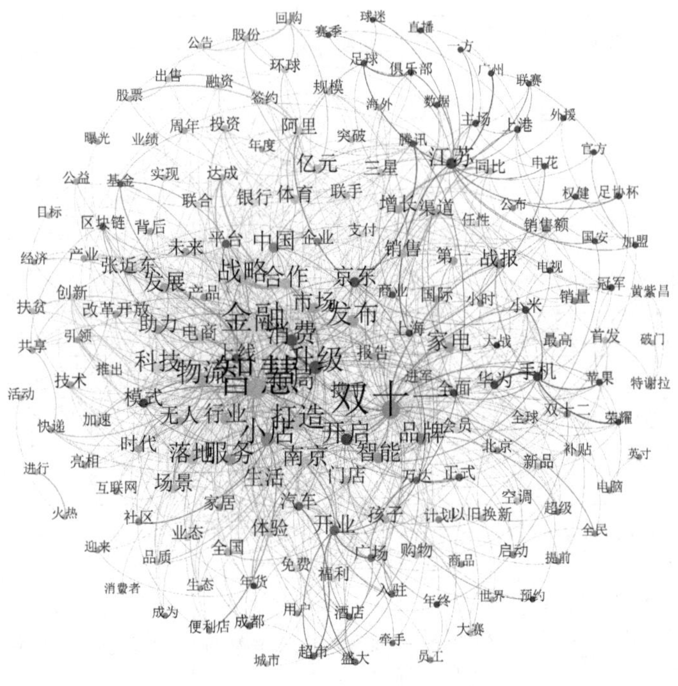

苏宁语义网络图

苏宁议题框架的归纳提取过程及比例计算结果

编号	关键词	初始编码	二级议题	一级议题	词频和（个）	频率（%）
1	合作、战略、体育、投资、联手、三星、达成、签约、目标	多面合作	品牌联盟	组织合作	1035	5.21
2	消费、升级、数据	行业趋势	市场环境	市场竞争	525	2.64
3	增长、销售、同比、规模、突破	利润分析	品牌业绩	品牌发展	458	2.31
4	手机、华为、全面、苹果、小米、荣耀、电视	促销活动	其他营销活动	活动营销	927	4.67
5	智慧、张近东、助力、发展、未来、时代、国际、改革开放、全球、产业、周年、迎来、海外、公益、经济、世界、引领	转型升级	品牌规划	品牌发展	1957	9.85
6	打造、携手、生活、体验、场景、购物、业态、品质	未来布局	品牌规划	品牌发展	879	4.42
7	金融、科技、免费、会员、福利、推出、联合、银行、创新、任性、支付、业绩	服务创新	技术创新	生产管理	1328	6.68
8	亿元、阿里、股份、环球、实现、融资、回购、股票、出售、公告	资本转让	投资融资	资本运营	917	4.62
9	物流、无人、快递、背后、亮相、曝光、共享、技术	生产创新	技术创新	生产管理	926	4.66
10	小店、计划、北京、启动、社区、成为、员工、便利店	业务拓展	品牌规划	品牌发展	913	4.60
11	南京、落地、空调、最高、以旧换新、补贴、城市	促销活动	其他营销活动	活动营销	606	3.05
12	进行、活动、火热	主题活动	其他营销活动	活动营销	174	0.88
13	发布、行业、报告、互联网、年度	行业趋势	市场环境	市场竞争	516	2.60
14	京东、商业、腾讯	服务对比	竞品对比	市场竞争	354	1.78
15	双十一、战报、双十二、电脑、小时、销量、英寸、全民、销售额、商品、提前	促销活动	其他营销活动	活动营销	1326	6.67
16	服务、用户、消费者	主题活动	其他营销活动	活动营销	331	1.67
17	江苏、上港、联赛、足球、上海、申花、加盟、冠军、主场、球迷、俱乐部、赛季、足协杯、广州、权健、国安、外援、一方、直播、官方	赛事赞助	品牌赞助	活动营销	1495	7.53

续表

编号	关键词	初始编码	二级议题	一级议题	词频和（个）	频率（%）
18	上线、正式、平台、基金、区块链	产品创新	技术创新	生产管理	545	2.74
19	开业、汽车、超市、广场、万达、入驻、酒店、牵手、成都、盛大	增设分店	市场拓展	市场竞争	972	4.89
20	家电、市场、第一、渠道、进军	经营成绩	品牌业绩	品牌发展	666	3.35
21	开启、模式、年货、年终、大战、预约	促销活动	其他营销活动	活动营销	562	2.83
22	智能、产品、家居、生态	业务拓展	品牌规划	品牌发展	442	2.22
23	中国、品牌、企业、超级、公布	行业奖励	品牌荣誉	品牌发展	634	3.19
24	布局、电商、扶贫、加速	未来布局	品牌规划	品牌发展	467	2.35
25	孩子、门店、全国、大赛	主题活动	其他营销活动	活动营销	519	2.61
26	首发、新品、特谢拉、黄紫昌、破门	赛事赞助	品牌赞助	活动营销	393	1.98

5. 万科

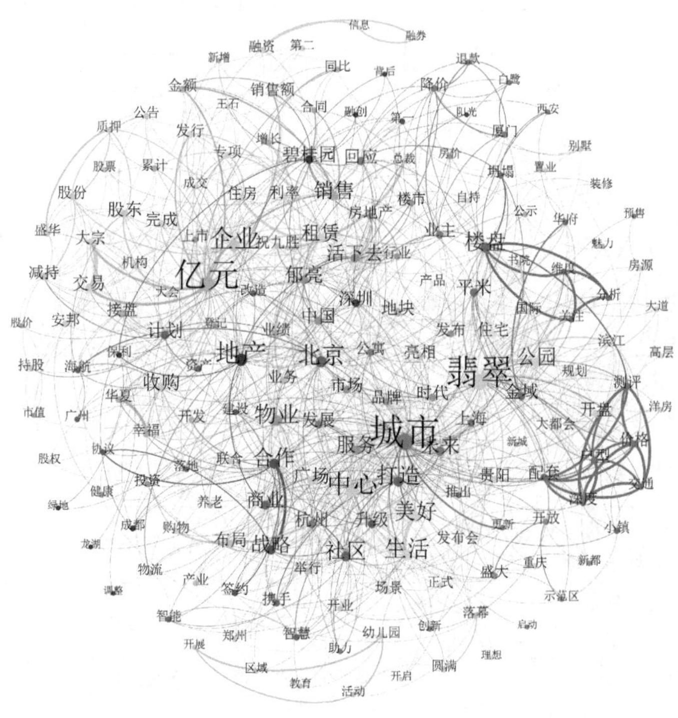

万科语义网络图

万科议题框架的归纳提取过程及比例计算结果

编号	关键词	初始编码	二级议题	一级议题	词频和（个）	频率（%）
1	交易、大宗、股权、安邦、成交、机构	股情报告	基本股情	股市行情	398	2.70
2	生活、美好、重庆、理想、场景、发布会、开启	线下新品活动	新品发布	活动营销	553	3.75
3	翡翠、公园、开盘、房源、滨江、贵阳、国际、别墅、书院、洋房、大都会、置业、大道	线下新品活动	新品发布	活动营销	1203	8.16
4	户型、价格、深度、测评、配套、交通、小镇	产品测评	产品功能	产品信息	677	4.59
5	幸福、华夏、接盘、开发	营销合作	品牌联盟	组织合作	278	1.88
6	合作、战略、升级、建设、签约、协议	产业推进	产业合作	组织合作	481	3.26
7	租赁、发行、住房、利率、完成、专项、第二、自持	经营成绩	品牌业绩	品牌发展	508	3.44
8	亿元、销售、地块、销售额、金额、业绩、增长、合同、同比、魅力、累计、新增、公示	利润分析	品牌业绩	品牌发展	1204	8.16
9	楼盘、关注、分析、维度	行业趋势	市场环境	市场竞争	409	2.77
10	平方米、金域、上海、坍塌、华府、推出、预售、西安	产品质量	产品功能	产品信息	576	3.91
11	祝九胜、总裁、亮相	领导公开活动	领导动态	人力资源	291	1.97
12	地产、碧桂园、保利、背后、成都、绿地、龙湖、调整、融创	产品对比	竞品对比	市场竞争	715	4.85
13	城市、未来、公寓、杭州、发展、更新、助力、创新、启动	业务拓展	品牌规划	品牌发展	865	5.86
14	融资、信息、融券	融资融券信息	基本股情	股市行情	214	1.45
15	企业、减持、股份、股东、质押、王石、公告、盛华、持股、大会、股票	增持减持	股市波动	股市行情	970	6.58
16	物业、服务、投资、上市、股价、健康、市值、登记	上市融资	投资融资	资本运营	581	3.94
17	深圳、第一、阳光	产品简介	产品功能	产品信息	220	1.49
18	北京、计划、资产、海航、改造、广州、落地	横向收购	兼并收购	资本运营	568	3.85

续表

编号	关键词	初始编码	二级议题	一级议题	词频和（个）	频率（%）
19	幼儿园、活动、开展、举行、圆满、教育、落幕	主题活动	其他营销活动	活动营销	420	2.85
20	开放、盛大、新都、示范区	线下新品活动	新品发布	活动营销	202	1.37
21	打造、社区、商业、携手、智能、智慧	未来布局	品牌规划	品牌发展	530	3.59
22	业主、回应、降价、厦门、退款、白鹭	客户服务	生产系统	生产管理	393	2.66
23	中心、广场、收购、郑州、购物、联合、正式、开业	横向收购	兼并收购	资本运营	642	4.35
24	活下去、郁亮、房地产、时代、中国、楼市、行业、品牌、市场、发布、新城、房价	行业趋势	市场环境	市场竞争	1218	8.26
25	业务、布局、物流、养老、产业、区域	未来布局	品牌规划	品牌发展	342	2.32
26	住宅、产品、高层、装修、规划	产品特点	产品功能	产品信息	291	1.97

6. 工商银行

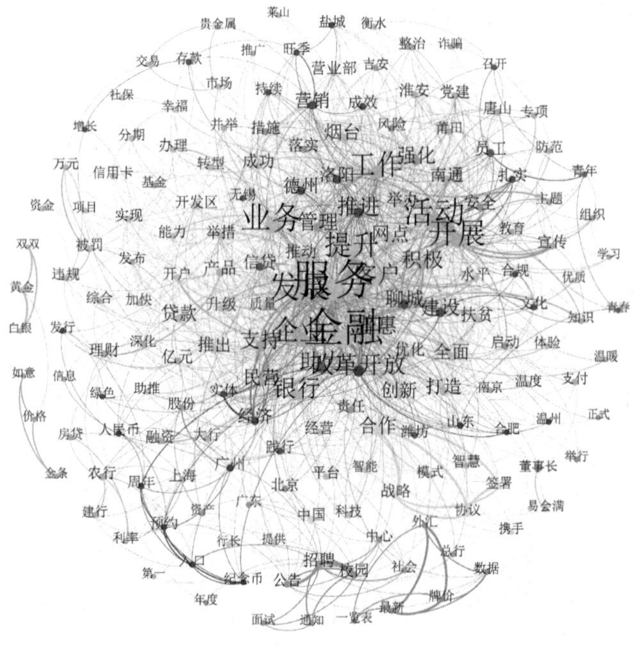

工商银行语义网络图

工商银行议题框架的归纳提取过程及比例计算结果

编号	关键词	初始编码	二级议题	一级议题	词频和（个）	频率（%）
1	开展、活动、积极、宣传、唐山、知识、支付、主题、教育、南京、组织、防范、莆田、专项、学习、诈骗、整治	教育公益	社会公益	活动营销	2077	10.23
2	金融、普惠、扶贫、创新、全面、升级、行长、科技、平台、模式	扶贫公益	社会公益	活动营销	1963	9.67
3	服务、提升、客户、网点、温度、水平、优化、质量、智能、开户、能力、体验、提供、优质、温暖	客户服务	生产系统	生产管理	2343	11.54
4	招聘、校园、公告、北京、中心、社会、广东、通知、总行、年度、面试	校园招聘	新人招聘	人力资源	1070	5.27
5	助力、信贷、潍坊、无锡	供需合作	产业合作	组织合作	429	2.11
6	合作、战略、协议、签署、中国、携手	产业推进	产业合作	组织合作	755	3.72
7	发展、业务、举措、推动、实现、经营、助推、转型、加快、莱山、衡水	转型升级	品牌规划	品牌发展	1386	6.83
8	工作、党建、南通、营业部、并举、淮安、深化、推广	党建工作	员工管理	人力资源	918	4.52
9	企业、支持、亿元、民营、融资、信息、发布	供需合作	产业合作	组织合作	1055	5.20
10	外汇、最新、牌价、数据、一览表	产品报价	产品价格	产品信息	410	2.02
11	黄金、白银、双双	产品报价	产品价格	产品信息	223	1.10
12	经济、实体	供需合作	产业合作	组织合作	221	1.09
13	推进、建设、聊城、洛阳、扎实、文化、合规、持续	网点建设	生产系统	生产管理	855	4.21
14	价格、如意、金条	产品报价	产品价格	产品信息	149	0.73
15	改革开放、广州、预约、山东、周年、合肥、入口、人民币、纪念币、发行、温州	主题活动	其他营销活动	活动营销	957	4.71
16	启动、正式、举行	线下新品活动	新品发布	活动营销	194	0.96
17	银行、打造、智慧、董事长、易会满	未来布局	品牌规划	品牌发展	677	3.34
18	员工、青春、召开、青年	员工活动	员工管理	人力资源	392	1.93
19	德州、营销、存款、成效、旺季、盐城、增长	经营成绩	品牌业绩	品牌发展	571	2.81

续表

编号	关键词	初始编码	二级议题	一级议题	词频和（个）	频率（%）
20	贷款、举办、成功、被罚、万元、办理、违规、项目、社保、资金	网点建设	生产系统	生产管理	955	4.71
21	理财、产品、农行、大行、建行、上海、房贷、利率、第一、综合	服务对比	竞品对比	市场竞争	845	4.16
22	市场、交易、贵金属	产品报价	产品价格	产品信息	188	0.93
23	管理、强化、安全、风险、股份、基金、落实、措施、责任、资产、吉安	生产控制	生产系统	生产管理	1054	5.19
24	践行、绿色、烟台	环保公益	社会公益	活动营销	83	0.41
25	推出、信用卡、开发区、分期、幸福	线上新品发布	新品发布	活动营销	527	2.60

7. 腾讯

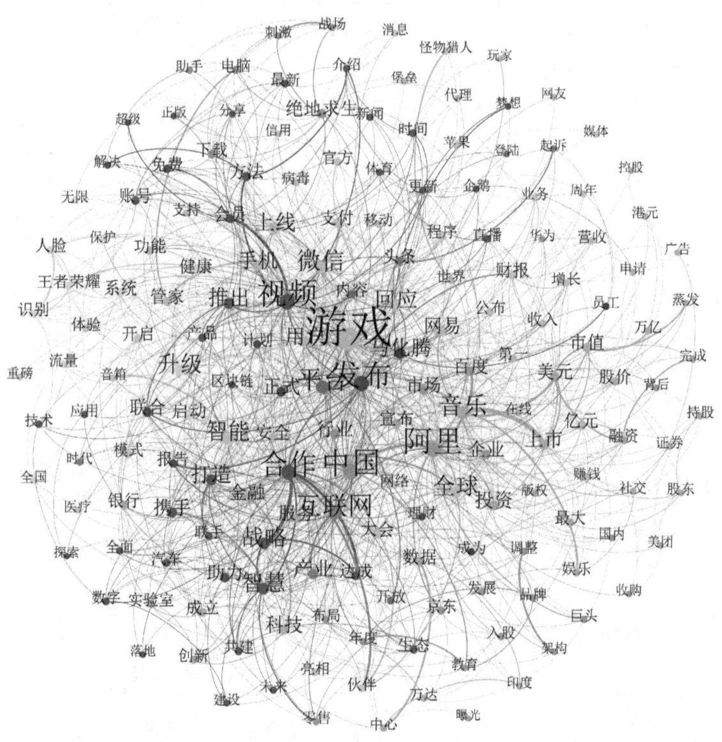

腾讯语义网络图

腾讯议题框架的归纳提取过程及比例计算结果

编号	关键词	初始编码	二级议题	一级议题	词频和（个）	频率（%）
1	中国、市场、行业、教育、年度、品牌、发展	生产计划	生产系统	生产管理	719	4.86
2	音乐、上市、娱乐、股东、最大、申请、社交、证券、持股、广告、在线、美团、版权	资本转让	投资融资	资本运营	1069	7.22
3	合作、战略、区块链、达成、技术、汽车、生态、全面、共建	产业推进	产业合作	组织合作	705	4.76
4	游戏、网易、公布、第一、收入、网络、移动、网友、玩家、周年、赚钱	服务对比	竞品对比	市场竞争	1260	8.52
5	视频、会员、方法、更新、直播、介绍、体育、免费、时间、账号、解决、新闻、超级、分享、最新	产品创新	技术创新	生产管理	1255	8.48
6	微信、回应、支付、程序、官方、支持、信用、病毒、消息、媒体	产品创新	技术创新	生产管理	977	6.60
7	手机、用户、管家、安全、苹果	产品用法	产品功能	产品信息	457	3.09
8	阿里、百度、京东、企业、零售、调整、背后、布局、入股、架构、巨头、华为、收购、国内	服务对比	竞品对比	市场竞争	1175	7.94
9	数据、中心、曝光、印度	基地建设	生产系统	生产管理	227	1.53
10	互联网、产业、时代、市值	行业趋势	市场环境	市场竞争	280	1.89
11	股价、蒸发、万亿、控股、港元	股价变化	股市波动	股市行情	353	2.39
12	科技、服务、金融、成立、银行、创新、实验室、万达	生产创新	技术创新	生产管理	531	3.59
13	智能、开启、模式、体验、音箱、医疗、重磅	业务拓展	品牌规划	品牌发展	432	2.92
14	绝地求生、下载、电脑、助手、战场、刺激	产品用法	产品功能	产品信息	336	2.27
15	升级、王者荣耀、系统、流量、启动、健康、识别、无限、人脸、保护、全国	产品用法	产品功能	产品信息	683	4.62
16	全球、大会、伙伴、亮相	供需合作	产业合作	组织合作	297	2.01
17	投资、美元、融资、宣布、完成	资本转让	投资融资	资本运营	599	4.05
18	智慧、打造、携手、助力、联手、未来、应用、数字、落地、探索、建设	未来布局	品牌规划	品牌发展	772	5.22
19	头条、起诉	产权诉讼	市场环境	市场竞争	226	1.53

续表

编号	关键词	初始编码	二级议题	一级议题	词频和（个）	频率（%）
20	平台、内容、开放、登录	供需合作	产业合作	组织合作	374	2.53
21	发布、正式、联合、理财、计划、报告、企鹅	产业推进	产业合作	组织合作	719	4.86
22	马化腾、员工、成为、梦想	领导讲话	领导动态	人力资源	315	2.13
23	推出、产品、正版	线上新品发布	新品发布	活动营销	258	1.74
24	亿元、财报、业务、增长、营收	利润分析	品牌业绩	品牌发展	342	2.31
25	上线、世界、功能、怪物猎人、堡垒、代理	线上新品发布	新品发布	活动营销	436	2.95

8. 中国移动

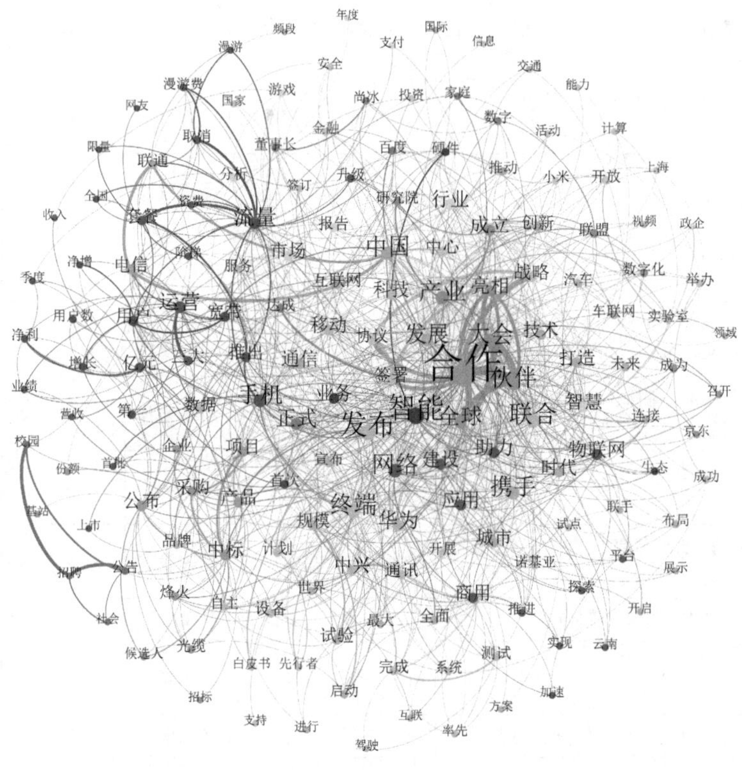

中国移动语义网络图

中国移动议题框架的归纳提取过程及比例计算结果

编号	关键词	初始编码	二级议题	一级议题	词频和（个）	频率（%）
1	合作、伙伴、大会、全球、亮相、召开、京东	产业推进	产业合作	组织合作	1178	9.32
2	正式、达成、百度	产品组合	品牌联盟	组织合作	183	1.45
3	战略、协议、签署、投资、小米、诺基亚、签订	多面合作	品牌联盟	组织合作	542	4.29
4	招聘、公告、校园、社会	校园招聘	新人招聘	人力资源	337	2.67
5	中国、电信、联通、国际、频段	服务对比	竞品对比	市场竞争	505	4.00
6	运营、亿元、三大、营收、净利、业绩、季度、收入	利润分析	品牌业绩	品牌发展	552	4.37
7	流量、手机、套餐、推出、升级、取消、全国、上市、资费、网友、限量、漫游费、首批、漫游、阶梯	产品特点	产品功能	产品信息	1184	9.37
8	中标、产品、公布、项目、采购、企业、基站、光缆、烽火、招标、份额、候选人	供需合作	产业合作	组织合作	868	6.87
9	产业、成立、研究院、联盟、成为、数字化	基地建设	生产系统	生产管理	440	3.48
10	用户、宽带、增长、第一、首次、净增、用户数	经营成绩	品牌业绩	品牌发展	532	4.21
11	数据、服务、中心、开展、开放、计算、实验室、能力	基地建设	生产系统	生产管理	458	3.62
12	规模、启动、试验、城市、全面、宣布、世界、最大、进行	生产计划	生产系统	生产管理	585	4.63
13	华为、中兴、测试、通信、完成、设备、系统、率先、驾驶	产品组合	品牌联盟	组织合作	560	4.43
14	发布、移动、联合、视频、白皮书、方案	产业推进	产业合作	组织合作	568	4.50
15	终端、计划、品牌、自主、先行者、支持	未来布局	品牌规划	品牌发展	445	3.52
16	智能、业务、生态、硬件	业务拓展	品牌规划	品牌发展	353	2.79
17	市场、行业、智慧、报告、游戏、政企、分析、年度、支付	行业趋势	市场环境	市场竞争	570	4.51
18	科技、金融、安全、信息、国家	业务拓展	品牌规划	品牌发展	234	1.85
19	发展、通信、技术、创新、推动	生产创新	技术创新	生产管理	479	3.79
20	董事长、尚冰、数字、家庭	领导讲话	领导动态	人力资源	193	1.53

续表

编号	关键词	初始编码	二级议题	一级议题	词频和（个）	频率（%）
21	网络、商用、助力、建设、实现、云南、推进、加速	业务拓展	品牌规划	品牌发展	601	4.76
22	物联网、应用、平台、探索	平台建设	生产系统	生产管理	281	2.22
23	举办、上海、成功、试点、活动	主题活动	其他营销活动	活动营销	187	1.48
24	携手、打造、互联网、车联网、领域、汽车、展示、交通	产业推进	产业合作	组织合作	430	3.40
25	时代、未来、连接、布局、开启、联手、互联	未来布局	品牌规划	品牌发展	371	2.94

9. 茅台

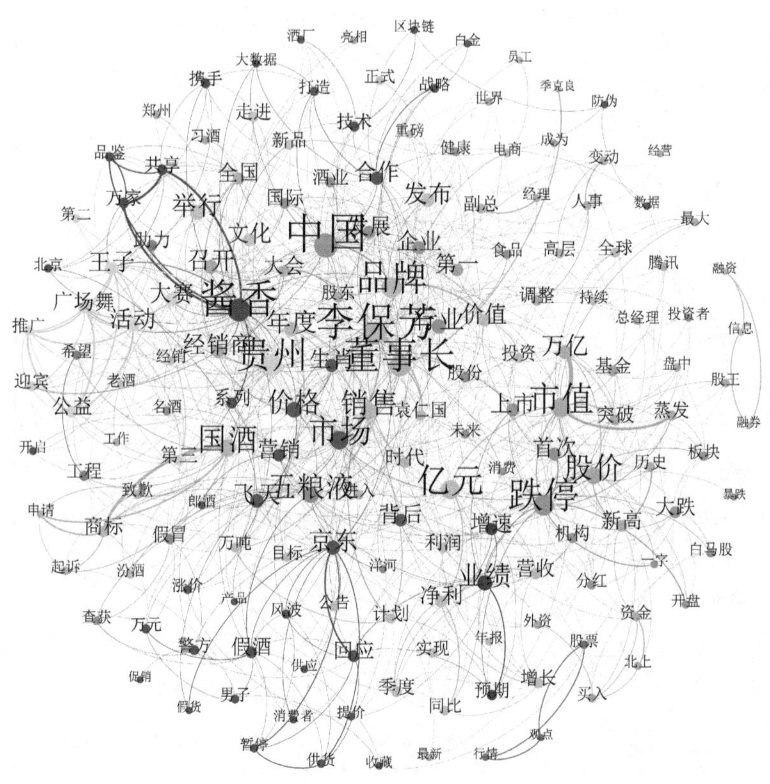

茅台语义网络图

茅台议题框架的归纳提取过程及比例计算结果

编号	关键词	初始编码	二级议题	一级议题	词频和（个）	频率（%）
1	国酒、商标、申请、致歉、汾酒、起诉	产权诉讼	市场环境	市场竞争	383	4.36
2	贵州、王子、广场舞、活动、公益、迎宾、大赛、推广、第三、第二	活动赞助	品牌赞助	活动营销	613	6.97
3	酱香、系列、共享、万家、品鉴、北京、携手	软文营销	其他营销活动	活动营销	410	4.66
4	飞天、市场、价格、生肖、背后、涨价、提价、产品	价格调整	产品价格	产品信息	619	7.04
5	品牌、价值、投资、全球	行业奖励	品牌荣誉	品牌发展	284	3.23
6	京东、假酒、回应、万元、男子、警方、促销、假货、风波、消费者、收藏、供货、供应、暂停	打击假货	市场环境	市场竞争	597	6.79
7	经销商、大会、召开、股东、全国、工作、习酒、郑州	供需合作	产业合作	组织合作	412	4.69
8	跌停、上市、首次、大跌、机构、消费、板块、分红、暴跌、白马股、开盘、一字、投资者	涨跌情况	股市波动	股市行情	638	7.26
9	市值、股价、万亿、蒸发、新高、突破、历史、最大、腾讯、盘中、股王、最新	股价变化	股市波动	股市行情	802	9.12
10	销售、年度、计划、万吨、公告、经销	业务拓展	品牌规划	品牌发展	313	3.56
11	融资、信息、融券	融资融券信息	基本股情	股市行情	87	0.99
12	亿元、净利、营收、增长、利润、同比、季度、实现、年报	利润分析	品牌业绩	品牌发展	442	5.03
13	股票、行情、观点	股情报告	基本股情	股市行情	104	1.18
14	副总、调整、人事、变动、经理、高层、经营	人事调整	人事变动	人力资源	234	2.66
15	资金、外资、买入、北上	资本转让	投资融资	资本运营	159	1.81
16	中国、企业、行业、发展、酒业、国际、食品、健康	行业趋势	市场环境	市场竞争	500	5.69
17	业绩、增速、预期	经营成绩	品牌业绩	品牌发展	147	1.67
18	助力、工程、希望	教育公益	社会公益	活动营销	79	0.90
19	五粮液、股份、假冒、名酒、未来、查获、洋河	打击假货	市场环境	市场竞争	333	3.79

续表

编号	关键词	初始编码	二级议题	一级议题	词频和（个）	频率（%）
20	合作、战略、技术、酒厂、数据、打造、大数据、防伪、白金、区块链	产业推进	产业合作	组织合作	288	3.28
21	发布、文化、举行、新品、老酒、正式、走进、重磅	线下新品活动	新品发布	活动营销	336	3.82
22	李保芳、董事长、袁仁国、时代、目标、电商、季克良、持续、总经理、进入、员工	未来布局	品牌规划	品牌发展	747	8.50
23	营销、开启、郎酒	软文营销	其他营销活动	活动营销	89	1.01
24	基金、第一、世界、成为、亮相	行业排名	品牌荣誉	品牌发展	175	1.99

10. 海尔

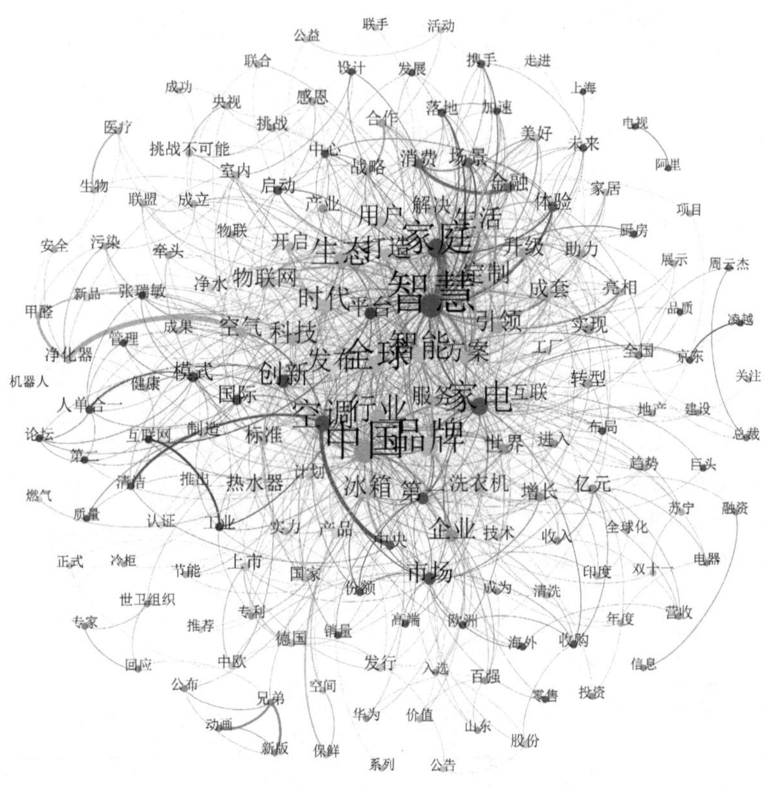

海尔语义网络图

海尔议题框架的归纳提取过程及比例计算结果

编号	关键词	初始编码	二级议题	一级议题	词频和（个）	频率（%）
1	智慧、家庭、体验、中心、启动、携手、落地、布局、未来、发展、厨房、加速、设计、上海	未来布局	品牌规划	品牌发展	1210	9.78
2	空气、净化器、科技、甲醛、健康、室内、污染	产品效果	产品功能	产品信息	699	5.65
3	空调、市场、第一、中央、清洁、质量、份额、海外、销量	经营成绩	品牌业绩	品牌发展	930	7.52
4	金融、消费、场景	未来布局	品牌规划	品牌发展	271	2.19
5	方案、解决、成套、亮相、展示	行业展会	参加展会	活动营销	369	2.98
6	时代、物联网、打造、开启、联手	未来布局	品牌规划	品牌发展	477	3.86
7	中国、企业、世界、产业、成为、专利、进入、入选、百强、华为、建设、山东	行业奖励	品牌荣誉	品牌发展	881	7.12
8	品牌、全球、实力、苏宁、年度、全球化、印度、双十一、成果、价值	经营成绩	品牌业绩	品牌发展	757	6.12
9	用户、生活、定制、美好	未来布局	品牌规划	品牌发展	441	3.57
10	平台、工业、互联网	未来布局	品牌规划	品牌发展	223	1.80
11	合作、战略、升级、转型、助力	产业推进	产业合作	组织合作	360	2.91
12	冰箱、国家、保鲜、空间、系列	产品效果	产品功能	产品信息	387	3.13
13	热水器、发布、净水、产品、机器人、新品、推出、推荐、燃气、认证	线上新品发布	新品发布	活动营销	632	5.11
14	上市、发行、德国、股份、计划、中欧、公告、正式	上市融资	投资融资	资本运营	481	3.89
15	智能、制造、互联、家居、技术、工厂、走进、公益、活动	环保公益	社会公益	活动营销	556	4.50
16	家电、京东、凌越、收购、高端、巨头、欧洲、品质、零售	横向收购	兼并收购	资本运营	571	4.62
17	创新、模式、张瑞敏、国际、人单合一、第二、论坛、管理	业务管理	员工管理	人力资源	490	3.96
18	行业、洗衣机、服务、引领、标准、冷柜、趋势、节能、清洗	工艺创新	技术创新	生产管理	702	5.68
19	挑战不可能、感恩、央视、挑战、成功	主题活动	其他营销活动	活动营销	175	1.41
20	亿元、增长、电器、实现、融资、收入、投资、营收、信息	资本转让	投资融资	资本运营	505	4.08

续表

编号	关键词	初始编码	二级议题	一级议题	词频和（个）	频率（%）
21	兄弟、新版、动画、世卫组织、公布、回应、专家	节目赞助	品牌赞助	活动营销	457	3.69
22	生态、地产、安全、生物、项目、医疗、联合、成立、物联、牵头、关注、联盟	平台建设	生产系统	生产管理	594	4.80
23	全国、总裁、周云杰	领导公开活动	领导动态	人力资源	115	0.93
24	电视、阿里	产品组合	品牌联盟	组织合作	86	0.70

11. 湖南广播电视台

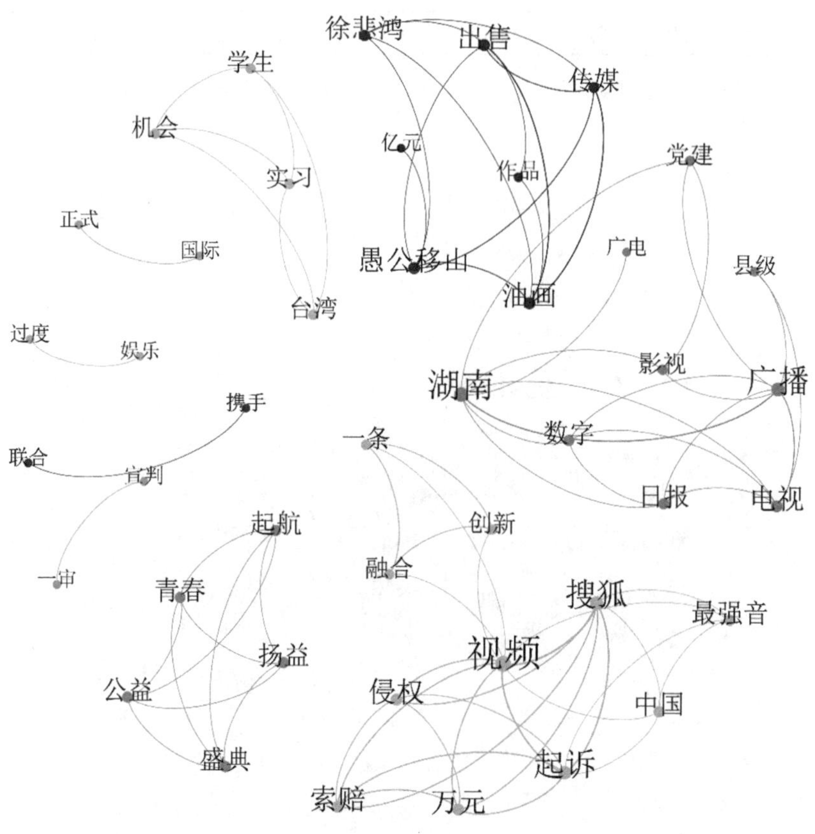

湖南广播电视台语义网络网

湖南广播电视台议题框架的归纳提取过程及比例计算结果

编号	关键词	初始编码	二级议题	一级议题	词频和（个）	频率（%）
1	油画、出售、传媒、愚公移山、徐悲鸿、亿元、作品	资本转让	投资融资	资本运营	24	17.78
2	湖南、广播、电视、广电、县级、党建、日报、数字、影视	党建工作	员工管理	人力资源	30	22.22
3	视频、搜狐、起诉、侵权、索赔、万元、创新、融合、一条、中国、最强音	产权诉讼	市场环境	市场竞争	46	34.07
4	过度、娱乐	行业监管	市场环境	市场竞争	4	2.96
5	机会、实习、台湾、学生	社会招聘	新人招聘	人力资源	8	5.93
6	宣判、一审	涉嫌违纪	人事变动	人力资源	4	2.96
7	国际、正式	海外市场	市场拓展	市场竞争	4	2.96
8	联合、携手	产业推进	产业合作	合作模式	4	2.96
9	青春、公益、起航、盛典、扬益	群体关爱	社会公益	活动营销	11	8.15

12. 顺丰

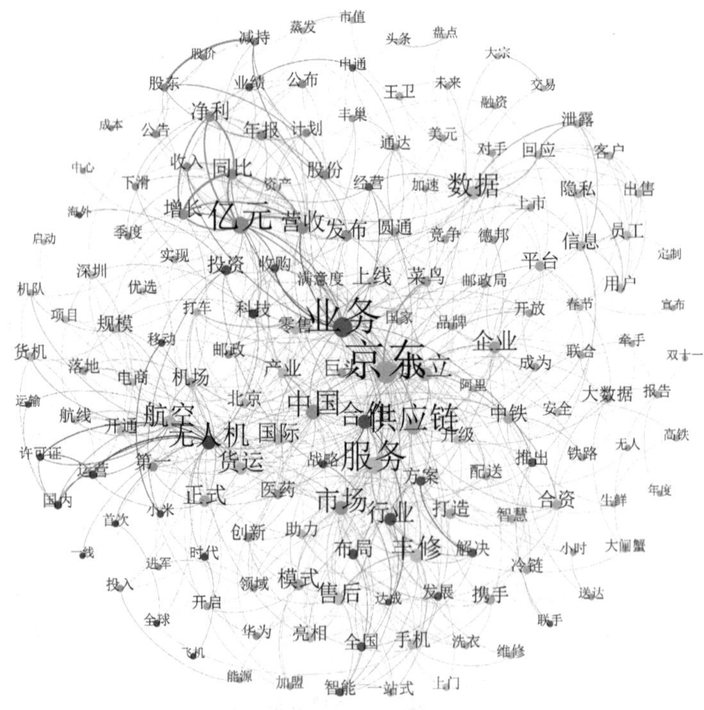

顺丰语义网络图

顺丰议题框架的归纳提取过程及比例计算结果

编号	关键词	初始编码	二级议题	一级议题	词频和（个）	频率（%）
1	亿元、营收、增长、同比、净利、发布、收入、年报、公布、季度、下滑、中心、成本	利润分析	品牌业绩	品牌发展	565	10.67
2	股份、减持、股东、公告、计划、股价	增持减持	股市波动	股市行情	201	3.80
3	市场、中国、第一、医药、领域、邮政、创新、华为、进军	经营成绩	品牌业绩	品牌发展	298	5.63
4	京东、圆通、菜鸟、巨头、配送、通达、未来、品牌、加速、丰巢、小时、阿里、送达、无人、对手	服务对比	竞品对比	市场竞争	543	10.26
5	头条、盘点	产品对比	竞品对比	市场竞争	53	1.00
6	服务、丰修、售后、升级、手机、亮相、维修、上门、一站式	生产控制	生产系统	生产管理	306	5.78
7	业务、收购、推出、经营、联手	横向收购	兼并收购	资本运营	261	4.93
8	数据、信息、回应、泄露、员工、春节、客户、用户、安全、交易、双十一、出售、隐私、大宗、定制	客户服务	生产系统	生产管理	445	8.41
9	航空、国际、货运、货机、深圳、开通、规模、航线、机队、无人机	生产控制	生产系统	生产管理	334	6.31
10	科技、运营、国内、时代、运输、飞机、首次、全球、许可证、一线	生产计划	生产系统	生产管理	309	5.84
11	企业、德邦、上市、竞争、开放、成为	服务对比	竞品对比	市场竞争	195	3.68
12	合作、战略、达成	产业推进	产业合作	组织合作	122	2.30
13	成立、中铁、冷链、打造、携手、合资、牵手、生鲜、铁路、智慧、高铁、洗衣	产品组合	品牌联盟	组织合作	312	5.89
14	上线、打车、北京	城市拓展	市场拓展	市场竞争	98	1.85
15	行业、布局、全国、发展、解决、方案、智能	未来布局	品牌规划	品牌发展	234	4.42
16	王卫、市值、蒸发	股价变化	股市波动	股市行情	79	1.49
17	投资、小米、移动、海外	市场投资	投资融资	资本运营	116	2.19
18	供应链、美元、联合、平台、大数据、报告、年度、大闸蟹、宣布、融资	资本转让	投资融资	资本运营	249	4.70

续表

编号	关键词	初始编码	二级议题	一级议题	词频和（个）	频率（%）
19	电商、零售、产业、助力、优选、项目、启动、资产	生产控制	生产系统	生产管理	226	4.27
20	满意度、国家、邮政局	良好口碑	品牌荣誉	品牌发展	50	0.94
21	申通、业绩	服务对比	竞品对比	市场竞争	47	0.89
22	投入、能源	生产计划	生产系统	生产管理	38	0.72
23	机场、正式、模式、落地、开启、实现、加盟	生产控制	生产系统	生产管理	213	4.02

13. 中国石油

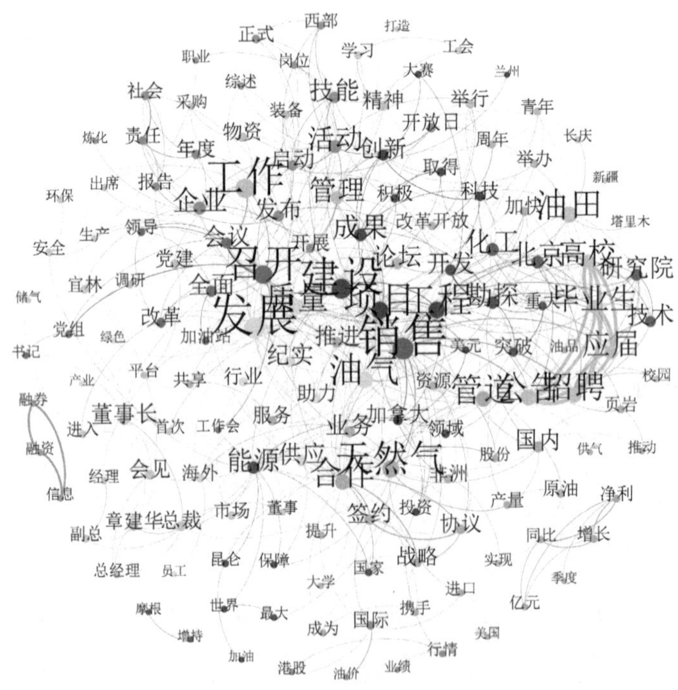

中国石油语义网络图

中国石油议题框架的归纳提取过程及比例计算结果

编号	关键词	初始编码	二级议题	一级议题	词频和（个）	频率（%）
1	销售、技术、化工、北京、研究院	基地建设	生产系统	生产管理	169	4.28

续表

编号	关键词	初始编码	二级议题	一级议题	词频和（个）	频率（%）
2	公告、招聘、高校、毕业生、应届、校园	校园招聘	新人招聘	人力资源	363	9.20
3	信息、融资、融券	融资融券信息	基本股情	股市行情	113	2.86
4	工作、管理、党建、平台、物资、采购、装备、调研	党建工作	员工管理	人力资源	188	4.76
5	召开、会议、加油站、全面、党组、改革、领导、书记、工作会	党建工作	员工管理	人力资源	259	6.56
6	合作、签约、协议、战略、携手、成为、大学	产业推进	产业合作	组织合作	179	4.54
7	净利、亿元、增长、同比、季度	利润分析	品牌业绩	品牌发展	128	3.24
8	企业、年度、发布、责任、社会、报告、炼化	公益责任	社会公益	活动营销	170	4.31
9	活动、启动、技能、开放日、开展、西部、岗位、职业、正式、综述	主题活动	其他营销活动	活动营销	197	4.99
10	总裁、董事长、总经理、副总、章建华、会见、董事、宜林、经理、出席	领导公开活动	领导动态	人力资源	182	4.61
11	项目、建设、工程、加拿大、投资、美元	基地建设	生产系统	生产管理	198	5.02
12	勘探、能源、开发、突破、最大、加油、国家、重大、保障、昆仑、领域、世界	产品创新	技术创新	生产管理	270	6.84
13	油田、精神、学习、长庆、工会、新疆、塔里木、打造	员工活动	员工管理	人力资源	172	4.36
14	发展、油气、质量、纪实、行业、供应、海外、助力、产业、员工、绿色	海外市场	市场拓展	市场竞争	340	8.62
15	成果、创新、科技、积极、大赛、兰州、取得	工艺创新	技术创新	生产管理	134	3.40
16	改革开放、举行、周年、论坛、举办、青年	主题活动	其他营销活动	活动营销	136	3.45
17	生产、安全、环保	生产控制	生产系统	生产管理	55	1.39
18	天然气、管道、原油、业务、国内、页岩、进口、股份、产量、供气、美国、推动	生产控制	生产系统	生产管理	325	8.24
19	推进、加快、服务、提升、油品、共享	未来布局	品牌规划	品牌发展	102	2.58

续表

编号	关键词	初始编码	二级议题	一级议题	词频和（个）	频率（%）
20	资源、实现、非洲	海外市场	市场拓展	市场竞争	63	1.60
21	增持、摩根	增持减持	股市波动	股市行情	25	0.63
22	市场、首次、进入、储气	海外市场	市场拓展	市场竞争	87	2.20
23	国际、油价、港股、行情、业绩	股情报告	基本股情	股市行情	91	2.31

14. 中粮

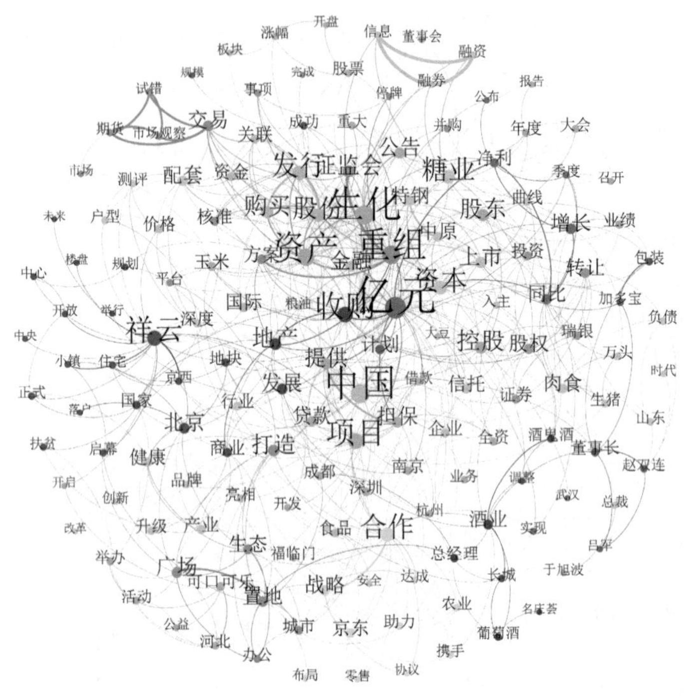

中粮语义网络图

中粮议题框架的归纳提取过程及比例计算结果

编号	关键词	初始编码	二级议题	一级议题	词频和（个）	频率（%）
1	信息、糖业、融资、融券	融资融券信息	基本股情	股市行情	263	5.61
2	重组、证监会、完成、停牌、事项、核准、方案、并购	并购重组	兼并收购	资本运营	364	7.76

续表

编号	关键词	初始编码	二级议题	一级议题	词频和（个）	频率（%）
3	试错、市场观察、市场、期货、交易	股情报告	基本股情	股市行情	224	4.77
4	资金、关联、股份、购买、发行、大豆	资本转让	投资融资	资本运营	202	4.31
5	项目、提供、深圳、全资、南京、开发、借款、杭州、担保、贷款、成都	政府支持	政府合作	组织合作	287	6.12
6	资本、中原、信托、特钢、上市、入主、曲线、金融	资本转让	投资融资	资本运营	252	5.37
7	助力、战略、携手、协议、农业、零售、京东、合作、达成、布局	多面合作	品牌联盟	组织合作	250	5.33
8	置地、生态、平台、广场、打造、城市、办公	未来布局	品牌规划	品牌发展	207	4.41
9	资产、重大、玉米、生化、公告、董事会	信息公告	基本股情	股市行情	305	6.50
10	住宅、中央、中心、正式、小镇、祥云、未来、启幕、落户、楼盘、开放、京西、规划、地块、北京	线下新品活动	新品发布	活动营销	326	6.95
11	增长、亿元、武汉、同比、实现、净利、季度、公布	利润分析	品牌业绩	品牌发展	266	5.67
12	赵双连、吕军、加多宝、计划、董事长、包装	生产控制	生产系统	生产管理	201	4.28
13	收购、商业、举行、国家、扶贫、发展、地产	横向收购	兼并收购	资本运营	245	5.22
14	可口可乐、开启、举办、活动、河北、公益	公益责任	社会公益	活动营销	135	2.88
15	升级、品牌、健康、行业、改革、创新、产业	工艺创新	技术创新	生产管理	194	4.13
16	总经理、长城、调整、葡萄酒、名庄荟、酒业、酒鬼酒	横向收购	兼并收购	资本运营	132	2.81
17	中国、食品、企业、亮相、粮油、国际、福临门、安全	行业展会	参加展会	活动营销	234	4.99
18	总裁、于旭波、万头、时代、生猪、山东、肉食、负债	经营成绩	品牌业绩	品牌发展	142	3.03
19	深度、配套、价格、户型、测评	产品测评	产品功能	产品信息	97	2.07
20	涨幅、开盘、股票、板块	涨跌情况	股市波动	股市行情	69	1.47
21	转让、证券、投资、瑞银、股权	资本转让	投资融资	资本运营	90	1.92

续表

编号	关键词	初始编码	二级议题	一级议题	词频和（个）	频率（%）
22	召开、业务、业绩、年度、控股、股东、大会、报告	信息公告	基本股情	股市行情	181	3.86
23	规模、成功	资本转让	投资融资	资本运营	26	0.55

15. 国家电网

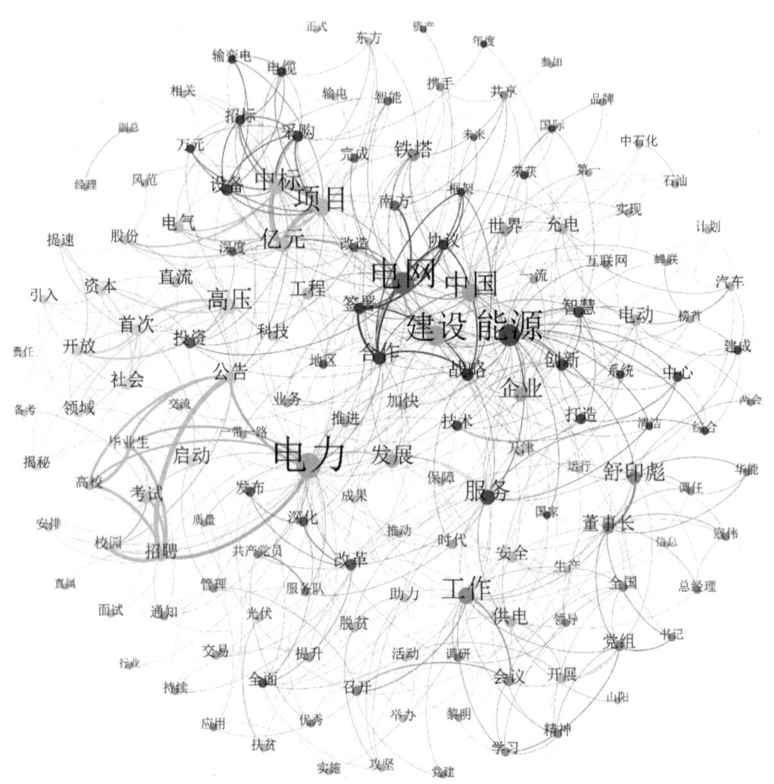

国家电网语义网络图

国家电网议题框架的归纳提取过程及比例计算结果

编号	关键词	初始编码	二级议题	一级议题	词频和（个）	频率（%）
1	采购、设备、招标、万元、年度、电缆、输变电	供需合作	产业合作	组织合作	159	3.61

续表

编号	关键词	初始编码	二级议题	一级议题	词频和（个）	频率（%）
2	项目、中标、亿元、电气、股份、东方、相关、风范、正式	供需合作	产业合作	组织合作	489	11.10
3	电力、时代、提升、通知、交易、交流、黎明、持续、行业	工艺创新	技术创新	生产管理	274	6.22
4	招聘、公告、考试、校园、毕业生、高校、面试、备考、安排、直属	校园招聘	新人招聘	人力资源	526	11.94
5	高压、首次、开放、启动、提速、社会、资本、领域、揭秘、引入、责任	生产控制	生产系统	生产管理	306	6.95
6	合作、签署、战略、协议、框架	产业推进	产业合作	组织合作	179	4.06
7	电网、南方、投资、完成、智能、深度、改造、地区、未来、资产	基建共享	品牌联盟	组织合作	267	6.06
8	董事长、舒印彪、领导、调研、总经理、华能、寇伟、调任、两会	人事调整	人事变动	人力资源	235	5.33
9	中国、企业、世界、品牌、第一、一流、榜首、蝉联、中石化、参加、互联网、石油	经营成绩	品牌业绩	品牌发展	292	6.63
10	共产党员、服务队、优秀	党建工作	员工管理	人力资源	47	1.07
11	充电、电动、汽车、实现、计划	未来布局	品牌规划	品牌发展	104	2.36
12	建设、推进、加快、一带一路	未来布局	品牌规划	品牌发展	128	2.91
13	工作、召开、党组、会议、学习、管理、全国、党建、书记、精神、应用	党建工作	员工管理	人力资源	322	7.31
14	副总、经理	领导公开活动	领导动态	人力资源	29	0.66
15	改革、发布、全面、深化	转型升级	品牌规划	品牌发展	103	2.34
16	光伏、助力、扶贫、脱贫、攻坚、实施	扶贫公益	社会公益	活动营销	132	3.00
17	科技、成果、举办	行业展会	参加展会	活动营销	61	1.38
18	铁塔、共享、携手	基建共享	品牌联盟	组织合作	55	1.25
19	能源、服务、创新、智慧、国际、技术、系统、打造、中心、国家、荣获、综合、建成、清洁	未来布局	品牌规划	品牌发展	345	7.83
20	发展、质量、业务、推动	未来布局	品牌规划	品牌发展	84	1.91
21	工程、直流、输电	生产控制	生产系统	生产管理	68	1.54
22	供电、开展、活动、安全、运行、保障、天津、生产、山阳、信息	生产控制	生产系统	生产管理	200	4.54

16. 海底捞

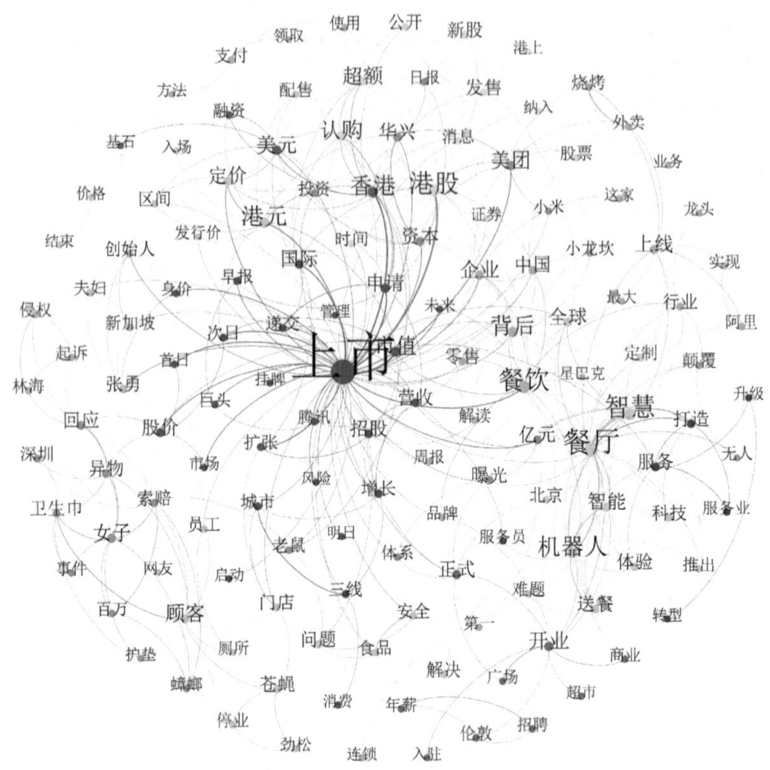

海底捞语义网络图

海底捞议题框架的归纳提取过程及比例计算结果

编号	关键词	初始编码	二级议题	一级议题	词频和（个）	频率（%）
1	餐厅、机器人、智慧、智能、体验、科技、送餐、推出、定制	服务创新	技术创新	生产管理	285	10. 22
2	上市、市值、扩张、国际、申请、股价、市场、服务员、挂牌、管理、未来、次日、巨头、明日、首日、递交、风险、腾讯、早报、启动、身价	上市融资	投资融资	资本运营	614	22. 02
3	港元、定价、发行价、区间、配售、入场	股价变化	股市波动	股市行情	114	4. 09
4	食品、安全、问题、解决、难题	行业趋势	市场环境	市场竞争	74	2. 65

续表

编号	关键词	初始编码	二级议题	一级议题	词频和（个）	频率（%）
5	上线、烧烤、外卖、阿里、业务、实现	营销合作	品牌联盟	组织合作	94	3.37
6	美团、资本、投资、华兴、小米、日报	市场投资	投资融资	资本运营	104	3.73
7	招股、营收、城市、增长、三线、消费	涨跌情况	股市波动	股市行情	101	3.62
8	张勇、创始人、新加坡、夫妇	领导公开活动	领导动态	人力资源	70	2.51
9	全球、北京	海外市场	市场拓展	市场竞争	37	1.33
10	卫生巾、女子、回应、老鼠、异物、索赔、护垫、深圳、事件、百万、蟑螂	客户服务	生产系统	生产管理	181	6.49
11	林海、起诉、侵权	产权诉讼	市场环境	市场竞争	25	0.90
12	开业、广场、正式、商业、超市、年薪、伦敦、入驻、招聘	增设分店	市场拓展	市场竞争	115	4.12
13	餐饮、背后、品牌、企业、行业、中国、星巴克、零售、这家、解读、龙头、小龙坎、周报、第一、连锁、最大	行业趋势	市场环境	市场竞争	282	10.11
14	顾客、门店、员工、苍蝇、劲松、厕所、停业、网友	客户服务	生产系统	生产管理	176	6.31
15	港股、港商、认购、新股、股票、时间、超额、消息、发售、证券、公开、纳入	股份认购	股市波动	股市行情	229	8.21
16	亿元、曝光、体系	资本转让	投资融资	资本运营	37	1.33
17	无人、颠覆	服务创新	技术创新	生产管理	23	0.82
18	服务、打造、升级、服务业、转型	转型升级	品牌规划	品牌发展	91	3.26
19	支付、使用、方法、领取	促销活动	其他营销活动	活动营销	41	1.47
20	结束、价格	股情报告	基本股情	股市行情	15	0.54
21	香港、美元、融资、基石	资本转让	投资融资	资本运营	81	2.90

17. 中国中车

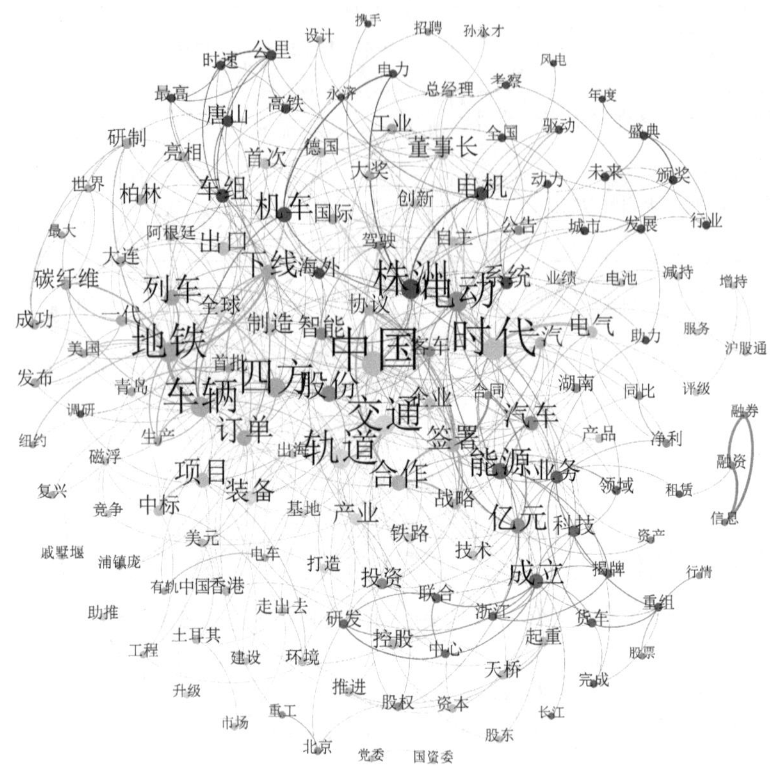

中国中车语义网络图

中国中车议题框架的归纳提取过程及比例计算结果

编号	关键词	初始编码	二级议题	一级议题	词频和（个）	频率（%）
1	地铁、车辆、下线、生产、大连、碳纤维、发布、首批、一代、美国、纽约	线下新品活动	新品发布	活动营销	382	10.07
2	电动、股份、智能、汽车、客车、驾驶、湖南	产品创新	技术创新	生产管理	253	6.67
3	时代、电气、董事长、增持、产品、减持、业绩、评级、服务、沪股通	增持减持	股市波动	股市行情	265	6.98
4	交通、轨道、产业、装备、全球、铁路、打造、基地、戚墅堰、升级、助推	基地建设	生产系统	生产管理	304	8.01

续表

编号	关键词	初始编码	二级议题	一级议题	词频和（个）	频率（%）
5	融资、信息、融券	融资融券信息	基本股情	股市行情	103	2.71
6	株洲、机车、电机、发展、电力、系统、动力、考察、携手、助力、驱动、风电、永济、调研	产品组合	品牌联盟	组织合作	312	8.22
7	车组、唐山、高铁、海外、千米、时速、最高	产品特点	产品功能	产品信息	162	4.27
8	项目、中标、环境、磁浮、建设、工程、竞争	供需合作	产业合作	组织合作	154	4.06
9	中国、企业、制造、技术、创新、电池、自主、走出去、出海	产品创新	技术创新	生产管理	260	6.85
10	颁奖、行业、未来、盛典、年度、全国、城市	行业奖励	品牌荣誉	品牌发展	149	3.93
11	四方、订单、列车、复兴、青岛、电车、阿根廷、浦镇庞、有轨	海外市场	市场拓展	市场竞争	258	6.80
12	行情、股票	股情报告	基本股情	股市行情	23	0.61
13	出口、首次、德国	海外市场	市场拓展	市场竞争	53	1.40
14	业务、租赁、货车、完成、重组	业务拓展	品牌规划	品牌发展	92	2.42
15	研制、成功、世界、最大	产品创新	技术创新	生产管理	66	1.74
16	能源、成立、科技、研发、联合、中心、浙江、揭牌、领域、长江	基地建设	生产系统	生产管理	216	5.69
17	亿元、公告、合同、投资、股权、北京、净利、同比、重工、资产、招聘	利润分析	品牌业绩	品牌发展	261	6.88
18	签署、合作、协议、战略、一汽、总经理、孙永才	多面合作	品牌联盟	组织合作	221	5.82
19	亮相、工业、国际、柏林、大奖、设计	行业奖励	品牌荣誉	品牌发展	94	2.48
20	市场、起重、天桥、控股、美元、股东、推进、资本、土耳其、中国香港	资本转让	投资融资	资本运营	142	3.74
21	党委、国资委	领导公开活动	领导动态	人力资源	24	0.63

18. 国航

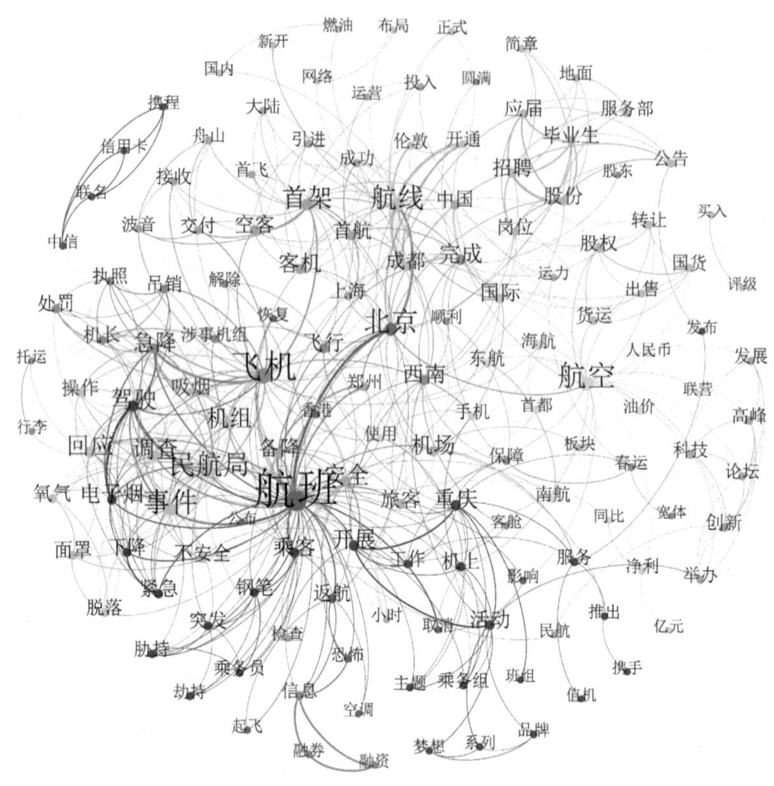

国航语义网络图

国航议题框架的归纳提取过程及比例计算结果

编号	关键词	初始编码	二级议题	一级议题	词频和（个）	频率（%）
1	航线、成都、国际、开通、国内、正式、伦敦、新开、布局、网络、燃油	城市拓展	市场拓展	市场竞争	393	10.27
2	航班、北京、返航、取消、公布、恐怖、恢复、香港、空调、起飞、影响	客户服务	生产系统	生产管理	409	10.69
3	运营、投入、运力	生产计划	生产系统	生产管理	54	1.41
4	股份、招聘、公告、应届、毕业生、岗位、地面、服务部、简章	校园招聘	新人招聘	人力资源	195	5.10
5	驾驶、电子烟、紧急、下降	客户服务	生产系统	生产管理	108	2.82
6	飞机、急降、机长、吊销、处罚、执照	客户服务	生产系统	生产管理	220	5.75

续表

编号	关键词	初始编码	二级议题	一级议题	词频和（个）	频率（%）
7	信息、融资、融券	融资融券信息	基本股情	股市行情	86	2.25
8	机组、吸烟、操作	生产控制	生产系统	生产管理	85	2.22
9	重庆、开展、活动、服务、工作、机上、推出、发布、品牌、乘务组、班组、携手、系列、值机、梦想、主题	主题活动	其他营销活动	活动营销	395	10.32
10	航空、东航、南航、手机、海航、净利、使用、亿元、同比、联营、人民币、油价、首都	服务对比	竞品对比	市场竞争	370	9.67
11	股权、国货、货运、出售、转让	股份认购	股市波动	股市行情	71	1.86
12	事件、民航局、回应、调查、氧气、不安全、面罩、脱落	客户服务	生产系统	生产管理	223	5.83
13	机场、旅客、板块、小时	客户服务	生产系统	生产管理	128	3.34
14	安全、备降、郑州、检查	客户服务	生产系统	生产管理	123	3.21
15	首架、客机、首航、中国、上海、空客、交付、波音、成功、引进、接收、首飞、大陆、舟山	固资投入	生产系统	生产管理	354	9.25
16	中信、信用卡、携程、联名	营销合作	品牌联盟	组织合作	54	1.41
17	乘客、突发、钢笔、胁持、乘务员、劫持	客户服务	生产系统	生产管理	114	2.98
18	行李、托运	客户服务	生产系统	生产管理	24	0.63
19	西南、飞行、完成、客舱、保障、春运、股东、涉事机组、顺利、解除、圆满、宽体机	客户服务	生产系统	生产管理	296	7.73
20	民航、发展、举办、创新、科技、高峰、论坛	行业展会	参加展会	活动营销	96	2.51
21	评级、买入	买入评级	基本股情	股市行情	29	0.76

19. 汉能

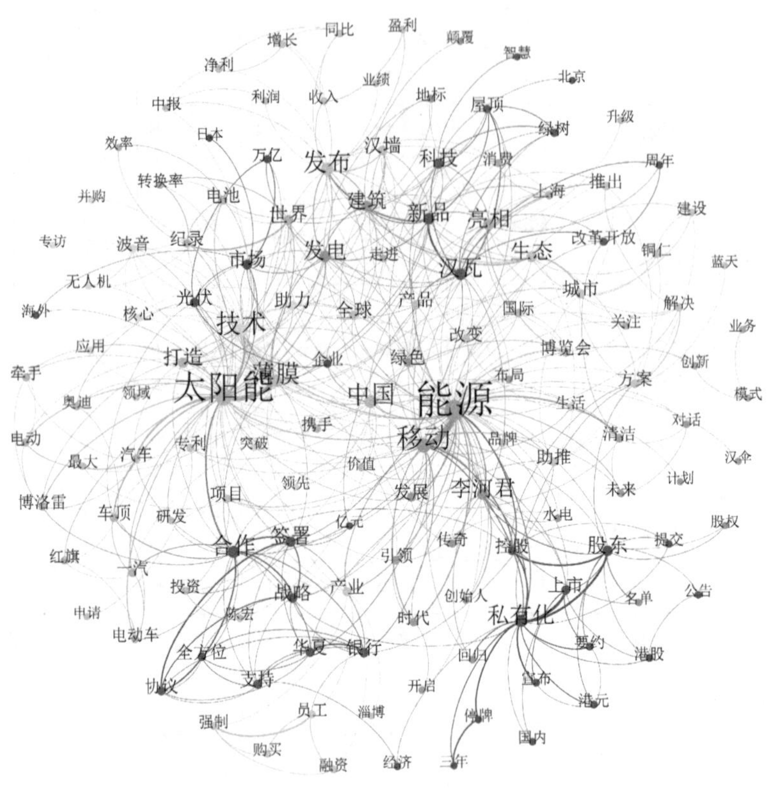

汉能语义网络图

汉能议题框架的归纳提取过程及比例计算结果

编号	关键词	初始编码	二级议题	一级议题	词频和（个）	频率（%）
1	能源、移动、未来、发展、时代、清洁、开启、计划、布局、汉伞、引领、对话	未来布局	品牌规划	品牌发展	341	12.66
2	生活、改变	未来布局	品牌规划	品牌发展	21	0.78
3	薄膜、领域、研发、最大	产品创新	技术创新	生产管理	69	2.56
4	太阳能、打造、汽车、车顶、携手、电动车、一汽、博洛雷、电动、牵手、奥迪、红旗	产品组合	品牌联盟	组织合作	241	8.95
5	技术、助力、专访、核心、突破、波音、应用、并购、领先、无人机	工艺创新	技术创新	生产管理	149	5.53

续表

编号	关键词	初始编码	二级议题	一级议题	词频和（个）	频率（%）
6	上海、消费	博览会	参加展会	活动营销	19	0.71
7	员工、产业、强制、融资、购买、淄博	资本转让	投资融资	资本运营	89	3.30
8	世界、纪录、电池、转换率、效率	行业排名	品牌荣誉	品牌发展	86	3.19
9	私有化、上市、股东、控股、停牌、港元、宣布、三年、港股、公告、要约、国内、提交	上市融资	投资融资	资本运营	303	11.25
10	李河君、回归、传奇、股权、创始人、名单、水电	高层入职	人事变动	人力资源	141	5.24
11	合作、签署、银行、战略、华夏、协议、亿元、支持、经济、全方位	多面合作	品牌联盟	组织合作	168	6.24
12	发电、建筑、绿色、颠覆、地标	线下新品活动	新品发布	活动营销	112	4.16
13	光伏、市场、企业、万亿、日本、海外	海外市场	市场拓展	市场竞争	115	4.27
14	生态、城市、方案、推出、解决、助推、铜仁、建设、蓝天	助力城市发展	政府合作	组织合作	121	4.49
15	项目、投资、陈宏	市场投资	投资融资	资本运营	54	2.01
16	汉瓦、科技、新品、屋顶、北京、改革开放、绿树、智能、周年	线下新品活动	新品发布	活动营销	200	7.43
17	中国、亮相、品牌、博览会、国际、走进、关注、价值、升级	博览会	参加展会	活动营销	174	6.46
18	发布、产品、全球、汉墙、增长、净利、收入、盈利、中报、同比、业绩、利润	利润分析	品牌业绩	品牌发展	220	8.17
19	专利、申请	产品创新	技术创新	生产管理	30	1.11
20	创新、模式、业务	产品创新	技术创新	生产管理	40	1.49

20. 安踏

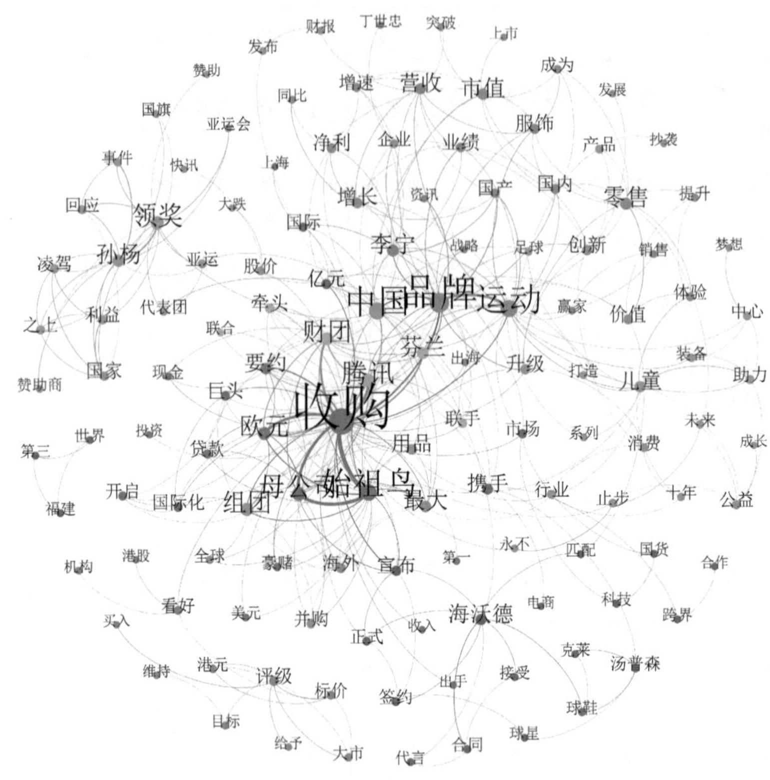

安踏语义网络图

安踏议题框架的归纳提取过程及比例计算结果

编号	关键词	初始编码	二级议题	一级议题	词频和（个）	频率（%）
1	收购、始祖鸟、母公司、欧元、要约、现金、出手、第一、收入、投资、贷款、豪赌、美元	横向收购	兼并收购	资本运营	428	18.70
2	品牌、运动、李宁、业绩、营收、国产、服饰、国内、资讯、战略、出海、销售、赢家	经营成绩	品牌业绩	品牌发展	368	16.08
3	腾讯、财团、芬兰、牵头、联手、联合	营销合作	品牌联盟	组织合作	137	5.99

续表

编号	关键词	初始编码	二级议题	一级议题	词频和（个）	频率（%）
4	孙杨、领奖、事件、利益、国家、回应、亚运会、国旗、凌驾、赞助、赞助商、之上	赛事赞助	品牌赞助	活动营销	200	8.74
5	儿童、助力、未来、止步、公益、成长、打造、中心、系列、永不、装备、梦想	群体关爱	社会公益	活动营销	160	6.99
6	增长、净利、同比	利润分析	品牌业绩	品牌发展	42	1.83
7	行业、用品、组团、最大、并购、全球、海外	并购重组	兼并收购	资本运营	102	4.46
8	升级、创新、产品、企业、消费、丁世忠、发展、十年、抄袭	转型升级	品牌规划	品牌发展	118	5.16
9	亿元、国际、上海	海外市场	市场拓展	市场竞争	47	2.05
10	市值、零售、价值、体验、突破、成为、上市、提升、增速	经营成绩	品牌业绩	品牌发展	132	5.77
11	股价、大跌、快讯	涨跌情况	股市波动	股市行情	36	1.57
12	市场、科技、国货	行业趋势	市场环境	市场竞争	35	1.53
13	国际化、巨头、开启	海外市场	市场拓展	市场竞争	26	1.14
14	海沃德、汤普森、球鞋、宣布、签约、合同、球星、代言、克莱、正式、匹配、接受	代言活动	其他营销活动	活动营销	171	7.47
15	评级、目标、标价、看好、港元、机构、港股、维持、买入、大市、给予	买入评级	基本股情	股市行情	116	5.07
16	世界、第三、福建	行业排名	品牌荣誉	品牌发展	32	1.40
17	中国、发布、足球、财报、代表团、亚运	赛事赞助	品牌赞助	活动营销	96	4.19
18	携手、合作、跨界、电商	供需合作	产业合作	组织合作	43	1.88

21. 周大福

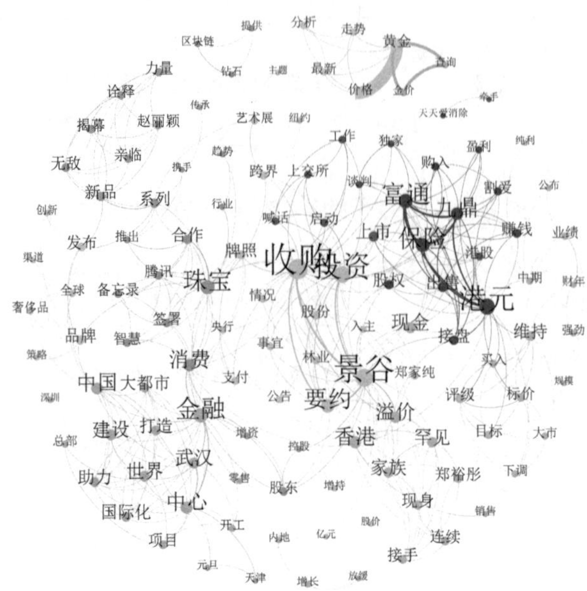

周大福语义网络图

周大福议题框架的归纳提取过程及比例计算结果

编号	关键词	初始编码	二级议题	一级议题	词频和（个）	频率（%）
1	黄金、价格、最新、走势、分析	产品报价	产品价格	产品信息	358	25.30
2	金价、查询	产品报价	产品价格	产品信息	98	6.93
3	上市、港股	上市融资	投资融资	资本运营	10	0.71
4	港元、富通、保险、九鼎、接盘、出售、购入、股权、割爱、盈利、赚钱	资本转让	投资融资	资本运营	176	12.44
5	香港、溢价、销售、家族、现身、罕见、接手、连续、现金、郑裕彤	领导相关事件	领导动态	人力资源	72	5.09
6	收购、景谷、投资、要约、股份、郑家纯、股价、入主、公告、林业、情况、事宜、亿元、增持	横向收购	兼并收购	资本运营	187	13.22
7	金融、中心、中国、世界、武汉、打造、项目、建设、天津、总部、国际、开工、深圳、元旦、助力、大都市	未来布局	品牌规划	品牌发展	116	8.20
8	珠宝、消费、合作、股东、控股、推出、行业、腾讯、携手、增资、备忘录、签署、趋势、智能	营销合作	品牌联盟	组织合作	94	6.64

续表

编号	关键词	初始编码	二级议题	一级议题	词频和（个）	频率（%）
9	区块链、钻石、提供	服务创新	技术创新	生产管理	13	0.92
10	品牌、发布、全球、策略、奢侈品、创新、渠道	业务拓展	品牌规划	品牌发展	44	3.11
11	跨界、牌照、艺术展、支付、主题、纽约、央行	主题活动	其他营销活动	活动营销	54	3.82
12	评级、目标、维持、标价、中期、买入、业绩、下调、财年、大市、公布、纯利、规模、强劲	买入评级	基本股情	股市行情	90	6.36
13	独家、谈判	横向收购	兼并收购	资本运营	8	0.57
14	系列、新品、无敌、传承、亲临、揭幕、力量、诠释、赵丽颖	线下新品活动	新品发布	活动营销	49	3.46
15	启动、上交所、工作、喊话	横向收购	兼并收购	资本运营	19	1.34
16	天天爱消除、牵手	营销合作	品牌联盟	组织合作	7	0.49
17	零售、增长、内地、放缓	经营成绩	品牌业绩	品牌发展	20	1.41

22. 中国航天科工

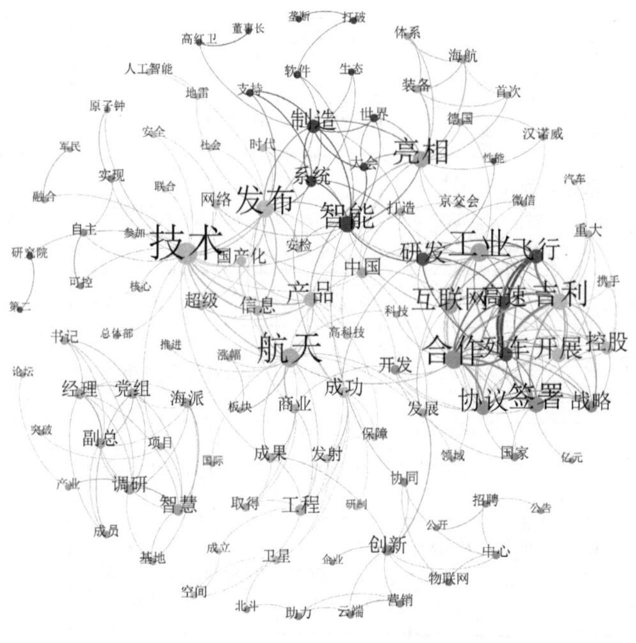

中国航天科工语义网络图

中国航天科工议题框架的归纳提取过程及比例计算结果

编号	关键词	初始编码	二级议题	一级议题	词频和（个）	频率（%）
1	飞行、列车、研发、高速、性能	产品创新	技术创新	生产管理	99	7.22
2	吉利、开展、控股、汽车、携手、重大	产品组合	品牌联盟	组织合作	72	5.25
3	合作、签署、协议、战略、国家、开发、亿元	供需合作	产业合作	组织合作	120	8.75
4	亮相、装备、海航、体系、首次	线下新品活动	新品发布	活动营销	76	5.54
5	发布、安检、人工智能、时代、地雷、社会	产品创新	技术创新	生产管理	75	5.47
6	智慧、党组、产业、调研、副总、经理、项目、海派、书记、成员、基地、论坛、突破	领导调研	领导动态	人力资源	121	8.83
7	融合、军民	业务拓展	品牌规划	品牌发展	17	1.24
8	董事长、高红卫	领导公开活动	领导动态	人力资源	18	1.31
9	工业、发展、中国、互联网、打造、德国、汉诺威、微信	海外市场	市场拓展	市场竞争	113	8.24
10	自主、实现、原子钟、可控	产品创新	技术创新	生产管理	36	2.63
11	航天、商业、成果、板块、工程、科技、国际、推进、领域、取得、涨幅	产品创新	技术创新	生产管理	136	9.92
12	技术、产品、信息、安全、网络、京交会、国产化、联合、参加、高科技、超级、核心、总体部	博览会	参加展会	活动营销	162	11.82
13	研究院、第二	基地建设	生产系统	生产管理	17	1.24
14	智能、制造、系统、世界、软件、大会、生态、支持、打破、垄断	行业展会	参加展会	活动营销	129	9.41
15	成功、卫星、研制、发射、成立、空间、保障	产品创新	技术创新	生产管理	70	5.11
16	创新、企业、助力、招聘、中心、北斗、营销、协同、云端、公告、公开、物联网	产品创新	技术创新	生产管理	110	8.02

23. 东阿阿胶

东阿阿胶语义网络图

东阿阿胶议题框架的归纳提取过程及比例计算结果

编号	关键词	初始编码	二级议题	一级议题	词频和（个）	频率（%）
1	融资、融券、信息	融资融券信息	基本股情	股市行情	67	6.36
2	产品、公告、出厂价、上调、投资、重点、董事会、价格、会议、精选、试点	价格调整	产品价格	产品信息	119	11.30
3	战略、发展、韩国、人参、公社、健康、合作、官庄、牵手、达成、共谋、开拓	多面合作	品牌联盟	组织合作	109	10.35
4	净利、亿元、医药、跌停、同比、白马股、华润、公布、年报、三季、一季度、增速、下降	利润分析	品牌业绩	品牌发展	139	13.20
5	上海、假冒、假药案、特大	打击假货	市场环境	市场竞争	23	2.18
6	渠道、调整、优化、尾声、结构、营收	渠道拓展	市场拓展	市场竞争	44	4.18
7	阿胶、驴皮、品牌、中国、产业、养生、第三、风波、回应、旅游、打造、科技、实现、项目、质量	打击假货	市场环境	市场竞争	123	11.68

续表

编号	关键词	初始编码	二级议题	一级议题	词频和（个）	频率（%）
8	携手、天下、扶助、举办、艺术团	主题活动	其他营销活动	活动营销	26	2.47
9	年度、报告	股情报告	基本股情	股市行情	16	1.52
10	不及、抛售、预期	股价变化	股市波动	股市行情	12	1.14
11	提价、业绩、涨价、增长、下滑、年年、现金、营销、零售价、千克、奢侈品、收入、吞噬	经营成绩	品牌业绩	品牌发展	141	13.39
12	行情、观点	股情报告	基本股情	股市行情	10	0.95
13	创新、秦玉峰、老字号、传承、总裁、行业、精神、驱动、现代化	业务拓展	品牌规划	品牌发展	63	5.98
14	药业、中药、生物、白药、分红、康美、云南、板块、增资	行业趋势	市场环境	市场竞争	52	4.94
15	股东、增持、股份、控股、四大、产后、成为、海默、基金、恢复、间接	增持减持	股市波动	股市行情	76	7.22
16	山东、功效、全国、传统、摄影、突破	产品创新	技术创新	生产管理	33	3.13

24. 汤臣倍健

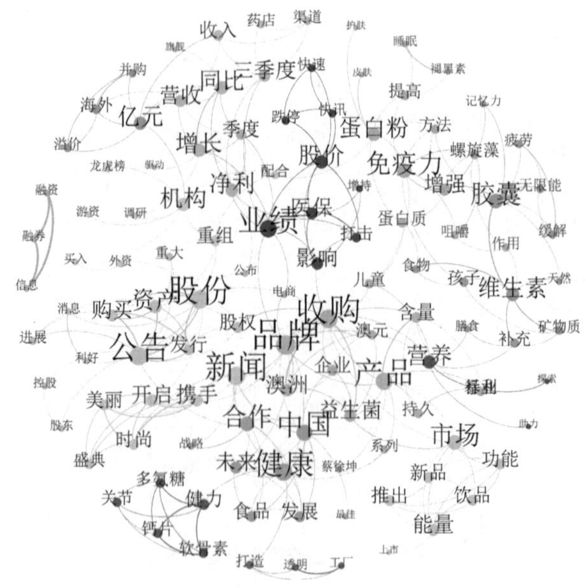

汤臣倍健语义网络图

汤臣倍健议题框架的归纳提取过程及比例计算结果

编号	关键词	初始编码	二级议题	一级议题	词频和（个）	频率（%）
1	融资、信息、融券	融资融券信息	基本股情	股市行情	49	4.68
2	公告、股份、购买、资产、发行、股权、股东、利好、重大、消息、控股、进展	信息公告	基本股情	股市行情	108	10.31
3	新闻、携手、开启、时尚、美丽、盛典	主题活动	其他营销活动	活动营销	72	6.87
4	透明、工厂、打造	主题活动	其他营销活动	活动营销	24	2.29
5	健力、钙片、软骨素、多氨糖、关节	产品效果	产品功能	产品信息	44	4.20
6	收购、益生菌、澳洲、企业、澳元	横向收购	兼并收购	资本运营	60	5.73
7	亿元、海外、并购、溢价	并购重组	兼并收购	资本运营	32	3.05
8	中国、健康、食品、合作、战略、未来、最佳、发展	未来布局	品牌规划	品牌发展	61	5.82
9	业绩、股价、医保、影响、快讯、跌停、打击、增持、快速	涨跌情况	股市波动	股市行情	72	6.87
10	蛋白粉、免疫力、增强、褪黑素、螺旋藻、作用、睡眠、蛋白质、咀嚼、方法、儿童、提高、皮肤、护肤	产品效果	产品功能	产品信息	113	10.78
11	营养、助力、探索	产品效果	产品功能	产品信息	27	2.58
12	市场、能量、上市、饮品、功能、新品、推出	线上新品发布	新品发布	活动营销	42	4.01
13	品牌、产品、含量、电商、行业、系列、持久、蔡徐坤、暴利	行业趋势	市场环境	市场竞争	85	8.11
14	维生素、胶囊、食物、矿物质、补充、记忆力、孩子、天然、无限能、膳食、疲劳、缓解	产品效果	产品功能	产品信息	117	11.16
15	增长、同比、净利、季度、营收、收入、三季度、渠道、药店、驱动、旗舰、公布	利润分析	品牌业绩	品牌发展	87	8.30
16	机构、外资、买入、龙虎榜、重组、游资、调研、配合	资本转让	投资融资	资本运营	55	5.25

25. 国旅

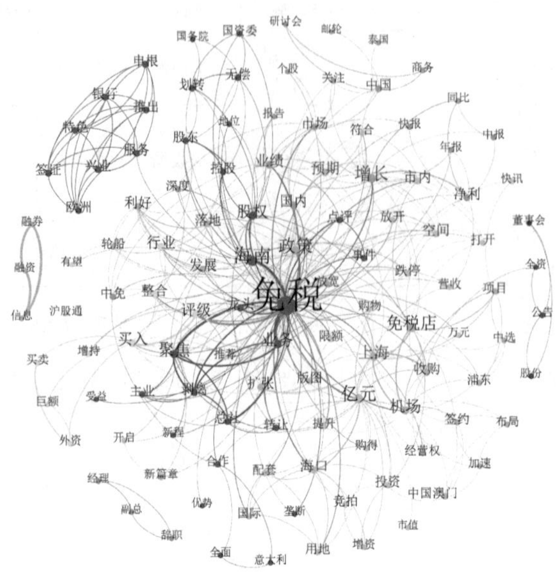

国旅语义网络图

国旅议题框架的归纳提取过程及比例计算结果

编号	关键词	初始编码	二级议题	一级议题	词频和（个）	频率（%）
1	免税、业务、聚焦、剥离、总社、龙头、点评、合作、主业、转让、垄断、事件、优势、受益、意大利、全面、新程	业务拓展	品牌规划	品牌发展	277	24.15
2	融券、融资、信息	融资融券信息	基本股情	股市行情	57	4.97
3	上海、机场、免税店、收购、项目、签约、中国澳门、布局、加速、浦东、经营权、中选	纵向收购	兼并收购	资本运营	111	9.68
4	亿元、海口、国际、投资、营收、用地、增资、配套、市值、购得、竞拍	市场投资	投资融资	资本运营	97	8.46
5	海南、股权、股东、控股、划转、国资委、无偿、地位、国务院	股份认购	股市波动	股市行情	80	6.97
6	扩张、版图	业务拓展	品牌规划	品牌发展	19	1.66
7	评级、买入、外资、行业、整合、增持、推荐、买卖、沪股通、巨额、有望	买入评级	基本股情	股市行情	138	12.03

续表

编号	关键词	初始编码	二级议题	一级议题	词频和（个）	频率（%）
8	提升、限额、购物、万元	行业趋势	市场环境	市场竞争	23	2.01
9	业绩、报告、中免、深度、快报	经营成绩	品牌业绩	品牌发展	37	3.23
10	政策、发展、利好、落地、放宽、轮船	行业监管	市场环境	市场竞争	63	5.49
11	跌停、预期、市内、打开、放开、空间、符合、快讯	涨跌情况	股市波动	股市行情	61	5.32
12	副总、经理、辞职	高层离职	人事变动	人力资源	14	1.22
13	服务、欧洲、签证、推出、兴业、银行、申根、特色	营销合作	品牌联盟	组织合作	39	3.40
14	增长、中国、净利、市场、国内、同比、个股、关注、商务、研讨会、邮轮、中报、年报、泰国	利润分析	品牌业绩	品牌发展	101	8.81
15	开启、新篇章	业务拓展	品牌规划	品牌发展	6	0.52
16	股份、公告、全资、董事会	信息公告	基本股情	股市行情	24	2.09

26. 晨鸣

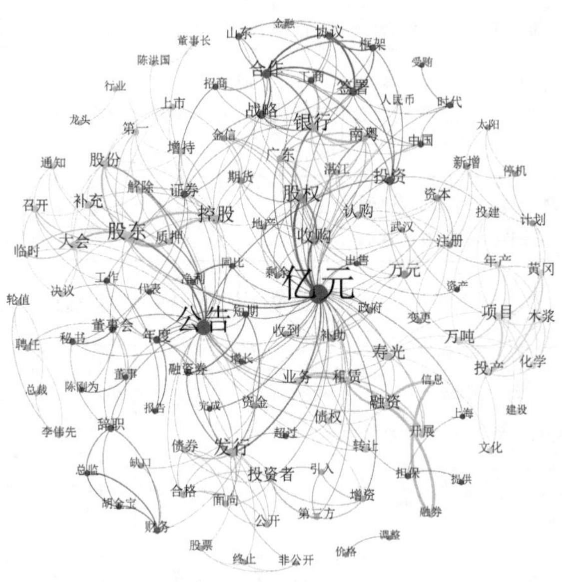

晨鸣语义网络图

晨鸣议题框架的归纳提取过程及比例计算结果

编号	关键词	初始编码	二级议题	一级议题	词频和（个）	频率（%）
1	股东、质押、控股、股份、解除、增持、补充、第一、董事长、上市、陈洪国	增持减持	股市波动	股市行情	162	13.62
2	银行、南粤、广东、人民币、认购、湛江、金融	资本转让	投资融资	资本运营	76	6.39
3	亿元、净利、同比、增长、中国、资产、出售、超过、工商、时代、完成、担保、上海、受贿、提供	利润分析	品牌业绩	品牌发展	151	12.70
4	股权、收购、期货、地产、武汉、金信、剩余	纵向收购	兼并收购	资本运营	71	5.97
5	融资、租赁、融券、信息、业务、开展、寿光、债权、转让	资本信息	投资融资	资本运营	133	11.19
6	黄冈、项目、投产、万吨、年产、文化、木浆、化学、建设、投建	生产计划	生产系统	生产管理	103	8.66
7	合作、投资、协议、签署、战略、山东、框架、招商、证券	供需合作	产业合作	组织合作	91	7.65
8	大会、召开、临时、决议、通知	业务管理	员工管理	人力资源	37	3.11
9	年度、工作、短期、报告、融资券	股情报告	基本股情	股市行情	42	3.53
10	发行、投资者、增资、债券、第三方、引入、非公开、合格、面向、公开、终止、股票	市场投资	投资融资	资本运营	92	7.74
11	公告、财务、董事会、辞职、董事、总监、胡金宝、秘书、陈刚为、代表	高层离职	人事变动	人力资源	111	9.34
12	价格、调整	产品报价	产品价格	产品信息	11	0.93
13	轮值、李伟先、聘任、总裁	高层入职	人事变动	人力资源	18	1.51
14	万元、补助、资金、政府、计划、收到、太阳、停机、新增、变更、注册、资本、缺口	政府支持	政府合作	组织合作	77	6.48
15	行业、龙头	行业排名	品牌荣誉	品牌发展	14	1.18

27. 宝武

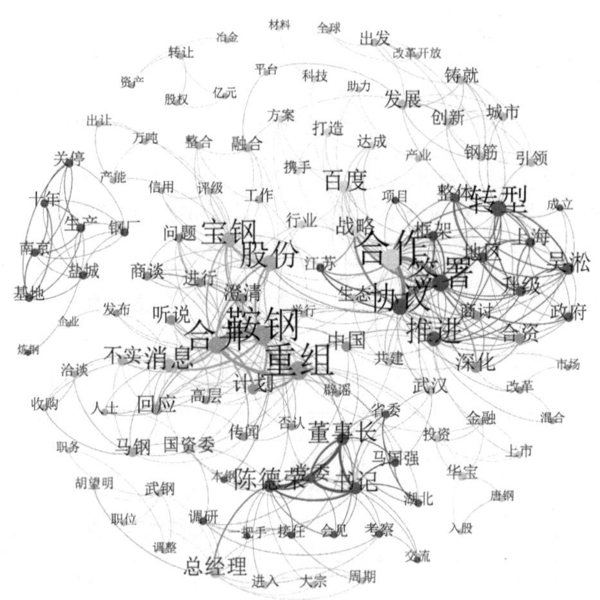

宝武语义网络图

宝武议题框架的归纳提取过程及比例计算结果

编号	关键词	初始编码	二级议题	一级议题	词频和（个）	频率（%）
1	鞍钢、合并、重组、计划、回应、传闻、企业、发布、否认、听说、高层、辟谣	横向收购	兼并收购	资本运营	187	16.28
2	签署、协议、项目、江苏、框架	政府支持	政府合作	组织合作	93	8.09
3	合作、战略、百度、行业、达成、材料、携手、打造、科技、方案	多面合作	品牌联盟	组织合作	122	10.62
4	陈德荣、董事长、书记、党委、马国强、湖北、交流、本钢、会见、考察、省委、接任、调研、一把手	政府支持	政府合作	组织合作	160	13.93
5	消息、马钢、收购、不实、洽谈、人士、国资委	横向收购	兼并收购	资本运营	60	5.22
6	澄清、进行、商谈、问题	横向收购	兼并收购	资本运营	21	1.83
7	宝钢、股份、产能、举行、融合、平台、万吨、评级、工作、整合、出让、信用	股份认购	股市波动	股市行情	107	9.31

续表

编号	关键词	初始编码	二级议题	一级议题	词频和（个）	频率（%）
8	推进、转型、上海、升级、吴淞、地区、整体、成立、政府	助力城市发展	政府合作	组织合作	80	6.96
9	生产、基地、南京、十年、钢厂、关停、盐城、炼钢	基地建设	生产系统	生产管理	45	3.92
10	创新、发展、产业、城市、全球、出发、钢筋、助力、铸就、改革开放、引领、中国	产品创新	技术创新	生产管理	73	6.35
11	深化、合资、商讨、改革、市场、混合	产业推进	产业合作	组织合作	53	4.61
12	华宝、金融、投资、入股、上市、唐钢	上市融资	投资融资	资本运营	33	2.87
13	武汉、共建、生态、总经理	助力城市发展	政府合作	组织合作	21	1.83
14	武钢、胡望明、调整、进入、大宗、周期、职位、职务	人事调整	人事变动	人力资源	66	5.74
15	资产、股权、冶金、转让、亿元	股份认购	股市波动	股市行情	28	2.44

28. 利群

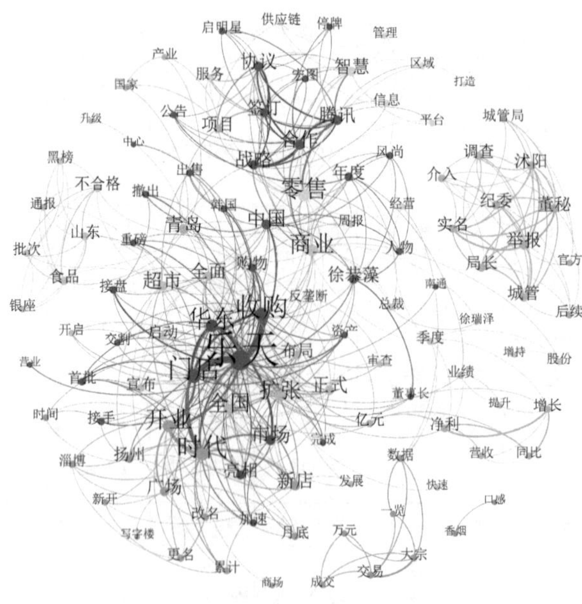

利群语义网络图

利群议题框架的归纳提取过程及比例计算结果

编号	关键词	初始编码	二级议题	一级议题	词频和（个）	频率（%）
1	乐天、门店、收购、购物、接盘、资产、中心、接手、营业、重磅、撤出、完成、交割、南通	横向收购	兼并收购	资本运营	232	19.55
2	时代、开业、广场、新店、扬州、更名、淄博、累计、写字楼、改名、商场、时间、新开、月底	生产计划	生产系统	生产管理	172	14.49
3	合作、腾讯、战略、协议、公告、签订、启明星、宏图、停牌	多面合作	品牌联盟	组织合作	114	9.60
4	华东、市场、亮相、加速、首批	线下新品活动	新品发布	活动营销	80	6.74
5	净利、增长、亿元、同比、业绩、营收、提升	利润分析	品牌业绩	品牌发展	65	5.48
6	举报、董秘、实名、沭阳、城管局、城管、纪委、局长、调查、介入、官方、后续	涉嫌违纪	人事变动	人力资源	86	7.25
7	大宗、交易、数据、一览、成交、万元	融资融券信息	基本股情	股市行情	46	3.88
8	零售、智慧、供应链、区域、经营、平台、服务、管理、打造、信息	基地建设	生产系统	生产管理	78	6.57
9	全国、扩张、布局、正式、发展、全面、开启、反垄断、快速、启动、审查、宣布	未来布局	品牌规划	品牌发展	89	7.50
10	中国、徐恭藻、年度、董事长、韩国、人物、出售、风尚	领导公开活动	领导动态	人力资源	65	5.48
11	超市、山东、食品、不合格、批次、通报、周报、黑榜、银座	行业监管	市场环境	市场竞争	58	4.89
12	青岛、项目、国家、产业、升级	基地建设	生产系统	生产管理	43	3.62
13	商业、股份、季度、总裁、徐瑞泽、增持	增持减持	股市波动	股市行情	51	4.30
14	香烟、口感	产品效果	产品功能	产品信息	8	0.67

29. 雅戈尔

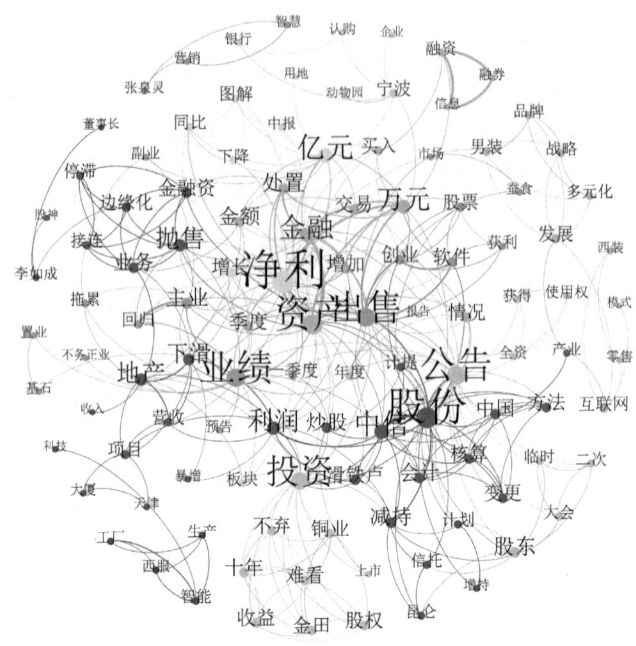

雅戈尔语义网络图

雅戈尔议题框架的归纳提取过程及比例计算结果

编号	关键词	初始编码	二级议题	一级议题	词频和（个）	频率（%）
1	融资、融券、信息	融资融券信息	基本股情	股市行情	49	5.05
2	股份、中信、炒股、增持、产业、减持、中国、计提、会计、计划、核算、变更、滑铁卢、昆仑、信托、方法	增持减持	股市波动	股市行情	139	14.33
3	净利、亿元、同比、增长、板块、下降、图解、用地、中报	利润分析	品牌业绩	品牌发展	105	10.82
4	业绩、主业、一季度、回归、不务正业、副业、拖累、置业、基石、预告	经营成绩	品牌业绩	品牌发展	101	10.41
5	出售、创业、软件、股票、市场、获利、蚕食	资本转让	投资融资	资本运营	63	6.49
6	资产、万元、处置、金融、增加、季度、买入、情况、交易、金额	资本转让	投资融资	资本运营	105	10.82

续表

编号	关键词	初始编码	二级议题	一级议题	词频和（个）	频率（%）
7	地产、利润、下滑、项目、营收、暴增、收入、大厦、天津	利润分析	品牌业绩	品牌发展	67	6.91
8	宁波、动物园、企业、认购、银行	资本转让	投资融资	资本运营	35	3.61
9	智能、科技、工厂、西服、生产	基地建设	生产系统	生产管理	32	3.30
10	公告、年度、股东、报告、大会、二次、获得、临时、全资、使用权	信息公告	基本股情	股市行情	78	8.04
11	投资、金田、收益、铜业、股权、上市、十年、不弃、难看	市场投资	投资融资	资本运营	57	5.88
12	智慧、营销、张泉灵	主题活动	其他营销活动	活动营销	12	1.24
13	金融资、李如成、抛售、业务、边缘化、董事长、接连、停滞、股神	股价变化	股市波动	股市行情	78	8.04
14	零售、男装、互联网、品牌、发展、战略、多元化、西装、模式	业务拓展	品牌规划	品牌发展	49	5.05

30. 北大荒

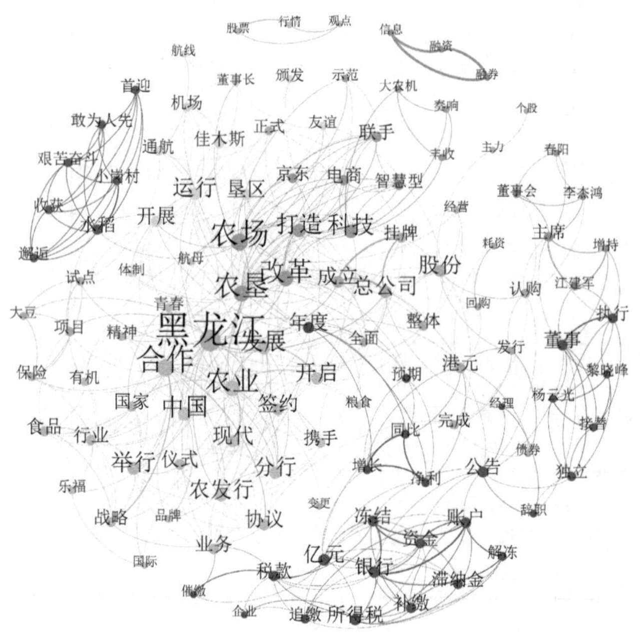

北大荒语义网络图

北大荒议题框架的归纳提取过程及比例计算结果

编号	关键词	初始编码	二级议题	一级议题	词频和（个）	频率（%）
1	融券、融资、信息	融资融券信息	基本股情	股市行情	36	5.77
2	成立、总公司、挂牌、正式、全面、整体	基地建设	生产系统	生产管理	36	5.77
3	账户、税款、银行、冻结、所得税、亿元、资金、补缴、催缴、解冻、追缴、企业、滞纳金	资本转让	投资融资	资本运营	69	11.06
4	水稻、小岗村、收获、敢为人先、艰苦奋斗、首迎、邂逅	主题活动	其他营销活动	活动营销	33	5.29
5	公告、董事、执行、经理、辞职、独立、接替、黎晓峰、杨云光	高层离职	人事变动	人力资源	45	7.21
6	合作、精神、战略、行业、协议、国家、食品、举行、签约、业务、仪式	产业推进	产业合作	组织合作	56	8.97
7	净利、年度、同比、增长、预期	利润分析	品牌业绩	品牌发展	26	4.17
8	股票、行情、观点	股情报告	基本股情	股市行情	13	2.08
9	主席、增持、董事会、江建军、李杰鸿、春阳	人事调整	人事变动	人力资源	28	4.49
10	农场、科技、改革、农垦、打造、大农机、电商、京东、丰收、联手、奏响、示范、智慧型	营销合作	品牌联盟	组织合作	70	11.22
11	农业、发展、开启、现代、青春、分行、航母、农发行、携手	营销合作	品牌联盟	组织合作	49	7.85
12	股份、发行、港元、回购、债券、认购、完成、变更、个股、耗资、经营、主力	股份认购	股市波动	股市行情	55	8.81
13	黑龙江、大豆、项目、保险、试点	产品创新	技术创新	生产管理	29	4.65
14	中国、品牌、乐福、国际、粮食、有机	主题活动	其他营销活动	活动营销	32	5.13
15	运行、通航、开展、机场、佳木斯、垦区、航线、体制、友谊、颁发、董事长	生产控制	生产系统	生产管理	47	7.53

31. 中国建材

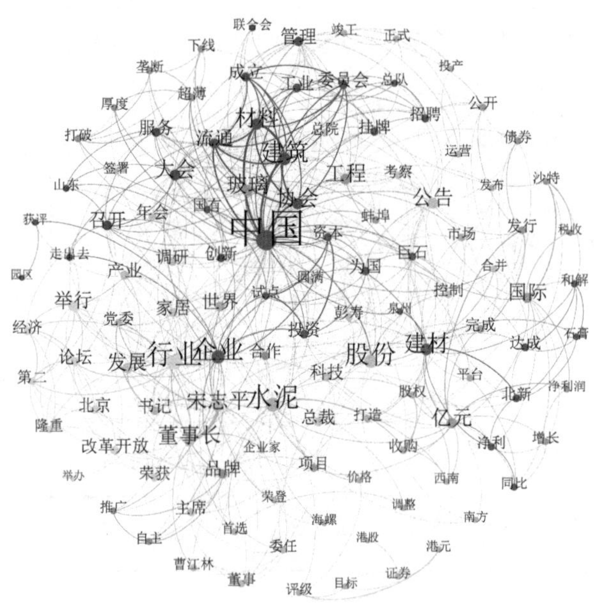

中国建材语义网络图

中国建材议题框架的归纳提取过程及比例计算结果

编号	关键词	初始编码	二级议题	一级议题	词频和（个）	频率（%）
1	宋志平、董事长、党委、书记、委任、董事、企业家、调研、曹江林、主席	领导调研	领导动态	人力资源	92	11.56
2	中国、建筑、材料、协会、流通、成立、工业、委员会、招聘、挂牌、管理、联合会、总队	行业趋势	市场环境	市场竞争	127	15.95
3	行业、举行、论坛、第二、改革开放、经济、荣获、北京、举办、隆重	行业奖励	品牌荣誉	品牌发展	73	9.17
4	企业、投资、资本、试点、获评、为国、园区、国有、巨石	市场投资	投资融资	资本运营	64	8.04
5	股份、公告、科技、合并、控制、总裁、考察、彭寿	信息公告	基本股情	股市行情	68	8.54
6	建材、净利、北新、达成、和解、泉州、石膏、同比	利润分析	品牌业绩	品牌发展	49	6.16

续表

编号	关键词	初始编码	二级议题	一级议题	词频和（个）	频率（%）
7	玻璃、超薄、蚌埠、打破、厚度、垄断、下线	产品创新	技术创新	生产管理	33	4.15
8	亿元、国际、沙特、发行、完成、工程、净利润、项目、债券、公开、税收、增长	利润分析	品牌业绩	品牌发展	86	10.80
9	水泥、收购、股权、世界、价格、南方、首选、海螺、荣登、调整、西南	横向收购	兼并收购	资本运营	69	8.67
10	家居、发展、产业、年会、总院、签署、圆满	行业趋势	市场环境	市场竞争	41	5.15
11	品牌、合作、推广、自主	产业推进	产业合作	组织合作	20	2.51
12	目标、评级、港股、港元、证券	买入评级	基本股情	股市行情	17	2.14
13	大会、召开、创新、服务、走出去、山东	行业趋势	市场环境	市场竞争	27	3.39
14	打造、市场、发布、平台、竣工、投产、运营、正式	基地建设	生产系统	生产管理	30	3.77

32. 玲珑轮胎

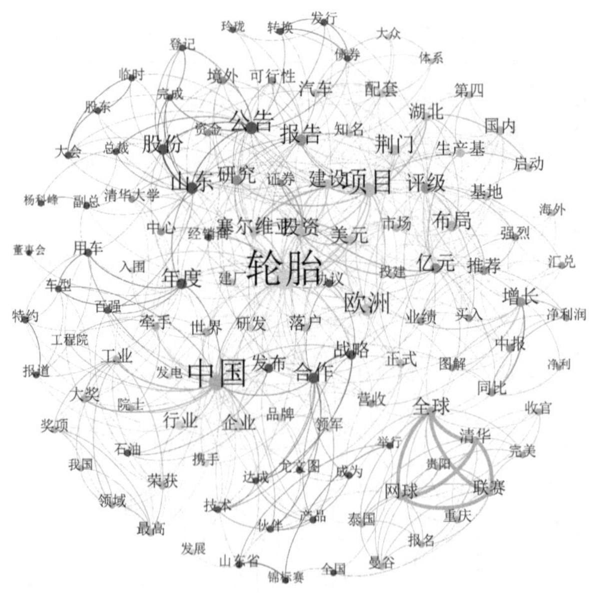

玲珑轮胎语义网络图

玲珑轮胎议题框架的归纳提取过程及比例计算结果

编号	关键词	初始编码	二级议题	一级议题	词频和（个）	频率（%）
1	全球、清华、网球、联赛、重庆、贵阳、泰国、完美、报名、曼谷、收官	赛事赞助	品牌赞助	活动营销	117	15.06
2	项目、投资、塞尔维亚、美元、欧洲、建设、落户、建厂、投建	基地建设	生产系统	生产管理	94	12.10
3	公告、山东、股份、发行、副总、总裁、大会、完成、登记、股东、临时、玲珑、杨科峰、债券、转换	信息公告	基本股情	股市行情	88	11.33
4	轮胎、企业、行业、品牌、入围、研发、发展、发电、领军、携手	行业奖励	品牌荣誉	品牌发展	76	9.78
5	增长、评级、同比、业绩、净利、推荐、汇兑、买入、强烈、图解、营收、中报	利润分析	品牌业绩	品牌发展	61	7.85
6	中国、工业、大奖、荣获、领域、奖项、最高、我国	行业奖励	品牌荣誉	品牌发展	72	9.27
7	亿元、证券、资金	融资融券信息	基本股情	股市行情	24	3.09
8	湖北、荆门、布局、生产、启动、市场、正式、海外、基地、第四、国内	基地建设	生产系统	生产管理	66	8.49
9	合作、战略、产品、成为、协议、达成、伙伴、技术、经销商、尤文图	供需合作	产业合作	组织合作	45	5.79
10	报告、研究、中心、境外、可行性、清华大学	产业推进	产业合作	组织合作	29	3.73
11	山东省、锦标赛、举行、全国	赛事赞助	品牌赞助	活动营销	21	2.70
12	年度、董事会、发布、用车、百强、报道、车型、石油、特约	行业奖励	品牌荣誉	品牌发展	41	5.28
13	世界、牵手、院士、工程院	产业推进	产业合作	组织合作	20	2.57
14	汽车、配套、大众、知名、体系	产品组合	品牌联盟	组织合作	23	2.96

33. 亿利

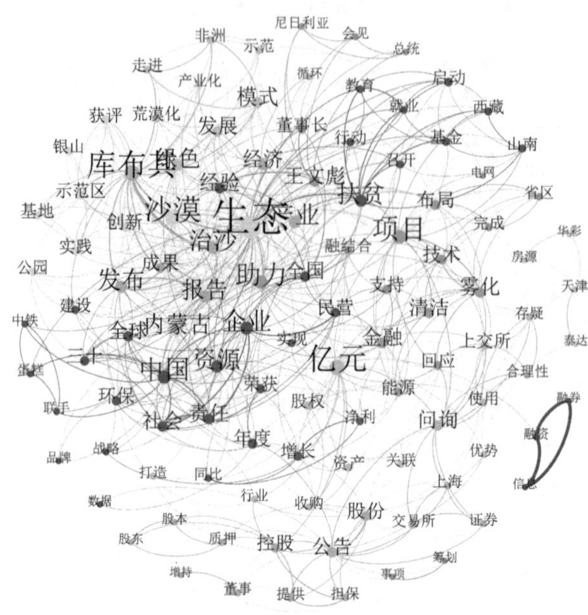

亿利语义网络图

亿利议题框架的归纳提取过程及比例计算结果

编号	关键词	初始编码	二级议题	一级议题	词频和（个）	频率（%）
1	融资、融券、信息	融资融券信息	基本股情	股市行情	52	7.23
2	生态、沙漠、示范区、创新、内蒙古、产业化、实践、公园、获评、基地、银山	生产创新	技术创新	生产管理	89	12.38
3	库布其、治沙、发布、报告、成果	产品创新	技术创新	生产管理	66	9.18
4	王文彪、董事长、会见、尼日利亚、总统	领导公开活动	领导动态	人力资源	25	3.48
5	发展、模式、非洲、绿色、走进、荒漠化、示范	海外市场	市场拓展	市场竞争	37	5.15
6	项目、助力、雾化、技术、完成、布局、金融、清洁、回应、能源、融结合、支持、电网、省区	未来布局	品牌规划	品牌发展	77	10.71
7	公告、股份、控股、问询、担保、董事、增持、质押、上海、提供、股本、股东、交易所、证券	信息公告	基本股情	股市行情	110	15.30

续表

编号	关键词	初始编码	二级议题	一级议题	词频和（个）	频率（%）
8	资源、增长、建设、净利、战略、实现、同比	利润分析	品牌业绩	品牌发展	42	5.84
9	筹划、事项	融资融券信息	基本股情	股市行情	8	1.11
10	扶贫、教育、基金、经验、就业、行动、启动、山南、西藏、召开	扶贫公益	社会公益	活动营销	46	6.40
11	亿元、上交所、股权、使用、收购、资产、存疑、关联、行业、合理性、打造、优势	横向收购	兼并收购	资本运营	61	8.48
12	中国、企业、年度、民营、品牌、全国、全球、社会、责任、环保、荣获、蛋糕、联手、三十、数据、中铁	行业奖励	品牌荣誉	品牌发展	86	11.96
13	产业、经济、循环	生产控制	生产系统	生产管理	20	2.78

34. 南孚

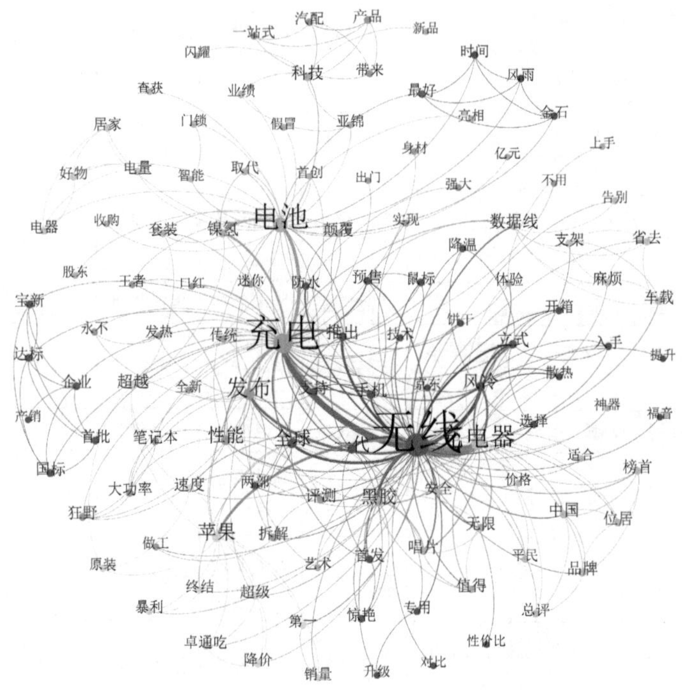

南孚语义网络图

南孚议题框架的归纳提取过程及比例计算结果

编号	关键词	初始编码	二级议题	一级议题	词频和（个）	频率（%）
1	充电器、中国、榜首、价格、品牌、安全、平民、神器、适合、位居、总评	行业排名	品牌荣誉	品牌发展	77	9.48
2	无线、推出、全球、一代、手机、防水、京东、首发、预售、专用、鼠标、支持、饼干、对比、福音、技术、两部、升级、惊艳、提升、性价比	线上新品发布	新品发布	活动营销	253	31.16
3	充电、发布、性能、评测、拆解、口红、笔记本、传统、发热、迷你、实现、王者、不用、出门、大功率、狂野、强大、全新、身材、永不、做工	产品测评	产品功能	产品信息	164	20.20
4	风冷、立式、开箱、散热、选择、降温、入手	产品效果	产品功能	产品信息	44	5.42
5	电池、镍氢、科技、颠覆、亮相、取代、套装、新品、智能、查获、股东、假冒、门锁、闪耀、收购、首创、亚锦、业绩、亿元	工艺创新	技术创新	生产管理	117	14.41
6	黑胶、唱片、无限、值得、艺术	产品创新	技术创新	生产管理	33	4.06
7	苹果、第一、速度、超级、超越、销量、终结、暴利、降价、原装、卓通吃	产品对比	竞品对比	市场竞争	48	5.91
8	汽配、产品、带来、一站式	产品创新	技术创新	生产管理	16	1.97
9	数据线、车载、支架、告别、麻烦、省去	产品效果	产品功能	产品信息	23	2.83
10	电量、电器、好物、居家	产品效果	产品功能	产品信息	8	0.99
11	风雨、金石、时间、最好	主题活动	其他营销活动	活动营销	8	0.99
12	体验、上手	主题活动	其他营销活动	活动营销	7	0.86
13	产销、企业、宝新、达标、国标、首批	生产控制	生产系统	生产管理	14	1.72

35. 自然堂

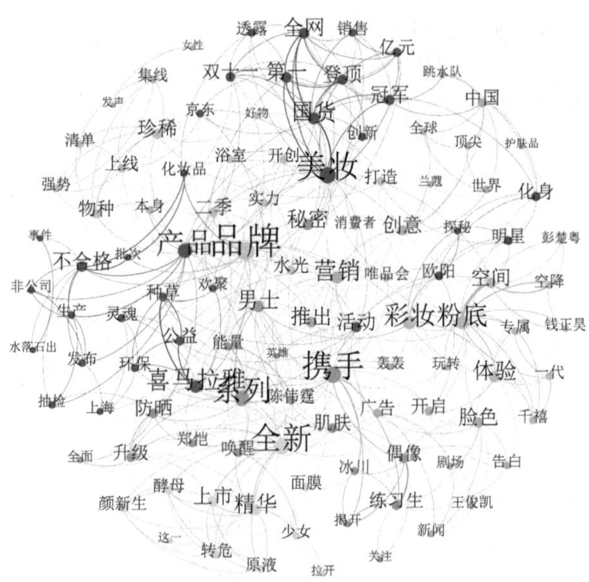

自然堂语义网络图

自然堂议题框架的归纳提取过程及比例计算结果

编号	关键词	初始编码	二级议题	一级议题	词频和（个）	频率（%）
1	粉底、空间、彩妆、空降、体验、一代、千禧、钱正昊、玩转、专属、彭楚粤	代言活动	其他营销活动	活动营销	69	14.17
2	国货、美妆、第一、全网、冠军、登顶、双十一、销售、亿元、创新、京东、透露	经营成绩	品牌业绩	品牌发展	60	12.32
3	喜马拉雅、种草、公益、活动、欢聚、环保、上海、灵魂	环保公益	社会公益	活动营销	38	7.80
4	携手、偶像、练习生、冰川、揭开、关注	节目赞助	品牌赞助	活动营销	33	6.78
5	品牌、水光、二季、开创、实力、浴室	主题活动	其他营销活动	活动营销	28	5.75
6	产品、不合格、化妆品、抽检、批次、生产、发布、非公司、事件、水落石出	行业监管	市场环境	市场竞争	45	9.24

续表

编号	关键词	初始编码	二级议题	一级议题	词频和（个）	频率（%）
7	珍稀、打造、上线、唯品会、物种、本身、好物、集线、强势、清单	促销活动	其他营销活动	活动营销	30	6.16
8	系列、男士、防晒、升级、陈伟霆、唤醒、肌肤、秘密、能量、全面、英雄、郑恺	软文营销	其他营销活动	活动营销	53	10.88
9	化身、欧阳、明星、探秘	代言活动	其他营销活动	活动营销	10	2.05
10	精华、全新、上市、酵母、原液、面膜、少女、颜新生、转危、拉开、这一	线上新品发布	新品发布	活动营销	53	10.88
11	创意、营销、中国、世界、跳水队、推出、顶尖、轰轰、护肤品、兰蔻、全球、消费者	主题活动	其他营销活动	活动营销	40	8.21
12	脸色、广告、开启、新闻、告白、剧场、王俊凯	代言活动	其他营销活动	活动营销	24	4.93
13	发声、女性	群体关爱	社会公益	活动营销	4	0.82

36. 雷士照明

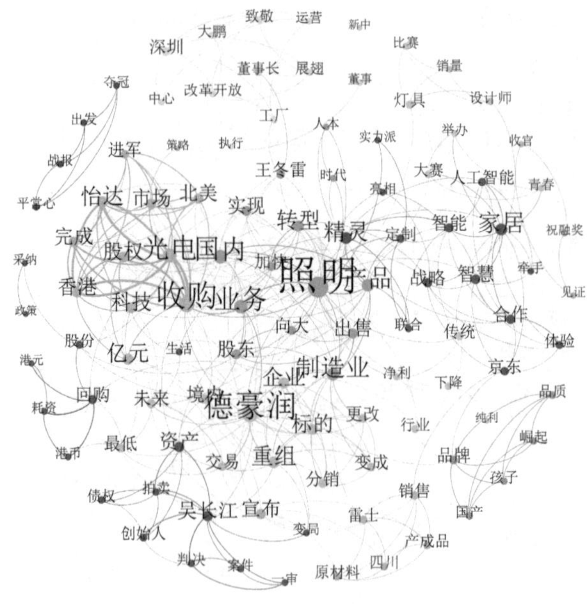

雷士照明语义网络图

雷士照明议题框架的归纳提取过程及比例计算结果

编号	关键词	初始编码	二级议题	一级议题	词频和（个）	频率（%）
1	收购、光电、香港、怡达、股权、市场、完成、科技、亿元、北美、进军、策略	横向收购	兼并收购	资本运营	116	24.68
2	回购、港币、耗资、股份、采纳、港元、政策	股份认购	股市波动	股市行情	33	7.02
3	照明、产品、制造业、股东、业务、出售、国内、转型、加快、王冬雷、向大、人本、时代、实现	转型升级	品牌规划	品牌发展	84	17.87
4	德豪润、交易、企业、未来、重组、标的、境内、最低、变成、分销、更改	并购重组	兼并收购	资本运营	42	8.94
5	吴长江、判决、资产、创始人、拍卖、一审、案件、变局、债权	领导相关事件	领导动态	人力资源	32	6.81
6	品牌、国产、孩子、崛起、品质	软文营销	其他营销活动	活动营销	20	4.26
7	雷士、销售、产成品、四川、宣布、原材料	生产控制	生产系统	生产管理	14	2.98
8	出发、夺冠、平常心、战报	赛事赞助	品牌赞助	活动营销	8	1.70
9	董事、深圳、董事长、工厂、执行、大鹏、改革开放、运营、展翅、致敬、中心	主题活动	其他营销活动	活动营销	29	6.17
10	见证、收官、祝融奖	活动赞助	品牌赞助	活动营销	6	1.28
11	家居、精灵、定制、合作、京东、生活、战略、智慧、智能、联合、亮相、牵手、人工智能、实力派、体验	多面合作	品牌联盟	组织合作	47	10.00
12	灯具、设计师、大赛、比赛、举办、青春、销量、新中	主题活动	其他营销活动	活动营销	26	5.53
13	净利、传统、纯利、行业、下降	利润分析	品牌业绩	品牌发展	13	2.77

37. ABC KIDS

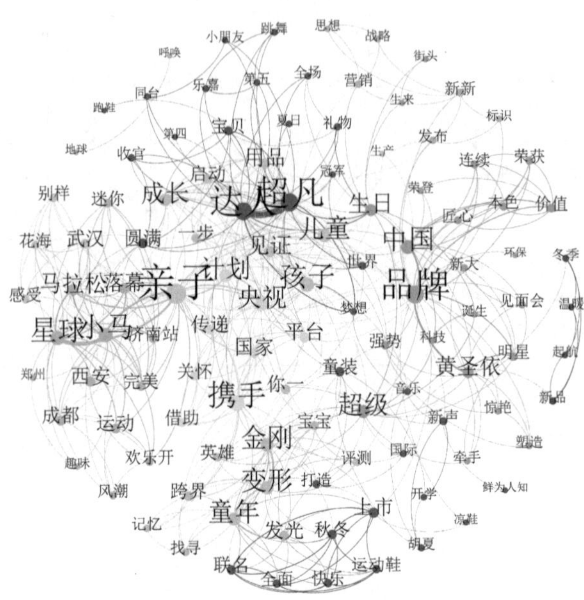

ABC KIDS 语义网络图

ABC KIDS 议题框架的归纳提取过程及比例计算结果

编号	关键词	初始编码	二级议题	一级议题	词频和（个）	频率（%）
1	超凡、达人、宝贝、梦想、世界、礼物、收官、圆满、第四、第五、冠军、乐嘉、跑鞋、全场、跳舞、同台、夏日、小朋友	主题活动	其他营销活动	活动营销	114	20.21
2	小马、星球、马拉松、落幕、运动、欢乐开、济南站、完美、西安、成都、迷你、风潮、趣味、郑州	活动赞助	品牌赞助	活动营销	80	14.18
3	亲子、武汉、花海、别样、感受	主题活动	其他营销活动	活动营销	33	5.85
4	变形、金刚、童年、宝宝、发光、评测、跨界、记忆、你一、英雄、找寻	营销合作	品牌联盟	组织合作	53	9.40
5	携手、计划、央视、传递、国家、平台、关怀、借助	营销合作	品牌联盟	组织合作	39	6.91
6	上市、联名、秋冬、快乐、凉鞋、全面、运动鞋	线上新品发布	新品发布	活动营销	25	4.43

续表

编号	关键词	初始编码	二级议题	一级议题	词频和（个）	频率（%）
7	发布、新新、营销、标识、思想、战略	未来布局	品牌规划	品牌发展	18	3.19
8	新声、童装、打造、国际、胡夏、开学、鲜为人知、音乐	代言活动	其他营销活动	活动营销	23	4.08
9	冬季、新品、起航、温暖	线上新品发布	新品发布	活动营销	10	1.77
10	生日、超级、科技、诞生、街头、生来	主题活动	其他营销活动	活动营销	42	7.45
11	品牌、黄圣依、中国、价值、明星、本色、匠心、连续、强势、荣获、环保、见面会、惊艳、牵手、荣登、塑造、新大	代言活动	其他营销活动	活动营销	83	14.72
12	地球、呼唤	环保公益	社会公益	活动营销	4	0.71
13	孩子、儿童、成长、用品、见证、启动、生产、一步	主题活动	其他营销活动	活动营销	40	7.09

38. 忠旺

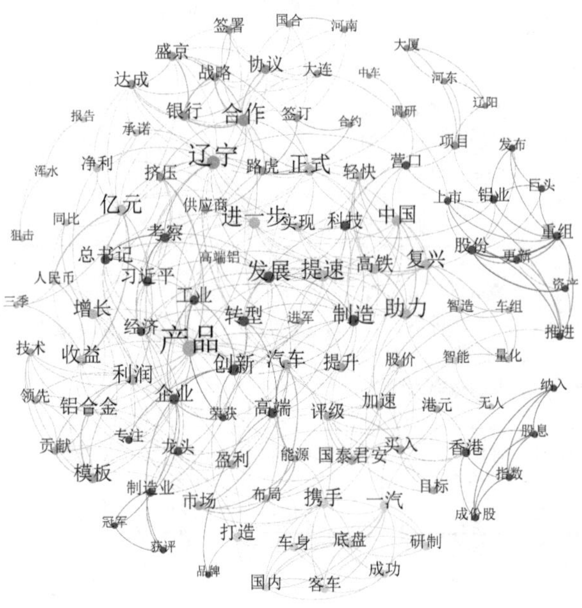

忠旺语义网络图

忠旺议题框架的归纳提取过程及比例计算结果

编号	关键词	初始编码	二级议题	一级议题	词频和（个）	频率（%）
1	汽车、能源、布局、市场	未来布局	品牌规划	品牌发展	29	6.33
2	亿元、收益、人民币、增长、同比、三季、承诺、净利	利润分析	品牌业绩	品牌发展	46	10.04
3	股份、重组、推进、上市、资产、更新、铝业、发布、巨头	上市融资	投资融资	资本运营	43	9.39
4	产品、利润、铝合金、模板、买入、评级、高端铝、贡献、国泰君安、进军、提升、盈利、港元、股价、技术、领先、目标	利润分析	品牌业绩	品牌发展	66	14.41
5	一汽、携手、车身、打造、底盘、国内、客车、成功、研制、智能、无人	产品组合	品牌联盟	组织合作	42	9.17
6	复兴、中国、助力、加速、正式、高铁、进一步、提速、车组、量化、轻快、实现、智造	产品创新	技术创新	生产管理	56	12.23
7	成份股、股息、纳入、香港、指数	融资融券信息	基本股情	股市行情	15	3.28
8	辽宁、合作、路虎、银行、签订、盛京、调研、战略、达成、供应商、国合、合约、河南、挤压、协议、大连、签署、中车	多面合作	品牌联盟	组织合作	75	16.38
9	考察、创新、企业、高端、工业、制造、转型、发展、经济、科技、荣获、习近平、营口、制造业、总书记、冠军、获评、龙头、品牌、专注	转型升级	品牌规划	品牌发展	69	15.07
10	辽阳、项目、大厦、河东	生产控制	生产系统	生产管理	10	2.18
11	浑水、报告、狙击	股情报告	基本股情	股市行情	7	1.53

39. 红蜻蜓

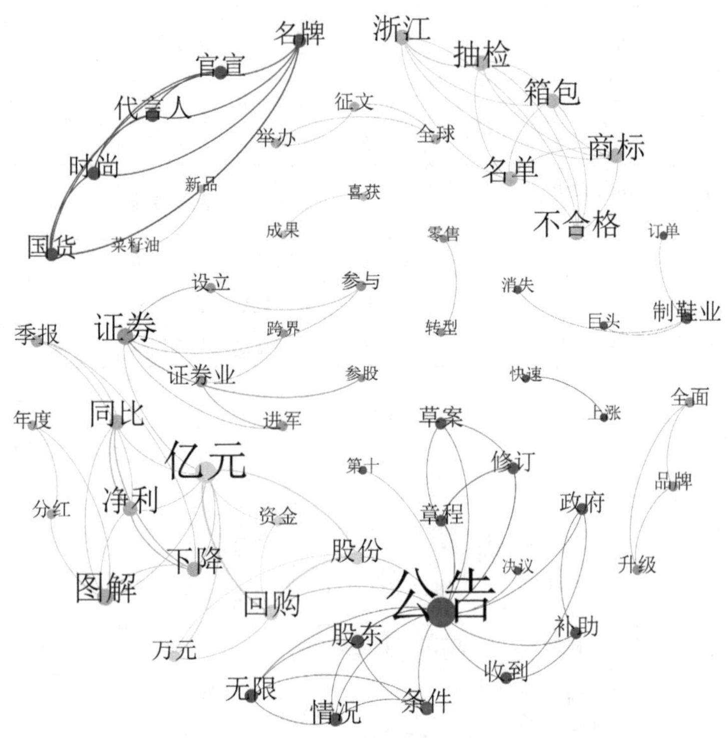

红蜻蜓语义网络图

红蜻蜓议题框架的归纳提取过程及比例计算结果

编号	关键词	初始编码	二级议题	一级议题	词频和（个）	频率（%）
1	亿元、回购、股份、万元、资金	股份认购	股市波动	股市行情	35	17. 59
2	国货、名牌、时尚、代言人、官宣	代言活动	其他营销活动	活动营销	23	11. 56
3	不合格、抽检、名单、浙江、商标、箱包	行业监管	市场环境	市场竞争	17	8. 54
4	证券、参股、跨界、证券业、进军、设立、参与	业务拓展	品牌规划	品牌发展	29	14. 57
5	公告、股东、修订、章程、补助、草案、决议、情况、收到、条件、无限、政府、第十	信息公告	基本股情	股市行情	42	21. 11

续表

编号	关键词	初始编码	二级议题	一级议题	词频和（个）	频率（%）
6	举办、全球、征文	主题活动	其他营销活动	活动营销	6	3.02
7	品牌、全面、升级	转型升级	品牌规划	品牌发展	7	3.52
8	成果、喜获	行业奖励	品牌荣誉	品牌发展	4	2.01
9	年度、同比、图解、下降、净利、分红、季报	利润分析	品牌业绩	品牌发展	23	11.56
10	快速、上涨	涨跌情况	股市波动	股市行情	4	2.01
11	转型、零售	转型升级	品牌规划	品牌发展	5	2.51
12	订单、巨头、消失、制鞋业	业务拓展	品牌规划	品牌发展	4	2.01

40. 飞亚达

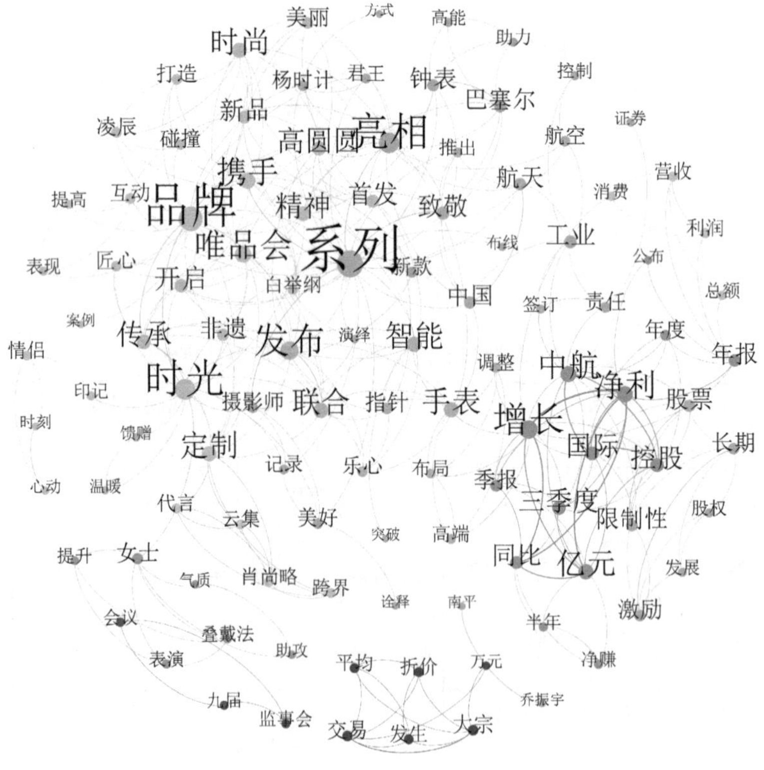

飞亚达语义网络图

飞亚达议题框架的归纳提取过程及比例计算结果

编号	关键词	初始编码	二级议题	一级议题	词频和（个）	频率（%）
1	净利、增长、同比、亿元、中航、国际、控股、季报、年报、年度、三季度、半年、公布、净赚	利润分析	品牌业绩	品牌发展	55	23.01
2	定制、代言、跨界、肖尚略、云集	代言活动	其他营销活动	活动营销	11	4.60
3	智能、发布、手表、联合、指针、布局、高端、乐心、调整、突破	线下新品活动	新品发布	活动营销	19	7.95
4	大宗、交易、发生、平均、万元、折价	股情报告	基本股情	股市行情	8	3.35
5	系列、亮相、工业、航天、中国、钟表、巴塞尔、航空、新款、美好、摄影师、演绎、杨时计、责任、致敬、布线、方式、高能、记录、君王、控制、签订、诠释、推出、证券、助力	主题活动	其他营销活动	活动营销	55	23.01
6	南平、乔振宇	代言活动	其他营销活动	活动营销	4	1.67
7	利润、消费、营收、总额	利润分析	品牌业绩	品牌发展	7	2.93
8	情侣、时刻、心动、印记	软文营销	其他营销活动	活动营销	8	3.35
9	股票、激励、限制性、长期、发展、股权	股情报告	基本股情	股市行情	10	4.18
10	时光、品牌、首发、携手、传承、非遗、互动、精神、开启、时尚、唯品会、温暖、新品、高圆圆、案例、白举纲、表现、打造、匠心、馈赠、凌晨、美丽、碰撞、提高	代言活动	其他营销活动	活动营销	49	20.50
11	监事会、会议、九届	业务管理	员工管理	人力资源	4	1.67
12	女士、气质、表演、叠戴法、提升、助攻	软文营销	其他营销活动	活动营销	9	3.77

41. 豪爵

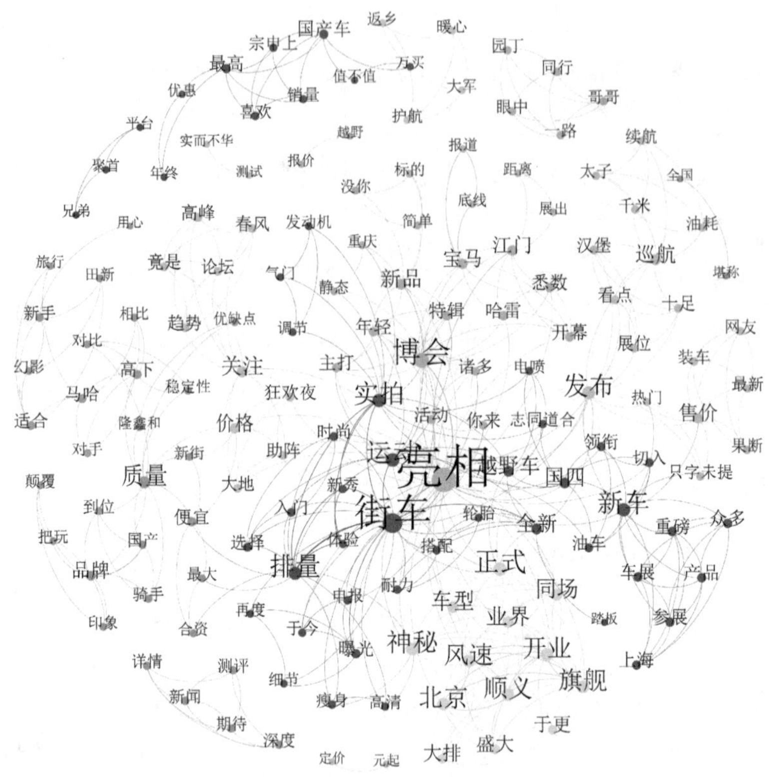

豪爵语义网络图

豪爵议题框架的归纳提取过程及比例计算结果

编号	关键词	初始编码	二级议题	一级议题	词频和（个）	频率（%）
1	北京、风速、开业、旗舰、顺义、神秘、盛大、正式、车型、大排、同场、业界、于更	增设分店	市场拓展	市场竞争	26	10.92
2	亮相、博会、宝马、江门、报道、底线、新品、标的、哈雷、活动、简单、静态、距离、开幕、没你、你来、年轻、特辑、悉数、展出、重庆、诸多、主打	博览会	参加展会	活动营销	41	17.23

续表

编号	关键词	初始编码	二级议题	一级议题	词频和（个）	频率（%）
3	街车、排量、实拍、全新、运动、曝光、体验、新秀、越野车、搭配、电喷、发动机、高清、轮胎、耐力、气门、入门、申报、时尚、瘦身、踏板、调节、细节、选择、于今、再度、志同道合	产品简介	产品功能	产品信息	51	21.43
4	质量、品牌、便宜、高下、国产、马哈、适合、新手、把玩、到位、颠覆、对比、对手、合资、幻影、隆鑫和、旅行、骑手、田新、稳定性、相比、新街、印象、用心、优缺点、最大	产品对比	竞品对比	市场竞争	37	15.55
5	报价、越野	产品报价	产品价格	产品信息	2	0.84
6	发布、售价、巡航、千米、果断、汉堡、看点、热门、十足、太子、网友、续航、油耗、展位、只字未提、装车、最新	线下新品活动	新品发布	活动营销	21	8.82
7	堪称、全国	产品报价	产品价格	产品信息	2	0.84
8	定价、元起	产品报价	产品价格	产品信息	2	0.84
9	聚首、平台、兄弟	产品对比	竞品对比	市场竞争	3	1.26
10	新车、国四、参展、产品、车展、领衔、切入、上海、油车、众多、重磅	行业展会	参加展会	活动营销	14	5.88
11	大军、返乡、护航、暖心	群体关爱	社会公益	活动营销	4	1.68
12	哥哥、同行、眼中、一路、园丁	软文营销	其他营销活动	活动营销	5	2.10
13	测评、期待、深度、详情、新闻	产品测评	产品功能	产品信息	5	2.10
14	国产车、最高、年终、万买、喜欢、销量、优惠、值不值、宗申	促销活动	其他营销活动	活动营销	11	4.62
15	测试、实而不华	产品测评	产品功能	产品信息	2	0.84
16	关注、价格、春风、大地、高峰、竟是、狂欢夜、论坛、趋势、助阵	促销活动	其他营销活动	活动营销	12	5.04

42. 心相印

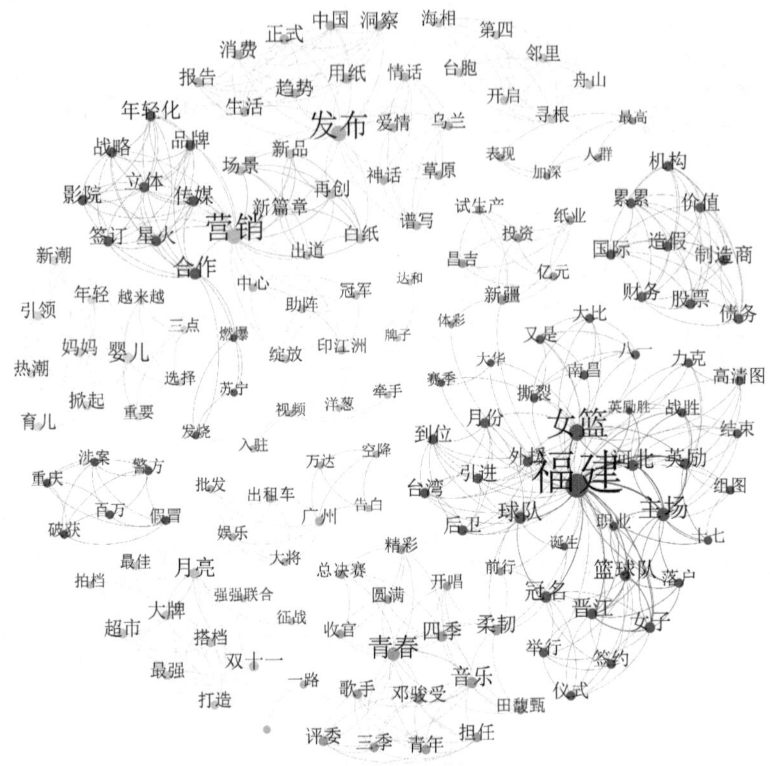

心相印语义网络图

心相印议题框架的归纳提取过程及比例计算结果

编号	关键词	初始编码	二级议题	一级议题	词频和（个）	频率（%）
1	福建、女篮、河北、主场、英励、冠名、晋江、篮球队、女子、球队、落户、十七、英励胜、战胜、职业、八一、大比、大华、诞生、到位、高清图、后卫、结束、举行、力克、南昌、签约、赛季、撕裂、台湾、外援、仪式、引进、又是、月份、组图	赛事赞助	品牌赞助	活动营销	89	34. 36
2	营销、白纸、场景、新篇章、新品、再创、出道、冠军、印江洲、绽放、中心、助阵	线上新品发布	新品发布	活动营销	28	10. 81

续表

编号	关键词	初始编码	二级议题	一级议题	词频和（个）	频率（%）
3	婴儿、三点、选择、越来越、重要、妈妈、年轻、热潮、掀起、新潮、引领、育儿	软文营销	其他营销活动	活动营销	18	6.95
4	月亮、超市、大牌、双十一、搭档、打造、拍档、强强联合、征战、最佳、最强	营销合作	品牌联盟	组织合作	16	6.18
5	告白、广州、空降、万达、出租车、大将、批发、娱乐	主题活动	其他营销活动	活动营销	15	5.79
6	表现、加深、人群、最高	良好口碑	品牌荣誉	品牌发展	4	1.54
7	财务、股票、国际、机构、价值、累累、造假、债务、制造商	资本转让	投资融资	资本运营	9	3.47
8	新疆、昌吉、试生产、体彩、投资、亿元、纸业	基地建设	生产系统	生产管理	8	3.09
9	第四、海相、开启、邻里、台胞、寻根、舟山	主题活动	其他营销活动	活动营销	7	2.70
10	青春、柔韧、四季、音乐、担任、邓骏受、歌手、精彩、开唱、评委、前行、青年、三季、收官、田馥甄、圆满、总决赛	节目赞助	品牌赞助	活动营销	23	8.88
11	达和、牌子	产品对比	竞品对比	市场竞争	2	0.77
12	合作、传媒、发烧、立体、年轻化、品牌、签订、燃爆、苏宁、星火、影院、战略	多面合作	品牌联盟	组织合作	13	5.02
13	百万、假冒、警方、破获、涉案、重庆	打击假货	市场环境	市场竞争	6	2.32
14	牵手、入驻、视频、洋葱	营销合作	品牌联盟	组织合作	4	1.54
15	发布、爱情、报告、草原、洞察、谱写、情话、趋势、神话、生活、乌兰、消费、用纸、正式、中国	主题活动	其他营销活动	活动营销	17	6.56

43. 美克美家

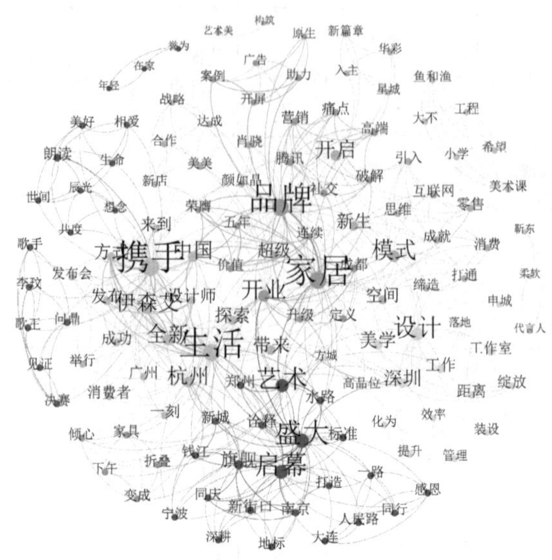

美克美家语义网络图

美克美家议题框架的归纳提取过程及比例计算结果

编号	关键词	初始编码	二级议题	一级议题	词频和（个）	频率（%）
1	朗读、辰光、共度、美好、生命、世间、相爱、想念	主题活动	其他营销活动	活动营销	9	2.99
2	盛大、启幕、旗舰、艺术、南京、钱江、水路、同庆、新城、新街口、郑州、标准、打造、大连、地标、感恩、宁波、诠释、人民路、深耕、同行、一路	增设分店	市场拓展	市场竞争	55	18.27
3	生活、携手、全新、伊森艾、中国、方式、发布、杭州、设计师、带来、探索、成功、发布会、广州、举行、来到、消费者、一刻	线下新品活动	新品发布	活动营销	67	22.26
4	达成、合作、美美、新店、战略	产业推进	产业合作	组织合作	5	1.66
5	品牌、家居、开业、案例、成都、价值、开屏、连续、荣膺、升级、五年、助力、高端、破解、社交、腾讯、痛点、营销、原生、定义、广告	软文营销	其他营销活动	活动营销	79	26.25

续表

编号	关键词	初始编码	二级议题	一级议题	词频和（个）	频率（%）
6	设计、深圳、方城、美学、工作、工作室、距离、绽放、高品位、管理、化为、落地、申城、提升、效率、装设	增设分店	市场拓展	市场竞争	34	11.30
7	开启、模式、超级、空间、零售、新生、成就、打通、缔造、互联网、华彩、入主、思维、肖骁、消费、新篇章、星城、颜如晶、引入	主题活动	其他营销活动	活动营销	27	8.97
8	大不、工程、美术课、希望、小学、鱼和渔	教育公益	社会公益	活动营销	6	1.99
9	歌手、歌王、见证、决赛、李玟、问鼎	节目赞助	品牌赞助	活动营销	6	1.99
10	构筑、艺术美	软文营销	其他营销活动	活动营销	2	0.66
11	代言人、靳东、柔软	代言活动	其他营销活动	活动营销	3	1.00
12	年轻、誉为、在家	产品对比	竞品对比	市场竞争	3	1.00
13	变成、家具、倾心、下午、折叠	软文营销	其他营销活动	活动营销	5	1.66

44. 诗尼曼

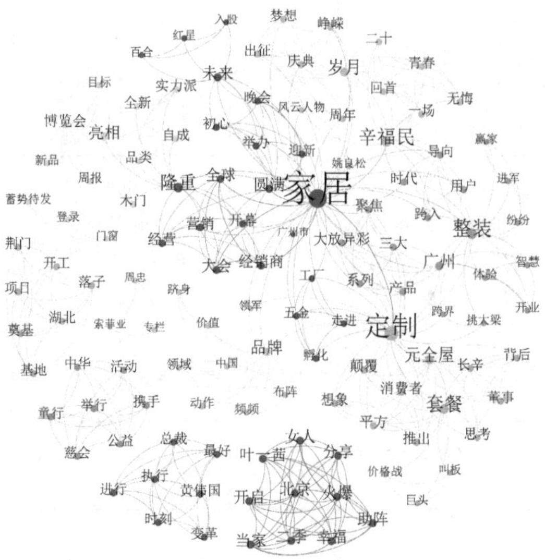

诗尼曼语义网络图

诗尼曼议题框架的归纳提取过程及比例计算结果

编号	关键词	初始编码	二级议题	一级议题	词频和（个）	频率（%）
1	家居、大会、经销商、隆重、全球、未来、圆满、百合、初心、孵化、工厂、广州市、红星、经营、举办、开幕、入股、晚会、五金、迎新、营销、走进	主题活动	其他营销活动	活动营销	38	21.97
2	北京、当家、二季、分享、火爆、开启、女人、幸福、叶一茜、助阵	代言活动	其他营销活动	活动营销	20	11.56
3	品牌、布阵、动作、跻身、价值、领军、领域、频频、中国	经营成绩	品牌业绩	品牌发展	11	6.36
4	索菲亚、周忠、专栏	产品对比	竞品对比	市场竞争	3	1.73
5	定制、套餐、元全屋、背后、颠覆、董事、价格战、叫板、巨头、平方、思考、推出、想象、消费者、长辛	产品对比	竞品对比	市场竞争	23	13.29
6	博览会、亮相、登录、门窗、木门、目标、品类、全新、实力派、新品、蓄势待发、周报、自成	博览会	参加展会	活动营销	15	8.67
7	变革、黄伟国、进行、时刻、执行、总裁、最好	转型升级	品牌规划	品牌发展	7	4.05
8	辛福民、岁月、出征、二十、风云人物、回首、梦想、青春、庆典、无悔、姚良松、一场、峥嵘、周年	领导公开活动	领导动态	人力资源	17	9.83
9	整装、广州、开业、产品、大放异彩、导向、纷纷、进军、聚焦、跨界、跨入、三大、时代、体验、挑大梁、系列、赢家、用户、智慧	主题活动	其他营销活动	活动营销	25	14.45
10	奠基、湖北、基地、荆门、开工、落子、项目	基地建设	生产系统	生产管理	7	4.05
11	慈会、公益、活动、举行、童行、携手、中华	群体关爱	社会公益	活动营销	7	4.05

45. 龙发装饰

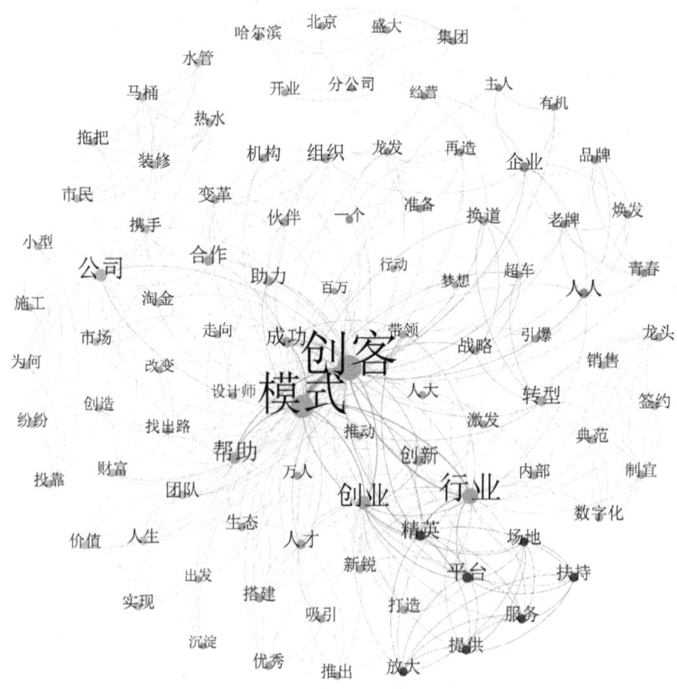

龙发装饰语义网络图

龙发装饰议题框架的归纳提取过程及比例计算结果

编号	关键词	初始编码	二级议题	一级议题	词频和（个）	频率（%）
1	创客、模式、行业、创业、帮助、成功、创新、换道、战略、超车、带领、合作、人才、助力、组织、百万、变革、沉淀、出发、搭建、打造、改变、行动、伙伴、机构、激发、梦想、内部、人大、设计师、生态、推出、推动、万人、吸引、新锐、引爆、优秀、找出路、走向	产业推进	产业合作	组织合作	114	62.64
2	企业、经营、人人、焕发、老牌、品牌、青春、有机、主人	产业推进	产业合作	组织合作	13	7.14
3	转型、典范、龙头、签约、数字化、销售、制宜	产业推进	产业合作	组织合作	9	4.95
4	龙发、一个、再造、准备	产业推进	产业合作	组织合作	4	2.20

续表

编号	关键词	初始编码	二级议题	一级议题	词频和（个）	频率（%）
5	团队、价值、人生、实现	产业推进	产业合作	组织合作	5	2.75
6	公司、财富、创造、纷纷、马桶、热水、施工、市场、市民、水管、淘金、投靠、拖把、为何、小型、携手、装修	产业推进	产业合作	组织合作	20	10.99
7	精英、平台、场地、放大、扶持、服务、提供	产业推进	产业合作	组织合作	10	5.49
8	分公司、北京、哈尔滨、集团、开业、盛大	增设分店	市场拓展	市场竞争	7	3.85

后　记

本书是根据我的博士学位论文《新闻报道与品牌资产的关系研究——基于网络新闻数据和语义网络分析》演化而来，选题来源于读博之初跟随导师黄合水教授进行的网络新闻数据研究。当时主要是用计算机辅助编码的方式对城市新闻大数据进行文本挖掘，先后完成了城市负面形象、城市时尚形象的相关研究。在这样的研究基础上，我希望继续在品牌新闻大数据方面进行一些探索。回想“博二”寻找研究选题的过程中也曾经历迷茫、欣喜和失望，最后才开始下载很多品牌新闻标题样本，边处理数据边摸索，到一步步成稿为博士学位论文的第一稿、第二稿到终稿，其中的辛酸苦楚倒也因为已经毕业近一年了而有些淡忘……但感恩之情却永留心间。

2016 年 9 月，我非常幸运地进入厦门大学攻读博士学位，开启新的人生旅程。非常感谢我的导师黄合水教授愿意接收工科背景的我，给了我很多宝贵的锻炼和学习机会。黄老师是我学术研究的领路人，他因材施教地提点和教导让我能够尽早地适应和进入品牌与广告领域的研究工作。4 年间，黄老师一直鼓励和相信我，让我有勇气和信心按照自己的想法去解决问题；每当我遇上困难寻求帮助时，黄老师又总能指点迷津、点拨思路，让我走出困惑。从问题的提出、研究设计到论文写作及结构调整，黄老师对我的博士学位论文作了全方位指导，其开阔的学术思维、严谨的治学态度和极强的整体把握能力，让我在每一次的讨论中都受益良多。黄老师常与学生分享他在《人类透视》中的思考，与我们讲述他基于三需理论所洞察的人类发展规律、社会现象谜底。他教会我们的不仅是科学研究的技能，还有对生活的态度及为人处世的方式，这些都是我们受用终生的宝贵财富。

2020 年 9 月，我来到闽江学院新闻传播学院工作，在学院领导的支持下，有机会将博士学位论文出版成专著。曾经也因为感到自己的博士学位论文不足以出版成一本专著而焦虑，后经反复斟酌，决定在博士学位论文的基础上增加一些未写入论文终稿的部分原创性成果，以更加饱满地呈现中国品牌的新闻报道研究全貌。在附录部分，将品牌的新闻报道内容可视化为语义网络图，希望为本书增添可读性和趣味性。

此外，我要对本书成稿过程中给予我支持和帮助的人们表示最诚挚的谢意。感谢陈培爱、林升栋、朱家麟、曾秀芹、陈素白、邱红峰、殷琦等教授和专家们给予的宝贵意见；感谢读博期间的同学朋友们、师兄弟姐妹们的互帮互助；感谢闽江学院新闻传播学院提供的平台，以及同事们团结合作的良好工作氛围，使我快速地进入工作状态。

我深知本书对中国品牌的新闻报道研究只是一些浅层探索，希望专著出版后，能够吸引更多的同道中人共同探讨，也欢迎大家对本书予以批评和指正。

彭丽霞

闽江学院新闻传播学院

2022 年 9 月